ISSN 2446-550X
Volume 6

[2020] J.L.R.

EISSN 2446-5259
Issue 1

JOURNAL *of* LAW *and* REGULATION

May 2020

REFLEXÕES SOBRE A ARQUITETURA JURÍDICA DOS PROGRAMAS DE INTEGRIDADE PÚBLICA. AFINAL, SÃO REALMENTE NECESSÁRIOS?

A (SOBRE)REGULAÇÃO DO TRIBUNAL DE CONTAS DA UNIÃO - TCU SOBRE ATIVIDADES-FIM DAS AGÊNCIAS REGULADORAS: ANÁLISE DO JULGAMENTO DAS BANDEIRAS TARIFÁRIAS À LUZ DO TRILEMA REGULATÓRIO

JUDICIÁRIO E ESTADO ADMINISTRATIVO – EXPERIÊNCIA AMERICANA APLICA-SE AO BRASIL?

APLICAÇÃO DE REGULAÇÃO RESPONSIVA E REDES DE GOVERNANÇA NA REGULAÇÃO DA SEGURANÇA DE BARRAGENS DE REJEITOS DE MINERAÇÃO NO BRASIL

REGULAÇÃO DE NOVOS MERCADOS E INOVAÇÃO: UMA ABORDAGEM A PARTIR DO ESTADO EMPREENDEDOR E DO INTERESSE PÚBLICO

A REGULAÇÃO BASEADA EM GESTÃO DO PROGRAMA DE INTEGRIDADE NO DISTRITO FEDERAL: HOUVE CESSÃO DO DEVER CONSTITUCIONAL DE MORALIDADE AO AGENTE ECONÔMICO PRIVADO?

DA REGULAÇÃO RESPONSIVA À REGULAÇÃO INTELIGENTE: UMA ANÁLISE CRÍTICA DO DESENHO REGULATÓRIO DO SETOR DE TRANSPORTE FERROVIÁRIO DE CARGAS NO BRASIL

REGULAÇÃO DO LOBBY NO BRASIL: REFLEXÕES A PARTIR DA TEORIA DOS GRUPOS DE MANCUR OLSON E DA TEORIA PROCESSUAL ADMINISTRATIVA DA REGULAÇÃO

MODELOS DE EDUCAÇÃO DOMICILIAR A PARTIR DA TEORIA DA REGULAÇÃO RESPONSIVA: UM ESTUDO COMPARADO

UNIVERSITY OF BRASILIA
School of Law
Center on Law and Regulation

CC BY 4.0
Free Cultural Work

The University of Brasilia Law School Alumni donates paperback versions of this journal to Law School libraries abroad

Permanent Identifier for the Web
The Journal and each article individually at
LexML
http://lexml.gov.br/urn/urn:lex:br:rede.virtual.bibliotecas:revista:2015;001079346

Volume 1, Issues 1 and 2, May 2015 and October 2015 (21 double-blind peer-reviewed articles published)
Volume 2, Issues 1 and 2, May 2016 and October 2016 (30 double-blind peer-reviewed articles published)
Volume 3, Issues 1 and 2, May 2017 and October 2017 (26 double-blind peer-reviewed articles published)
Volume 4, Issues 1 and 2, May 2018 and October 2018 (22 double-blind peer-reviewed articles published)
Volume 5, Issues 1 and 2, May 2019 and October 2019 (14 double-blind peer-reviewed articles published)
Volume 6, Issue 1, May 2020 (9 double-blind peer-reviewed articles published)

Dados Internacionais de Catalogação na Publicação (CIP)

R454	Revista de Direito Setorial e Regulatório = Journal of Law and Regulation / Núcleo de Direito Setorial e Regulatório = Research Center on Law and Regulation. - v.6, n.1 - (2020) - Brasília: Universidade de Brasília, 2020. v. 6 ISSN 2446-550X EISSN 2446-5259 1. Direito - Periódicos. 2. Regulação. I. Núcleo de Direito Setorial e Regulatório. II. Título: Revista de Direito Setorial e Regulatório. CDU: 349

ANVUR (Agenzia Nazionale di Valutazione del Sistema Universitario e dela Ricerca)
Area 12 - Scienze giuridiche : Scientificità riconosciuta.

© THE AUTHORS 2020. PUBLISHED BY THE UNIVERSITY OF BRASILIA SCHOOL OF LAW RESEARCH CENTER ON LAW AND REGULATION. THIS IS AN OPEN ACCESS JOURNAL DISTRIBUTED UNDER THE TERMS OF THE CREATIVE COMMONS ATTRIBUTION 4.0 INTERNATIONAL (CC BY 4.0), WHICH PERMITS TO REPRODUCE AND SHARE THE LICENSED MATERIAL, IN WHOLE OR IN PART, PRODUCE, REPRODUCE, AND SHARE ADAPTED MATERIAL, PROVIDED THE ORIGINAL WORK IS NOT ALTERED OR TRANSFORMED IN ANY WAY, AND THAT THE WORK IS PROPERLY CITED.

ISSN 2446-550X
EISSN 2446-5259

Volume 6   [2020] RDSR   Número

REVISTA de DIREITO SETORIAL e REGULATÓRIO

Maio de 2020

REFLEXÕES SOBRE A ARQUITETURA JURÍDICA DOS PROGRAMAS DE INTEGRIDADE PÚBLICA. AFINAL, SÃO REALMENTE NECESSÁRIOS?

A (SOBRE)REGULAÇÃO DO TRIBUNAL DE CONTAS DA UNIÃO - TCU SOBRE ATIVIDADES-FIM DAS AGÊNCIAS REGULADORAS: ANÁLISE DO JULGAMENTO DAS BANDEIRAS TARIFÁRIAS À LUZ DO TRILEMA REGULATÓRIO

JUDICIÁRIO E ESTADO ADMINISTRATIVO – EXPERIÊNCIA AMERICANA APLICA-SE AO BRASIL?

APLICAÇÃO DE REGULAÇÃO RESPONSIVA E REDES DE GOVERNANÇA NA REGULAÇÃO DA SEGURANÇA DE BARRAGENS DE REJEITOS DE MINERAÇÃO NO BRASIL

REGULAÇÃO DE NOVOS MERCADOS E INOVAÇÃO: UMA ABORDAGEM A PARTIR DO ESTADO EMPREENDEDOR E DO INTERESSE PÚBLICO

A REGULAÇÃO BASEADA EM GESTÃO DO PROGRAMA DE INTEGRIDADE NO DISTRITO FEDERAL: HOUVE CESSÃO DO DEVER CONSTITUCIONAL DE MORALIDADE AO AGENTE ECONÔMICO PRIVADO?

DA REGULAÇÃO RESPONSIVA À REGULAÇÃO INTELIGENTE: UMA ANÁLISE CRÍTICA DO DESENHO REGULATÓRIO DO SETOR DE TRANSPORTE FERROVIÁRIO DE CARGAS NO BRASIL

REGULAÇÃO DO LOBBY NO BRASIL: REFLEXÕES A PARTIR DA TEORIA DOS GRUPOS DE MANCUR OLSON E DA TEORIA PROCESSUAL ADMINISTRATIVA DA REGULAÇÃO

MODELOS DE EDUCAÇÃO DOMICILIAR A PARTIR DA TEORIA DA REGULAÇÃO RESPONSIVA: UM ESTUDO COMPARADO

UNIVERSIDADE DE BRASÍLIA
Faculdade de Direito
Núcleo de Direito Setorial e Regulatório

J.L.R. Masthead

Journal of Law and Regulation
ISSN 2446-550X – EISSN 2446-5259

University of Brasilia Center on Law and Regulation (School of Law)
Universidade de Brasília
Faculdade de Direito
Núcleo de Direito Setorial e Regulatório
Campus Universitário de Brasília
Brasília, DF, CEP 70919-970
Caixa Postal 04413, Brasil
Tel.: +55(61)3107-0713
ndsr@unb.br

Periodicity
The J.L.R. publishes two annual issues released on May and October uninterrupted since May 2015.

Mission/Scope/Focus/Areas of Expertise/Emphasis
The Journal of Law and Regulation mission is to publish legal and interdisciplinary analyses on regulated sectors phenomena, such as, but not limited to, sanitation, education, health, energy, natural resources, telecommunications, land transportation, civil aviation, manufacturing, agriculture, shipping, navigation and navigable waters, trade and exchange, financial system, and so forth, emphasizing national and foreign experiences through the lenses of regulatory theories.

INFORMATION FOR AUTHORS AND READERS

Submission process and Criteria for the Double-Blind Peer Review Process
The journal hosts only original articles and the authors are requested to submit them through the website of the University of Brasilia Center on Law and Regulation (http://www.ndsr.org/SEER/index.php). The journal adopts the double-blind peer review process and each reviewer rates the article according to the article quality (10%), theoretical relevance (10%), originality (10%), adherence to the journal's topics of interest (10%), manuscript presentation (10%), reviewer's assessment (50%).

Languages
The journal accepts articles in Portuguese, English, Spanish, French and Italian.

Format for in-text Citations and References
The journal adopts the ABNT NBR (Brazilian Association of Technical Standards) citation and reference format.

Abstract and Keywords
The journal adopts structured abstracts with clear indication of purpose, methodology/approach/design, findings, practical implications, and originality/value of the papers. Keywords should depict the actual content of the article and be limited to five, according to the ABNT NBR 6028 standard.

Authorship of the paper
Authorship should be limited to those who have made a significant contribution to the conception, design, execution, or interpretation of the reported study. All those who have made significant contributions should be listed as co-authors and their specific contribution should be listed at the end of the article after the double-blind peer review process. Where there are others who have participated in certain substantive aspects of the research project, they should be acknowledged in a footnote or listed as contributors. All authors should be identified in a footnote after the review process with their academic status, institutional activities and email.

Copyright
The journal is an open access journal distributed under the terms of the Creative Commons Attribution 4.0 International (CC BY 4.0), which permits to reproduce and share the licensed material, in whole or in part, produce, reproduce, and share adapted material, provided the original work is not altered or transformed in any way, and that the work is properly cited.

Disclosure and Conflicts of Interest
All authors should disclose in their manuscript any financial or other substantive conflict of interest that might be construed to influence the results or interpretation of their manuscript. All sources of financial support for the project should be disclosed.
Examples of potential conflicts of interest which should be disclosed include employment, consultancies, stock ownership, honoraria, paid expert testimony, patent applications/registrations, and grants or other funding. Potential conflicts of interest should be disclosed at the earliest stage possible.

Disclaimer and Liability
The editorial board accepts articles for educational and informational purposes only and should not be used to replace either official documents or professional advice. The information contained in this journal is not guaranteed to be up to date and does not provide legal advice. Any views expressed in the published articles are exclusively of their authors and should not be construed as an endorsement by the University of Brasilia or the editorial board of the article content or authors' views.

Expediente da RDSR

Revista de Direito Setorial e Regulatório
ISSN 2446-550X – EISSN 2446-5259

Núcleo de Direito Setorial e Regulatório da Faculdade de Direito da Universidade de Brasília
Universidade de Brasília
Faculdade de Direito
Núcleo de Direito Setorial e Regulatório
Campus Universitário de Brasília
Brasília, DF, CEP 70919-970
Caixa Postal 04413, Brasil
Tel.: +55(61)3107-0713
ndsr@unb.br

Periodicidade
A RDSR publica números semestrais em maio e outubro de forma ininterrupta desde maio de 2015.

Missão/Escopo/Enfoque/Temática/Ênfase
A Revista de Direito Setorial e Regulatório da UnB tem por missão a publicação de artigos sobre fenômenos setoriais e regulatórios sob o enfoque exclusivamente jurídico ou interdisciplinar, alcançando todos os temas de interesse dos diversos setores regulados, tais como saneamento, educação, saúde, energia, recursos naturais, telecomunicações, radiodifusão, transportes terrestres, transportes marítimos, navegação de cabotagem, navegação interior, aviação civil, sistema financeiro, infraestrutura aeroportuária, produção agrícola, produção industrial, entre outros, com ênfase na análise de bases empíricas setoriais nacionais e internacionais a partir de teorias regulatórias.

INSTRUÇÕES AOS AUTORES E INFORMAÇÕES AOS LEITORES

Submissão de artigos e Critérios para Dupla Revisão Cega por Pares
A Revista de Direito Setorial e Regulatório somente aceita artigos originais, que devem ser submetidos exclusivamente no sítio eletrônico do Núcleo de Direito Setorial e Regulatório da Faculdade de Direito da Universidade de Brasília por intermédio do sistema eletrônico de submissões (http://www.ndsr.org/SEER/index.php), que adota o método de revisão duplo cego por pares, apoiados nos critérios de qualidade do conteúdo (10%), relevância teórica ou prática (10%), originalidade (10%), adequação à temática da Revista (10%), apresentação do trabalho (10%), recomendação geral do especialista revisor (50%).

Idiomas aceitos
A Revista de Direito Setorial e Regulatório aceita artigos escritos em português, inglês, espanhol, francês ou italiano.

Normas Bibliográficas e de Citações
A Revista adota o formato ABNT NBR (Associação Brasileira de Normas Técnicas) para citações e referências bibliográficas.

Resumos e Palavras-Chave
A Revista adota o modelo de resumos estruturados, mediante clara indicação do propósito, metodologia/abordagem/design, resultados, implicações práticas e originalidade/relevância do artigo. As palavras-chave devem refletir o real conteúdo do artigo, limitadas a cinco descritores, e conforme norma ABNT NBR 6028.

Autoria
A autoria dos artigos submetidos à Revista de Direito Setorial e Regulatório deve estar limitada às pessoas que tenham contribuído significativamente à concepção, design, execução ou interpretação dos resultados. Todos que tiverem contribuído significativamente para o trabalho devem ser listados como coautores, inserindo-se, posteriormente ao processo de revisão cega por pares, ao final do artigo, a indicação da contribuição de cada autor. Quando alguém houver participado em momentos específicos e relevantes do projeto de pesquisa pertinente, a ele(a) deve-se atribuir a condição de auxílio à pesquisa e referidos em nota de rodapé de agradecimento. Os autores devem estar identificados, após processo de revisão cega por pares, com sua formação pregressa e vinculação institucional, inclusive email.

Direitos Autorais
A Revista de Direito Setorial e Regulatório é de acesso aberto, nos termos da licença *Creative Commons Attribution 4.0 International* (CC BY 4.0), que permite a reprodução e o compartilhamento do material licenciado, no todo ou em parte, produção, reprodução e compartilhamento do material adaptado, condicionado a que o trabalho original não seja alterado ou transformado de qualquer modo e que o trabalho seja adequadamente citado.

Conflito de Interesse
Todos os autores devem divulgar em seus artigos qualquer conflito de interesse, seja financeiro ou de outra natureza, que possa levar a influenciar os resultados ou a interpretação dos seus artigos. Todas as fontes de financiamento para o projeto de pesquisa pertinente devem ser divulgadas. Exemplos de conflitos de interesse potenciais que devem ser divulgados incluem vínculos empregatícios, consultorias, participação acionária, honrarias, perícia, registro de patentes, prêmios ou outro tipo de financiamento. Conflitos de interesse potenciais devem ser divulgados o quanto antes.

Indicação de Responsabilidade
A Comissão Editorial da Revista de Direito Setorial e Regulatório aceita artigos com a finalidade de divulgação científica, educacional ou meramente informativa. A Revista não deve ser utilizada como substitutiva a pesquisa de documentos oficiais ou à consulta profissional. Embora o Corpo Editorial da Revista preze pela qualidade e precisão de todos os artigos publicados, não há garantia de que a informação nela contida esteja atualizada, bem como ela não se destina a substituir a necessária consultoria advocatícia para quem dela necessite. Os dados e opiniões emitidas nos artigos publicados são de exclusiva responsabilidade dos autores correspondentes e não significam que a Universidade de Brasília, a Comissão Editorial ou qualquer membro do corpo editorial endossam seu conteúdo ou pontos de vista.

Editorial Board / Conselho Editorial

Prof. Márcio Iorio Aranha	Universidade de Brasília (UnB), Faculdade de Direito, Brasília/DF, BRASIL
Prof. Ana Frazão	Universidade de Brasília (UnB), Faculdade de Direito, Brasília/DF, BRASIL
Prof. Andre Rossi de Oliveira	Utah Valley University, School of Business, Finance and Economics, Orem/UT, USA
Prof. Andreas J. Krell	Universidade Federal de Alagoas, Faculdade de Direto de Alagoas, Maceió/AL, BRASIL
Prof. Ang Peng Hwa	Nanyang Technological University, College of Humanities, Arts & Social Sciences, Wee Kim Wee School of Communication and Information, SINGAPORE
Prof. Carina Costa de Oliveira	Universidade de Brasília (UnB), Faculdade de Direito, Brasília/DF, BRASIL
Prof. Clara Luz Álvarez González de Castilla	Universidad Panamericana, Facultad de Derecho, Ciudad de México, MÉXICO
Prof. Diego Cardona	Universidad de Rosario, Escuela de Administración, Ciencias de la Dirección, Bogotá, COLOMBIA
Prof. Francisco Sierra Caballero	Universidad de Sevilla, Facultad de Comunicación, Sevilla/Andaluzia, ESPAÑA
Prof. Hernán Galperin	University of Southern California, Annenberg School for Communication and Journalism, Los Angeles/CA, USA
Prof. Joaquín Cayón de las Cuevas	Universidad de Cantabria, Facultad de Derecho, Departamento de Derecho Privado, Santander/Cantabria, ESPAÑA
Prof. Jorge Luis Tomillo Urbina	Universidad de Cantabria, Facultad de Derecho, Departamento de Derecho Privado, Santander/Cantabria, ESPAÑA
Prof. Juan Manuel Mecinas Montiel	Center for Economic Research and Teaching – CIDE, Ciudad de México, MÉXICO
Prof. Judith Mariscal	Center for Economic Research and Teaching – CIDE, Ciudad de México, MÉXICO
Prof. Liliana Ruiz de Alonso	Universidad San Martín de Porres, Instituto del Perú, Lima, PERÚ
Prof. Lucas Sierra	Universidad de Chile, Escuela de Derecho, Santiago de Chile, CHILE
Prof. Marcos Paulo Veríssimo	Universidade de São Paulo (USP), Faculdade de Direito, Departamento de Direito do Estado, São Paulo/SP, BRASIL
Prof. Maria Célia Delduque Nogueira Pires de Sá	Fundação Oswaldo Cruz (Fiocruz), Programa de Direito Sanitário, Rio de Janeiro/RJ, BRASIL
Prof. Martha Garcia-Murillo	Syracuse University, School of Information Studies, Syracuse/NY, USA
Prof. Nicola Matteucci	Università Politecnica delle Marche, Dipartimento di Scienze Economiche e Sociali, Platform Economics, Industrial Organization, Law and Economics, Ancona/Marche, ITALIA
Prof. Raúl Katz	Columbia University, Columbia Institute for Tele-Information, New York/NY, USA
Prof. Roberto Muñoz	Universidad Técnica Federico Santa Maria, Departamento de Industrias, Valparaíso/Valparaíso, CHILE
Prof. Sandrine Maljean-Dubois	Université d'Aix-Marseille, Centre d'Etudes et de Recherches Internationales et Communautaires, Aix-en-Provence, FRANCE
Prof. Vinícius Marques de Carvalho	Universidade de São Paulo (USP), Faculdade de Direito, Departamento de Direito Comercial, São Paulo/SP, BRASIL

Executive Coordinator / Coordenadora Executiva

Karina Ellen do Nascimento Miranda

Double-blind Peer-Reviewers / Avaliadores cegos por pares
Alethele Santos, Alfredo Ribeiro da Cunha Lobo, Aline Iramina, Amanda Nunes Lopes Espiñeira Lemos, Ana Becker Salles, Ana Borges de Oliveira, Ana Paula Pasinatto, André Augusto Giuriatto Ferraço, Angelo Prata de Carvalho, Arthur Gomes Castro, Bruno Oliveira Tavares de Lyra, Camila Mesquita, Caio Eduardo Cormier Chaim, Carlos Henrique Almeida José e Azevedo, Carlos Prado, Carlos Goettenauer, Carolina Saito da Costa, Catalina Maria Gutierrez Gongora, Claudio Hughet, Cynthia Ruas, Eduarda Moraes Chacon, Fernando Barbelli Feitosa, Fernanda Duarte, Francisco Moreira da Silva Junior, Gabriela Farias Abu-el-Haj, Georgia Maria de Andrade Eufrasio, Gilberto Gomes, Giovana Vieira Porto, Gracemerce Camboim Jatobá e Silva, Hamanda Rafaela Leite Ferreira Vidal de Negreiros, Isabela Maiolino, Isadora França Neves, Izabela Patriota, Joanir Fernando Rigo, João Pedro Antunes Lima da Fonseca Carvalho, Joedson de Souza Delgado, José Afonso Cosmo Júnior, José Vieira, Lauro Brito, Juliana Carvalho de Paiva, Juliana Gonçalves Melo, Karen França de Oliveira, Laís Kimie Oshiro Caldeira, Leonardo Sousa de Andrade, Luis Felipe Vasconcelos de Melo Cavalcanti, Luiz Eduardo Araujo, Marcelo César Guimarães, Marcelo de Lima, Marconi Araní Melo Filho, Maria Cristine Branco Lindoso, Maria Luiza Gomes, Martha A. de Carvalho Simões de Lara, Mauro Cesar Santiago Chaves, Mayara Gasparoto Tonin, Mônica Tiemy Fujimoto, Mirna Silva Oliveira, Natalia Lacerda, Orlando Magalhães Maia Neto, Rafael Magalhães Furtado, Regis Dudena, Raianne Coutinho, Renata Cavalcanti de Carvalho Garcia, Roberta de Castro Pimenta, Roberta Gonçalves, Rodrigo Parente Paiva Bentemuller, Rodrigo de Oliveira Santos Rossi, Rosemary Carvalho Sales, Tereza Braga, Vânia Lucia Ribeiro Vieira, Victor Gabriel Rodrigues Viana de Oliveira.

Dear Reader,

We are pleased to introduce the first issue of the sixth volume of the University of Brasilia Journal of Law and Regulation (JLR).

In this issue, we are delighted to include articles on legal architecture of public integrity programs, limits to the Federal Court of Accounts control over independent agencies, responsiveness and networked governance in mining dam safety regulation, regulation on new markets and innovation, management-based regulation of the integrity program in the Federal District of Brazil, freight transport railway regulation, regulation of the lobby in Brazil, and homeschooling models of regulation.

For future issues, we will continue to publish articles on all regulated sectors from law and interdisciplinary perspectives, not least related to advances at the intersection of law and regulatory practice.

We hope you have enjoyed reading the first eleven issues of this journal, and we look forward to a twelfth issue to be released on October 2020.

Sincerely,

Prof. Marcio Iorio Aranha
Editor-in-Chief, Journal of Law and Regulation, University of Brasilia Law School
On behalf of the Editorial Board

Prezado(a) Leitor(a),

Este número da Revista de Direito Setorial e Regulatório (RDSR) da Universidade de Brasília traz vários artigos originais sobre diversos temas relevantes para a teoria e a prática regulatória, cumprindo com a finalidade de agregar olhares inovadores ao fenômeno regulatório.

Neste número, foram inseridos artigos sobre arquitetura jurídica dos programas de integridade pública, (sobre)regulação do TCU sobre atividades-fim das agências reguladoras, o Judiciário e o Estado Administrativo, aplicação da regulação responsiva e redes de governança na regulação da segurança de barragens de rejeitos de mineração, regulação de novos mercados e inovação, regulação baseada em gestão do programa de integridade do Distrito Federal, desenho regulatório responsivo do setor de transporte ferroviário de cargas, regulação do lobby segundo a teoria dos grupos e a teoria processual administrativa da regulação e modelos de educação domiciliar sob o enfoque da teoria da regulação responsiva.

Para os números que se seguirão, estaremos empenhados em dar continuidade à publicação de artigos sobre quaisquer setores regulados em perspectiva estritamente jurídica, como também interdisciplinar, em especial aqueles pertinentes a novas abordagens da relação entre direito e prática regulatória.

Esperamos que tenha apreciado a leitura dos onze primeiros números, no aguardo do décimo segundo número da RDSR a ser publicado em outubro de 2020.

Atenciosamente,

Prof. Marcio Iorio Aranha
Editor, Revista de Direito Setorial e Regulatório, Faculdade de Direito da UnB
Em nome do Conselho Editorial

TABLE OF CONTENTS / SUMÁRIO

REFLEXÕES SOBRE A ARQUITETURA JURÍDICA DOS PROGRAMAS DE INTEGRIDADE PÚBLICA. AFINAL, SÃO REALMENTE NECESSÁRIOS? (Camila Bindilatti Carli de Mesquita)

    [Reflections about the legal architecture of public integrity programs. So, are they really necessary?]   **1**

    UMA ANÁLISE AMPLIATIVA DA ESFERA DE ATUAÇÃO DO *COMPLIANCE* PÚBLICO E O *DESIGN* DEMOCRÁTICO JUSTIFICATIVO DOS PROGRAMAS: A PROPOSTA   2

    UM ENQUADRAMENTO JUSTIFICATIVO EM HABERMAS (2012) DOS PROGRAMAS DE INTEGRIDADE PÚBLICA: EFETIVIDADE E *ENFORCEMENT*   5

        A regulamentação normativa de interações estratégicas de Habermas (2012): um possível enquadramento justificativo e legitimador do *"compliance"* público   5

        O *"enforcement"* dos programas de integridade pública. Lateralidade, persuasão e colaboração   8

    OS PROGRAMAS DE INTEGRIDADE PÚBLICA E *NUDGES*: UMA POSSÍVEL CONTRIBUIÇÃO REGULATÓRIA DA ARQUITETURA DE ESCOLHAS   10

        Situando os *"nudges"* na presente discussão   10

        Os *"nudges"* e a sua eficácia normativa através dos programas de integridade pública   12

    PROGRAMAS DE INTEGRIDADE PÚBLICA E O *MULTI-LEVEL GOVERNANCE* OU GOVERNANÇA DE MULTINÍVEIS: A CAMINHO DA COPARTICIPAÇÃO, DO REFINAMENTO ESTRATÉGICO E DA DECISÃO MULTICENTRADA   14

    CONCLUSÃO   16

    REFERÊNCIAS BIBLIOGRÁFICAS   17

A (SOBRE)REGULAÇÃO DO TRIBUNAL DE CONTAS DA UNIÃO - TCU SOBRE ATIVIDADES-FIM DAS AGÊNCIAS REGULADORAS: ANÁLISE DO JULGAMENTO DAS BANDEIRAS TARIFÁRIAS À LUZ DO TRILEMA REGULATÓRIO (Francisco Moreira da Silva Junior)

    [The (Over)Regulation of the Federal Court of Accounts - FCA on Regulatory Agencies' core activities: analysis of the judgment of the Tariff Flags in light of Regulatory   **21**

Trilemma]

INTRODUÇÃO	22
ESTADO REGULADOR SOB A PERSPECTIVA DO DIREITO COMO SISTEMA AUTOPOIÉTICO: TRILEMA REGULATÓRIO E SOBRERREGULAÇÃO	23
O Estado Regulador e a Autonomia das Agências Reguladoras	23
O Direito como Sistema Autopoiético e o Trilema Regulatório	27
CONTROLE DO TCU SOBRE AS ATIVIDADES-FIM DAS AGÊNCIAS REGULADORAS E SOBRERREGULAÇÃO: TRILEMA REGULATÓRIO	32
A base normativa do controle do TCU sobre as Agências Reguladoras	32
A sobrerregulação do TCU sobre as agências reguladoras	37
ANÁLISE DE CASO: O JULGAMENTO DAS BANDEIRAS TARIFÁRIAS PELO TCU	38
Origem das Bandeiras Tarifárias e base normativa	40
O julgamento das Bandeiras Tarifárias pelo TCU	41
CONCLUSÃO	44
REFERÊNCIAS BIBLIOGRÁFICAS	46

JUDICIÁRIO E ESTADO ADMINISTRATIVO – EXPERIÊNCIA AMERICANA APLICA-SE AO BRASIL? (Rodrigo Parente Paiva Bentemuller)

[Judiciary and Administrative State – Is the American experience applicable to Brazil?]	50
INTRODUÇÃO	51
ESTADO ADMINISTRATIVO NOS ESTADOS UNIDOS DA AMÉRICA E PODER JUDICIÁRIO	52
ESTADO REGULADOR NO DIREITO BRASILEIRO E PODER JUDICIÁRIO	57
CONCLUSÃO	65
REFERÊNCIAS BIBLIOGRÁFICAS	66

APLICAÇÃO DE REGULAÇÃO RESPONSIVA E REDES DE GOVERNANÇA NA REGULAÇÃO DA SEGURANÇA DE BARRAGENS DE REJEITOS DE MINERAÇÃO NO BRASIL (Gabriela Farias Abu-El-Haj)

[Responsiveness and networked governance in mining dam safety regulation in Brazil]	68
INTRODUÇÃO	69
A FISCALIZAÇÃO DA SEGURANÇA DE BARRAGENS DE REJEITOS DE MINERAÇÃO: O PAPEL DA AGÊNCIA NACIONAL DE MINERAÇÃO - ANM	72
AS FALHAS REGULATÓRIAS IDENTIFICADAS NA REGULAÇÃO DA SEGURANÇA DE BARRAGENS DE REJEITOS DE MINERAÇÃO PELA ANM NO CASO	75

BRUMADINHO E O ESTÍMULO À PARTICIPAÇÃO POPULAR NESSA DINÂMICA TEORIA RESPONSIVA DA REGULAÇÃO APLICADA A PAÍSES EM DESENVOLVIMENTO	81
A APLICAÇÃO DE TEORIA RESPONSIVA COM BASE EM GOVERNANÇA NODAL (REDES) NO SISTEMA DE FISCALIZAÇÃO DE SEGURANÇA DE BARRAGENS DE REJEITOS DE MINERAÇÃO PELA ANM	90
CONCLUSÃO	94
REFERÊNCIAS BIBLIOGRÁFICAS	96

REGULAÇÃO DE NOVOS MERCADOS E INOVAÇÃO: UMA ABORDAGEM A PARTIR DO ESTADO EMPREENDEDOR E DO INTERESSE PÚBLICO (Lucas Sena)

[Regulation of new markets and innovation: a study based on entrepreneurial state and public interest]	99
INTRODUÇÃO	100
MERCADO, NICHOS E DINAMICIDADE	101
REGULAÇÃO E INTERESSE PÚBLICO	102
CAPITALISMO REGULATÓRIO, REGULAÇÃO RESPONSIVA E ESTADO EMPREENDEDOR NO PROCESSO DE FORMAÇÃO DE NOVOS MERCADOS	107
ESTADO REGULADOR E INOVAÇÃO COMO FERRAMENTA REGULATÓRIA PARA OS NOVOS MERCADOS	110
CONCLUSÃO	112
REFERÊNCIAS BIBLIOGRÁFICAS	113

A REGULAÇÃO BASEADA EM GESTÃO DO PROGRAMA DE INTEGRIDADE NO DISTRITO FEDERAL: HOUVE CESSÃO DO DEVER CONSTITUCIONAL DE MORALIDADE AO AGENTE ECONÔMICO PRIVADO? (Victor Gabriel Rodrigues Viana de Oliveira)

[The Management-based Regulation of the Integrity Program in the Federal District: Has the constitutional duty of morality been assigned to the private economic agent?]	117
INTRODUÇÃO	118
REGULAÇÃO BASEADA EM GESTÃO: O ESTADO INTERVINDO INDIRETAMENTE DENTRO DA EMPRESA	120
Evidências da escolha regulatória	125
ENTENDENDO O PROGRAMA DE INTEGRIDADE DA LEI Nº 6.112/ 2018, ALTERADA PELA LEI Nº 6.308/2019	128
TUTELANDO A MORALIDADE NO AMBIENTE REGULATÓRIO	133

CONCLUSÃO	137
REFERÊNCIAS BIBLIOGRÁFICAS	138

DA REGULAÇÃO RESPONSIVA À REGULAÇÃO INTELIGENTE: UMA ANÁLISE CRÍTICA DO DESENHO REGULATÓRIO DO SETOR DE TRANSPORTE FERROVIÁRIO DE CARGAS NO BRASIL (Marconi Araní Mélo Filho)

[From responsive to smart regulation: a critical analysis of freight transport railway sector regulatory design in Brazil]	144
INTRODUÇÃO	145
BREVE HISTÓRICO E PANORAMA ATUAL DO SETOR FERROVIÁRIO DE TRANSPORTE DE CARGAS NO BRASIL	147
DA REGULAÇÃO RESPONSIVA À REGULAÇÃO INTELIGENTE: BREVE SÍNTESE DAS TEORIAS APOIADAS NA RESPONSIVIDADE	149
COTEJO DO MARCO LEGAL REGULATÓRIO DO SETOR FERROVIÁRIO FEDERAL COM AS TEORIAS ENUNCIADAS	154
CONCLUSÃO	159
REFERÊNCIAS BIBLIOGRÁFICAS	162

REGULAÇÃO DO LOBBY NO BRASIL: REFLEXÕES A PARTIR DA TEORIA DOS GRUPOS DE MANCUR OLSON E DA TEORIA PROCESSUAL ADMINISTRATIVA DA REGULAÇÃO (Juliana Gonçalves Melo)

[Lobby Regulation in Brazil: Reflections from Mancur Olson's Group Theory and Administrative Procedural Theory of Regulation]	164
INTRODUÇÃO	165
O LOBBY E A LÓGICA DA AÇÃO COLETIVA	167
REGULAÇÃO DO LOBBY NOS ESTADOS UNIDOS DA AMÉRICA	169
REGULAÇÃO DO LOBBY NO BRASIL: PROJETO DE LEI Nº 1.202/2007	172
REGULAÇÃO DO LOBBY SOB A ÓTICA DA TEORIA PROCESSUAL ADMINISTRATIVA DA REGULAÇÃO	175
CONCLUSÃO	177
REFERÊNCIAS BIBLIOGRÁFICAS	179

MODELOS DE EDUCAÇÃO DOMICILIAR A PARTIR DA TEORIA DA REGULAÇÃO RESPONSIVA: UM ESTUDO COMPARADO (Fernanda Duarte F. Freitas)

[Homeschooling models under the Theory of Regulation: a comparative study]	**182**
INTRODUÇÃO	183
UNCLE SAM'S HOUSE: A EXPERIÊNCIA AMERICANA COM O HOMESCHOOLING	184
Regulação norte-americana	186
Parâmetros regulatórios presentes nos estados americanos	187
REGULAÇÃO DO HOMESCHOOLING NO BRASIL: LIMITES JURÍDICOS	191
Educação básica: regulamentação	191
Educação domiciliar no Brasil: uma proposta responsiva	195
Regulação do homeschooling no Brasil: um modelo proposto	197
CONCLUSÃO	199
REFERÊNCIAS BIBLIOGRÁFICAS	200

Journal Info and Manuscript Submission Process

[Dados da Publicação e Normas para Submissão de Manuscritos]	**203**

REFLEXÕES SOBRE A ARQUITETURA JURÍDICA DOS PROGRAMAS DE INTEGRIDADE PÚBLICA. AFINAL, SÃO REALMENTE NECESSÁRIOS?
Reflections about the legal architecture of public integrity programs. So, are they really necessary?

Submetido(*submitted*): 29/05/2019
Parecer(*revised*): 20/06/2019
Aceito(*accepted*): 01/09/2019

Camila Bindilatti Carli de Mesquita [*]

Abstract

Purpose – *Due to the recent mandatory implementation of public integrity programs by the Brazilian Public Administration, this article intends to present a critical approach to some aspects that can contribute to the legal architecture of the public integrity programs, within a justifying perspective. It brings a possible dialogue of public integrity programs with "the normative regulation of strategic interactions" (HABERMAS, 2012), "nudges" (ALEMANNO; SPINA, 2014) and "multi-level governance" (HOOGHE; MARKS, 2003).*
Methodology/approach/design – *The discussion is conducted through a descriptive legal appreciation of some theories and their possible contributions to the legal architecture of public integrity programs.*
Findings – *As a result, the article concludes that the interaction of public integrity programs with the "normative regulation of strategic interactions" (HABERMAS, 2012), "nudges" (ALEMANNO; SPINA, 2014) and "multi-level governance" (HOOGHE; MARKS, 2003) can contribute not only to the legal justification and effectiveness of the programs but also to the democratic management of public policies.*
Originality/value – *The text seeks to identify some innovative instruments that justify the effectiveness and, possibly, the legitimacy of public integrity programs, significantly expanding its field of activity.*

Keywords: Public compliance. Regulation. Enforcement. Nudges. Multi-level governance.

Resumo

Propósito – Diante da recente obrigatoriedade de implementação dos programas de integridade pública pela Administração Pública Brasileira, o presente artigo pretende apresentar uma abordagem crítica de alguns aspectos que podem contribuir para a

---

[*] Procuradora do Distrito Federal, membro do grupo de trabalho instituído para propor o programa de integridade da PGDF, graduada pela PUC-Campinas e pós-graduada em Direito Público pela ESMP/SP, membro da Comissão de Advocacia Pública da OAB/DF 2015-2018, foi Juíza de Direito do Estado da Bahia e Advogada Pública da Petrobras BR Distribuidora S.A. E-mail: cbcarli@gmail.com.

arquitetura jurídica dos programas de integridade pública, dentro de uma perspectiva justificadora. Traz um possível diálogo do *compliance* público com a *regulamentação normativa de interações estratégicas* (HABERMAS, 2012), *nudges* (ALEMANNO; SPINA, 2014) e com o *multi-level governance* (HOOGHE; MARKS, 2003).
Metodologia/abordagem/design – A discussão é realizada através de uma apreciação jurídica descritiva de algumas teorias e das suas possíveis contribuições para a arquitetura jurídica dos programas de integridade pública.
Resultados – Como resultado, o artigo conclui que a interação do compliance público com a regulamentação normativa de interações estratégicas (HABERMAS, 2012), nudges (ALEMANNO; SPINA, 2014) e com o multi-level governance (HOOGHE; MARKS, 2003) pode contribuir não somente para a justificação jurídica e efetividade dos programas, como também para a gestão democrática das políticas públicas.
Originalidade/relevância do texto – Busca identificar alguns instrumentos inovadores que justifiquem a efetividade e, possivelmente, a legitimidade do compliance público, ampliando significativamente o seu campo de atuação.

Palavras-chave: *Compliance* público. Regulação. *Enforcement. Nudges. Multi-level governance*.

UMA ANÁLISE AMPLIATIVA DA ESFERA DE ATUAÇÃO DO *COMPLIANCE* PÚBLICO E O *DESIGN* DEMOCRÁTICO JUSTIFICATIVO DOS PROGRAMAS: A PROPOSTA

Os programas de integridade pública passaram a ser uma inovação social e normativa que se tornou obrigatória para a Administração Pública Federal Brasileira a partir da edição Portaria de 1.089 de 30 de abril de 2018 de autoria do Ministério da Transparência e da Controladoria-Geral da União. Seguindo as mesmas diretrizes, sobretudo principiológicas, outros entes da federação começaram a determinar a sua elaboração e implementação com prazos pré-definidos.

Sob a orientação da Controladoria-Geral da União, em uma atitude pioneira, os programas de integridade pública devem abarcar, no mínimo, diretrizes para gestão de riscos e de informações dentro de uma instituição ou órgão, desenvolver mecanismos para implementação da transparência e de procedimentos padronizados e equânimes de atuação institucional ou corporativa, trazer especialmente recursos de *accountability* bem definidos, estabelecer padrões de ética e conduta a serem seguidos por seus integrantes e por aqueles que com ela ou ele se relacionem.

Aponta, ainda, a necessidade de constante comunicação e treinamento dos envolvidos, de mapeamento de processos dentro da instituição ou órgão e de seus setores especializados, bem como a necessidade de criação de canais de denúncias e medidas de controle e disciplinares, além de ações de remediação, construindo pilares estratégicos para um efetivo planejamento funcional e direcional da instituição ou órgão.[1]

Longe de ser uma missão simples, busca, na sua essência, dar conteúdo material ao que se chama de integridade pública.

Segundo a OCDE[2], integridade pública é o *alinhamento consistente e a aderência a valores éticos compartilhados pela sociedade – princípios e normas para garantia e priorização dos interesses públicos diante dos interesses privados no setor público*. Materializa-se, portanto, não somente em medidas instrumentais de governança pública, mas na incorporação de princípios, regras e diretrizes políticas em uma nova dimensão valorativa (LOPES, 2018, p.258).

A arquitetura dos programas de integridade pública, sobretudo a jurídica, deve ser pensada e discutida coletivamente. Não somente a forma como essa nova realidade pode ser introjetada dentro das instituições públicas brasileiras, mas também o que os programas passarão a representar para o setor público em termos de efetividade e legitimidade dos seus atos são, sem dúvida, questões de alta relevância para o regime democrático brasileiro.

Para que se tenha uma ideia de em qual terreno os programas de integridade vêm pousando, observando o contexto político-econômico brasileiro, já há trabalhos que apontam para um ambiente de estruturação de mercados baseado essencialmente em *laços*. *Laços* seriam relações sociais valiosas entre alguns atores da sociedade para fins econômicos e políticos significativamente relevantes, que estariam marcadas por um direcionamento de capital de forma concentrada, linear e destinada a poucos agentes econômicos. Lazzarini (2010) propõe a ideia de um *capitalismo de laços* no Brasil e a necessidade do enfrentamento dessa realidade em seus vários aspectos, sobretudo políticos e econômicos.

Reconhece-se, por sua vez, não somente uma concentração de capital que proporciona profundas alterações na configuração dos mercados e da sociedade, demandando um redesenho regulatório consubstanciado nessa realidade (STIGLITZ, 2013), como também a existência de um estreitamento entre empresário, governo e capital financeiro, implicando em um aumento da centralidade do governo nas relações de mercado, a despeito da bandeira neoliberalista ser pela não intervenção (LAZZARINI, 2010).

Há, sem sombra de dúvidas, uma aproximação do setor público e privado que não necessariamente tem proporcionado a maximização isonômica de

---

[1] CONTROLADORIA-GERAL DA UNIÃO. Manual para Implementação de Programas de Integridade. Orientações para o Setor Público. Disponível em http://www.cgu.gov.br/Publicacoes/etica-e-integridade/arquivos/manual_profip.pdf. Acesso em: 26.04.2019.
[2] OECD Recommendation of The Council of Public Integrity. http://www.oecd.org/gov/ethics/Recommendation-Public-Integrity.pdf.

utilidades, bem como políticas públicas distributivas. No Brasil, vem se tornando cada vez mais evidente o domínio do mercado por grandes agentes econômicos, além da concentração de capital nas mãos de poucos, sobretudo o financeiro e o intelectual (DOWBOR, 2017).

Cenários como esse entre outros de equivalente complexidade têm trazido à tona a busca por perfis empreendedores, gerenciais e estratégicos de Estado e de suas instituições públicas, lançando bandeiras consubstanciadas em um Estado inovador e regulador que esteja preparado não somente para assumir riscos, como também para absorver e lidar com incertezas (MAZZUCATO, 2014).

Os programas de integridade pública apresentam-se como um novo instrumento público de atuação institucional setorial que, considerando as suas várias vertentes gerenciais, de certo trará custos diretos e indiretos à Administração Pública, mas que têm sido considerados absorvíveis em função de uma inovadora perspectiva regulatória de reestruturação institucional, inclusive normativa, que tem se estabelecido no cenário político-jurídico brasileiro.

Bem ou mal trata-se de uma nova realidade que se impõe e possui como bandeira o resguardo da integridade pública através da legitimação por procedimentos[3] definidos ou a se definir:

> No caso das normas e decisões administrativas, o assunto tem maior complexidade, mas não se discute que a Administração tem que se pautar por princípios, direitos e pelos limites legais (regras). O problema é que em temas como regulação abre-se ao administrador uma esfera de apreciação que diz respeito à definição de fins coletivos e, portanto, de diretrizes políticas. Em suma, na Administração, as decisões dizem respeito tanto a princípios, direitos, limites legais (regras) e diretrizes políticas. É nessa confluência que reside o problema da justificação, legitimação e controle dos atos administrativos, especialmente os de regulação. (LOPES, 2018, p.258).

O presente artigo pretende apontar algumas reflexões sobre a arquitetura jurídica dos programas de integridade pública e a sua legitimidade, buscando apresentar alguns apontamentos críticos que levem a uma reflexão sobre em que medida os programas de integridade pública seriam realmente necessários ao setor público.

---

[3]HABERMAS. Jürgen. Direito e Democracia. Tradução Flávio Beno Siebeneichler – UGF. Rio de Janeiro: Tempo Brasileiro, 2ª ed., 2012, vol II, pág.171. *Com o crescimento e a mudança qualitativa das tarefas do Estado, modifica-se a necessidade de legitimação; quanto mais o direito é tomado como meio de regulação política e de estruturação social, tanto maior é o peso de legitimação a ser carregado pela gênese democrática do direito.*

A discussão será realizada através de uma apreciação jurídica descritiva de algumas teorias e das suas possíveis contribuições para a arquitetura jurídica dos programas de integridade pública.

Para tanto, dividirá a análise em três capítulos, sendo o primeiro referente à justificação dos programas de integridade pública sobre o novo enfoque de *enforcement*, construído a partir do conceito de "entendimento" de Habermas (2012). O segundo capítulo diz respeito ao *nudge* enquanto instrumento regulatório de arquitetura de escolhas e a sua comunicação com os programas de integridade pública. E o terceiro fará uma apresentação do conceito de *multi-level governance* na tentativa de trazer para a análise uma possível realidade em prol da maior efetividade dos programas de integridade pública.

A conclusão a que se chega é a de que o diálogo do *compliance* público com a regulamentação normativa de interações estratégicas (HABERMAS, 2012), *nudges* (ALEMANNO; SPINA, 2014) e com o *multi-level governance* (HOOGHE; MARKS, 2003) pode contribuir não somente para a justificação jurídica e efetividade dos programas, como também para a gestão democrática das políticas públicas.

Por fim, é importante destacar que, embora haja relevante discussão doutrinária e conceitual acerca dos conceitos de "programas de integridade pública" e "*compliance* público", se seriam sinônimos ou se um contém o outro e em qual proporção ou medida, para fins desse artigo, serão usados como sinônimos[4].

UM ENQUADRAMENTO JUSTIFICATIVO EM HABERMAS (2012) DOS PROGRAMAS DE INTEGRIDADE PÚBLICA: EFETIVIDADE E *ENFORCEMENT*

A regulamentação normativa de interações estratégicas de Habermas (2012): um possível enquadramento justificativo e legitimador do "*compliance*" público

O fenômeno dos programas de integridade pública pode ser apresentado sob várias perspectivas, pois não há uma forma única de se pensar a sua função e efetividade nas sociedades contemporâneas, tampouco há estudos científicos conclusivos a seu respeito na esfera jurídica e em outros campos do conhecimento.

---

[4]BINDILATTI CARLI DE MESQUITA, C. *O que é compliance público? Partindo para uma Teoria Jurídica da Regulação a partir da Portaria nº 1089 (25 de abril de 2018) da Controlaria-Geral da União (CGU)*. Journal of Law and Regulation, v. 5, n. 1, p. 147-182, 5 maio 2019.

BINDILATTI CARLI DE MESQUITA, C. *Reflexões sobre a arquitetura jurídica dos programas de integridade pública. Afinal, são realmente necessários?* **Revista de Direito Setorial e Regulatório, Brasília**, v. 6, nº 1, p. 1-20, maio 2020.

A despeito dessa constatação, merece especial atenção a declaração de Jürgen Habermas em Direito e Democracia (2012) ao dar destaque ao fato de que:

> Se a administração pública passa a exercer de forma relevante a justificação e aplicação de normas, desenvolvendo programas próprios, substituindo o legislador, ela já não tem mais o papel neutro que se lhe acostumava atribuir o esquema clássico de separação de poderes. Sua atuação não é objetiva. As questões práticas que ela é chamada a decidir diariamente não podem ser tratadas com base exclusivamente em critérios de eficiência (HABERMAS, 2012, vol. II, p. 190).

E ao tratar da realidade da existência de mundos da vida em si mesmos pluralizados e profanizados, o autor, na tentativa de justificar a sua teoria do agir comunicativo (HABERMAS, 2012, p. 46), apresenta o conceito e a dimensão do que nomeia de regulamentação normativa de interações estratégicas. E para chegar ao seu conteúdo, dispõe que:

> Num caso de conflito, os que agem comunicativamente encontram-se perante a alternativa de suspenderem a comunicação ou de agirem estrategicamente – de protelarem ou de tentarem decidir um conflito não solucionado. Parece haver uma saída através da regulamentação normativa de interações estratégicas, sobre as quais os próprios autores se "entendem" (HABERMAS, 2012, p.46).

E continua a explicar que:

> Para os atores orientados pelo sucesso todos os componentes da situação transformam-se em fatos, que eles valorizam à luz de suas próprias preferências, ao passo que os que agem orientados pelo entendimento dependem de uma compreensão da situação, negociada em comum, passando a interpretar fatos relevantes à luz de pretensões de validade reconhecidas intersubjetivamente (HABERMAS, 2012, p.46).

Aponta a necessidade de gestão das contradições existentes em perfis voltados à categoria do sucesso ou a do entendimento na construção intersubjetiva do que chama de regulamentação normativa de interações estratégicas:

> Tais regras representam, de um lado, delimitações factuais que modificam de tal forma o leque de dados, que o ator, no enfoque de alguém que age estrategicamente, sente-se obrigado a adaptar objetivamente seu comportamento à linha desejada; de outro lado, elas precisam desenvolver, ao mesmo tempo, uma força social integradora, na medida em que elas impõem obrigações aos destinatários, o que só é possível, segundo nosso pressuposto, na base das pretensões de validade normativas reconhecidas intersubjetivamente" (HABERMAS, 2012, p.47).
>
> (...) Nesta linha, a coerção fática e a validade legítima deveriam assegurar ao tipo procurado de normas a disposição em segui-las (HABERMAS, 2012, p. 46-47).

Situar, portanto, os programas de integridade pública dentro dessa lógica habermasiana e tomar como instrumento a regulamentação normativa de interações estratégicas e a gestão comunicativa de contradições existentes entre categorias de interesses políticos e jurídicos não colidentes, parece nos permitir reconhecer, ao menos com relação à sua perspectiva normativa, que os programas possuem efetividade a partir da comunicação e do entendimento institucionais.

Tanto o é que a própria Controladoria-Geral da União destaca em seus manuais como eixos fundamentais da sua elaboração, implementação e gestão não só o comprometimento e apoio da alta direção, como também a análise de riscos e o monitoramento contínuo[5].

Veja que, através do seu processo dinâmico de agir comunicativo, Habermas (2012) nos apresenta o conceito de *enforcement*, ao afirmar que através da adaptação comportamental pautada por uma regulamentação de natureza intersubjetiva e buscando uma função social integradora, surgiriam normas e a disposição para segui-las, revelando-nos, inclusive, a essência da efetividade das normas que exsurgem da sua constatação interativa.

Com a visão voltada aos programas de integridade pública, a tentativa de seguir a proposta habermasiana da regulamentação normativa de interações estratégicas na sua elaboração, implementação e dinâmica construtiva parece, em primeiro momento, não somente ser um ponto justificativo para a efetividade do *compliance* público, como também um elemento agregador da sua própria essência e necessidade, até porque a lógica comunicativa de Habermas (2012) explicaria o afloramento do próprio *enforcement* dos programas de integridade pública.

É uma hipótese que deve ser submetida a teste com toda certeza, mas representa um caminho possível, justificativo e legitimador dos programas de integridade pública, dentro de uma perspectiva democrática que absorve, inclusive, a dialeticidade do seu conteúdo, o que nos parece ser fundamental a esse instrumento.

A categoria do "entendimento" nos termos proposto por Habermas (2012) seria perfeitamente administrável pelos programas de integridade pública, que se justificariam juridicamente, inclusive, a partir dessa premissa.

---

[5]CONTROLADORIA-GERAL DA UNIÃO. Manual para Implementação de Programas de Integridade. Orientações para o Setor Público. Disponível em: http://www.cgu.gov.br/Publicacoes/etica-e-integridade/arquivos/manual_profip.pdf Acesso em: 26.04.2019

O *"enforcement"* dos programas de integridade pública. Lateralidade, persuasão e colaboração

Foi apresentada, anteriormente, uma razão justificativa da efetividade dos programas de integridade pública, o que, em princípio, não excluiria a possibilidade de também entendê-los enquanto instrumentos jurídicos regulatórios.

Veja que Othon de Azevedo Lopes (2018), citando aula de Michel Foucault de 21 de março de 1979 e o livro Nascimento da Biopolítica, ao tratar da distinção entre a forma da lei e a sua função, apresenta o conceito de tecnologia ambiental e *enforcement* (LOPES, 2018, p. 195-200):

> Tecnologia ambiental que tem por os aspectos principais:
>
> - a definição em torno do indivíduo de um quadro suficientemente amplo para que ele possa jogar
>
> - a possibilidade, para o indivíduo, de a regulação dos efeitos definir o seu próprio quadro
>
> - a regulação dos efeitos ambientais
>
> - o não-dano
>
> - a não-absorção
>
> A autonomia desses espaços ambientais.(LOPES, 2018, p.196).

Partindo, então, da tecnologia ambiental apresentada, Lopes (2018) afirma através de Foucault (2008) que:

> Não há uma individualização uniformizante, identificatória, hierarquizante, mas uma ambientalidade aberta às vicissitudes e aos fenômenos transversais. Lateralidade.
>
> (...) Existe, então, a possibilidade de uma mudança de concepção da lei articulada a partir da sua função, que é a favorecer um jogo entre sujeitos racionais maximizadores de utilidade. O elemento principal para isso é o enforcement. (LOPES, 2018, p.196).

Dentro dessa lógica, veja que é apresentada a regulação e o *enforcement* como o seu elemento principal. *Enforcement* é entendido como o constrangimento (legal) da conduta do administrado ou regulado para o alcance da sua conformidade com preceitos normativos vigentes através de medidas que vão desde a persuasão até o sancionamento (LOPES, 2018, P. 195-200).

Os programas de integridade pública parecem fazer sim parte dessa tecnologia ambiental, tendo como bandeira a formulação de uma nova arquitetura ao menos normativa e procedimental dentro das instituições:

> O enforcement, mais especificamente o regulatório, abrange a persecução e o sancionamento, mas também outras técnicas mais flexíveis, como educação, de aconselhamento, de persuasão, de negociação e de arquitetura

de mercado. Tem um duplo objetivo: conduzir os regulados à conformidade legal, compliance, e dosar o exercício da aplicação sancionatória do Estado de acordo com critérios de eficiência (LOPES, 2018, p. 197).

Nota-se, especialmente, a mudança de perspectiva da lei diante da transversalidade e da lateralidade das relações intrassistêmicas e intersistêmicas na moderna sociedade e, nessa linha, arrisca-se a afirmar que os programas de integridade pública podem sim ser entendidos como instrumentos jurídicos regulatórios que encontram, inclusive, a sua efetividade mais na persuasão e na cooperação do que no sistema sancionatório de comando e controle.

Voltando à lógica comunicativa de Habermas (2012), o "entendimento", a nosso ver, muito mais do que a coerção, apresenta-se como um instrumento democrático legitimador de normas jurídicas, uma vez que busca agir estrategicamente através de uma construção intersubjetiva que permite ao sujeito de direitos e deveres reconhecer-se dentro de um determinado contexto e com ele pactuar voluntariamente, submetendo-se a uma realidade pautada até mesmo por novos valores emanados da própria sociedade.

E é por isso que a regulação impingida através de um programa de integridade pública parece fazer muito mais sentido se adotado um perfil responsivo de gradação das medidas de constrangimento legal (AYRES e BRAITHWAITE, 2007), do que se se fundamentar em normas de conduta que, ao serem descumpridas, implicariam necessariamente em punições preestabelecidas:

> Embora assimétrica a relação regulatória, ela se fundamenta numa mútua observação que pode ser conduzida para que enforcement e compliance sejam coordenados de forma a instaurar um jogo de cooperação entre reguladores e regulados, como forma de potencializar a eficiência regulatória. Para isso, a autoridade regulatória pode e deve valer-se de uma gradação de medidas que incentivem o cumprimento voluntário e inibam inobservância, reservando medidas excessivamente gravosas para comportamentos acentuadamente desviantes (LOPES, 2018, p. 200).

A cooperação regulatória nos programas de integridade pública, com certeza, destaca-se como um dos principais instrumentos do seu *enforcement* e, portanto, da sua efetividade.

Nessa linha, trazendo um gama de valores gestados na sociedade moderna, é que Habermas afirma em Direito e Democracia (2012, p. 145) que somente podem pretender validade legítima as leis jurídicas capazes de encontrar o assentimento de todos os parceiros do direito, num processo jurídico de normatização discursiva. E que é a partir da racionalização do discurso através de procedimentos que se chegaria, segundo o autor, à legitimidade do próprio direito.

Neste capítulo, portanto, foram construídas duas ideias justificadoras da existência e importância dos programas de integridade pública para a

Administração Pública. A primeira refere-se à sua colocação dentro da lógica da regulamentação normativa de interações estratégicas habermasiana; já a segunda, que de certa forma parte da primeira, alicerçou-se no reconhecimento de que o *enforcement* dos programas de integridade pública conteria, sobretudo, um perfil de cooperação e persuasão regulatórios justificadores da adoção de uma nova cultura, ao menos normativa, consubstanciada em valores introjetados por força de um processo de racionalização intersubjetiva institucional da vontade política voltada ao "entendimento".

Com essas duas ideias, partimos para o próximo capítulo.

OS PROGRAMAS DE INTEGRIDADE PÚBLICA E *NUDGES*: UMA POSSÍVEL CONTRIBUIÇÃO REGULATÓRIA DA ARQUITETURA DE ESCOLHAS[6]

Situando os *"nudges"* na presente discussão

Diante das duas perspectivas desenvolvidas no capítulo anterior, especialmente no que diz respeito à colaboração e persuasão enquanto instrumentos de *enforcement* e justificação dos programas de integridade pública, seria possível apresentar uma relação entre os *nudges* (instrumentos regulatórios de arquitetura de escolhas) e o *compliance* público.

Nudges, segundo Thaler e Sunstein (2009), são estímulos ao comportamento do indivíduo para que realize a escolha certa ou esperada. Nessa perspectiva, têm sido até mesmo considerados como verdadeiros instrumentos regulatórios da arquitetura de escolhas (ALENMANNO; SPINA, 2014).

Thaler e Sunstein (2009, p. 107) esboçam, inclusive, seis princípios de uma boa arquitetura de escolhas, que seriam a promoção de incentivos como estímulo, a realização de mapeamentos, a predefinição de opções, o fornecimento de feedback, o reconhecimento da possibilidade de ocorrência de erros e a possível utilização de vias alternativas para a realização de escolhas com estruturas complexas.

Então, seja de forma complementar ou até mesmo como mecanismo regulatório central, embora tenhamos que testar essa hipótese de forma empírica, já que os programas de integridade pública são fenômenos que

---

[6]HABERMAS. Jürgen. Direito e Democracia. Tradução Flávio Beno Siebeneichler – UGF. Rio de Janeiro: Tempo Brasileiro, 2ª ed., 2012, vol II, pág.21. *O desabrochar da política deliberativa não depende de uma cidadania capaz de agir coletivamente, mas sim da institucionalização dos correspondentes processos e pressupostos da comunicação, como também do jogo entre deliberações institucionalizadas e opiniões públicas que se formam de modo informal.* É em concordância com essa realidade apresentada por Habermas (2012) que começaria fazer algum sentido arquitetar um programa de integridade pública também através de *nudges* ou "empurrões", trabalhando com a regulação no campo das escolhas possíveis.

começam a surgir no presente momento, não seria demais afirmar que, diante do discurso justificativo desenvolvido anteriormente, os *nudges* apresentar-se-iam não só como elementos componentes da arquitetura jurídica do *compliance* público, como também como instrumentos regulatórios que lhe confeririam maior efetividade e, portanto, legitimidade.

É bem verdade que os *nudges* encontram-se no campo da Economia Comportamental que reconhece a parcela de irracionalidade humana como um dos elementos que também permeia suas escolhas no mundo da vida.

Inclusive, em *Phising for Phools*, George A. Akerlof e Robert J. Shiller (2015), destacam a necessidade de reconhecimento de uma economia comportamental para além da economia clássica:

> Social psychologist/marketer Robert Cialdini has written a book full of impressive evidence of psychological biases. According to his "list", we are phishable because we want to reciprocate gifts and favors; because we want to be nice to people we like; because we do not want to disobey authority; because we want our decisions to be internally consistent; and because we are averse to taking losses (AKERLOF; SHILLER, 2015).

E diante de certa irracionalidade própria da natureza humana, novos instrumentos da economia comportamental vêm somar-se às teorias econômicas e jurídicas regulatórias na tentativa de auxiliar na escolha e nas decisões políticas.

Nudges, portanto, são entendidos como "estímulos ao comportamento" e, falando em termos de Estado, reconhecíveis por um ente público em suas decisões num novo processo regulatório de arquitetura de escolhas consubstanciado no melhor comportamento dos seus agentes.

Auxiliaria, portanto, até mesmo na passagem de eventuais irracionalidades ocorridas em decisões desastrosas de políticas públicas ineficientes para uma escolha racional fundamentada no estímulo do comportamento adequado.

Para que o Estado, inclusive, absorva esse novo instrumento em suas relações com as escolhas a serem tomadas, Sunstein e Thaler (2003), dois pensadores desse modelo, sugerem a *Teoria do Paternalismo Libertário*:

> We urge that libertarian paternalism provides a basis for both understanding and rethinking a number of areas of contemporary law, including those aspects that deal with worker welfare, consumer protection, and the family. Our emphasis is on the fact that in many domains, people lack clear, stable, or well-ordered preferences. What they choose is a product of framing effects, starting points, and default rules, leaving the very meaning of the term "preferences" unclear (SUNSTEIN; THALER, 2003, p. 2-3).

Sustentam os autores, em síntese, que a Teoria do Paternalismo Libertário afastaria a regulação baseada no comando e controle para substituí-la pelo sistema de liberdade de escolhas. Não se deixa de reconhecer a influência dos arquitetos de escolhas, pois os estímulos são realmente por eles evidenciados, mas admitem que, por muitas vezes, o comando legal coercitivo chega a produzir resultados bem menos eficazes que *nudges* bem empregados (ALEMANNO; SPINA, 2014)[7].

Pode-se falar, portanto, em regulação, fazendo jus aos conceitos de tecnologia ambiental e *enforcement* que já foram desenvolvidos no capítulo anterior. Todavia, avançando ainda mais um pouco, o desafio que se coloca é o de se pensar em como os *nugdes*, sem possuir a autoridade normativa, confeririam efetividade aos programas de integridade pública, embora detenham a potencialidade de influenciar de maneira sistemática o processo de decisão humana (SUNSTEIN; THALER, 2003, tradução nossa).

Diríamos, como premissa, que os programas de integridade pública, como analisado, atuam no campo da legitimação pelo procedimento orientado pelo "entendimento" (HABERMAS, 2012), esperando uma postura persuasiva dos seus atores e colaborativa dos seus destinatários. Todavia, se não são normas, qual seria a real eficácia dos *nudges*? Podem ser usados como instrumento de regulação pelos programas de integridade pública?

Os *"nudges"* e a sua eficácia normativa através dos programas de integridade pública

Não se discute, como dispõem Alemanno e Spina (2014), que:

> Ao intervir no processo de tomada de decisão humano, a regulação comportamentalmente informada pode interferir substancialmente, e pode ser percebida como incompatível, com os direitos fundamentais dos cidadãos à liberdade de expressão, privacidade e autodeterminação. Neste contexto, não é apenas um exercício teórico examinar como e se os mecanismos tradicionais de controle e fiscalização do poder público do direito administrativo podem fornecer garantias adequadas contra a possibilidade de abuso dessas novas formas de poder governamental. De fato, a própria essência normativa do constitucionalismo requer que o exercício do poder público seja submetido a condições de legitimidade e responsabilidade democráticas (ALEMANNO; SPINA, 2014, p.3, tradução nossa).

O que se busca, porém, é demonstrar como os poderes públicos poderiam usar os *insights* da pesquisa comportamental em formulação de políticas públicas (ALEMANNO; SPINA, 2014), especialmente através da arquitetura jurídica de programas de integridade pública direcionados para a tentativa de uma regulação legítima.

---

[7]ALEMANNO, Alberto; SPINA, Alessandro. *Nudging legally: on the checks and balances of behavioral regulation.* International Journal of Constitutional Law, New York, v. 12, n. 2, p. 429-456, 2014. Disponível em: <https://academic.oup.com/icon/article/12/2/429/710410/Nudging-legally-On-the-checks-and-balances-of>. Acesso em: 24. abril. 2019.

Os autores Alemanno e Spina (2014), inclusive, mencionam que:

> Enquanto as ciências comportamentais demonstram a extensão e os limites da ação racional e proporcionam uma melhor compreensão do comportamento humano, não existe uma estrutura pronta para incorporar seus insights sobre a formulação de políticas. As modalidades concretas pelas quais as instituições públicas podem afetar o comportamento dos indivíduos também são altamente variáveis e sua força intrínseca pode depender de elementos externos, como os diferentes contextos culturais e sociais em que são usados. (...) Sob esta abordagem emergente, a análise comportamental é percebida como uma oportunidade para melhorar a eficácia, bem como a eficiência da intervenção regulatória, especialmente quando - como é frequentemente o caso - ela visa à mudança comportamental. (2014, p.4, tradução nossa).

A real dificuldade estaria em encontrar ferramentas regulatórias operacionais para fazer valer as "cutucadas" advindas de abundantes descobertas empíricas no campo comportamental, já que atuando como "arquitetos de escolha", os formuladores de políticas organizam o contexto, o processo e o ambiente em que os indivíduos tomam decisões (ALEMANNO; SPINA, 2014, p. 10, tradução nossa).

Os autores Alemanno e Spina (2014), através de uma análise empírica da normatização ocorrida pelas agências administrativas dos EUA no governo de Barack Obama, apontam algumas diretrizes que podem ser seguidas no processo de regulação comportamental.

Destacam a importância dos requisitos de divulgação, regras padrão predefinidas, simplificação: i) a divulgação não deve ser meramente técnica, mas também adequada, significativa e útil; ii) as regras padrão predefinidas, porque permitem o estabelecimento de padrões sensíveis estimuladores, inclusive de escolhas ativas realizadas por seus próprios regulados; iii) a simplificação deve conter a elaboração de mensagens claras do que se espera dos reguladores ou regulados dentro da instituição ou órgão. Em síntese, apresentam-se como instrumentos que criam um processo mais transparente e responsável para sua incorporação ao direito administrativo vigente (ALEMANNO; SPINA, 2014, p. 11).

Todas essas diretrizes apresentadas advindas de uma arquitetura de escolhas fundamentada na regulação comportamental através de *nudges*, em princípio, parecem agregar efetividade aos programas de integridade pública. Podem passar a integrar a sua estrutura, constituindo, em uma mão dupla de funcionalidade, parte do conteúdo legitimador do *compliance* público ao mesmo tempo em que confere aos *nudges* força normativa.

É uma realidade justificativa, sem sombra de dúvidas, do *compliance* público, especialmente interessante, sobretudo diante dos seus atributos de adaptabilidade e flexibilidade que dialogam perfeitamente com a dialeticidade dos programas, perante a necessidade do seu constante monitoramento[8].

Não deixa de ser uma hipótese justificadora, junto a outras tantas, da adoção, implementação, execução e, quiçá, legitimidade dos programas de integridade pública na Administração Pública Brasileira.

O *compliance* público poderia ser também entendido como um instrumento que confere normatividade às ferramentas da regulação comportamental em prol da criação de uma arquitetura de escolhas dentro do setor público, claro que sempre observados os limites constitucionais de qualquer regulação proferida pelo Estado, o que seria inclusive uma nova questão a ser desenvolvida em um momento próprio (HORTA, 2017).

PROGRAMAS DE INTEGRIDADE PÚBLICA E O *MULTI-LEVEL GOVERNANCE* OU GOVERNANÇA DE MULTINÍVEIS: A CAMINHO DA COPARTICIPAÇÃO, DO REFINAMENTO ESTRATÉGICO E DA DECISÃO MULTICENTRADA

O *multi-level governance* ou governança de multiníveis está diretamente relacionada com a gestão compartilhada intragovernamental e intergovernamental de serviços públicos e à criação de novos ambientes ou arranjos institucionais para a sua realização.

O conceito de *multi-level governance* (MLG) ou governança de múltiplos níveis tem sua origem nos estudos de integração da União Europeia (UE) na década de 1990. Segundo os seus criadores, buscava-se a ampliação do conceito de federalismo com o fim de incluir multiníveis de governo para formulações e decisões políticas, além dos governos locais e supragovernamentais (HOOGHE; MARKS, 2003).

> Nos estudos sobre políticas públicas, o foco recai sobre "governança em redes", onde a dispersão de autoridade não necessariamente implica um maior constrangimento do governo central em relação aos níveis subnacionais de governo e atores não-governamentais, mas sim a uma maior cooperação em processos de tomada de decisão. (HOOGHE; MARKS, 2003, tradução nossa).

Os autores Hooghe e Marks (2003) também listam a importância da dispersão da governança em várias "jurisdições" tanto no campo do federalismo propriamente dito, como nas relações internacionais, de governos locais, bem

---

[8]CONTROLADORIA-GERAL DA UNIÃO. *Manual para Implementação de Programas de Integridade. Orientações para o Setor Público.* Disponível em: http://www.cgu.gov.br/Publicacoes/etica-e-integridade/arquivos/manual_profip.pdf Acesso em: 26.04.2019.

como de políticas públicas, alterando, inclusive, o eixo do compartilhamento de responsabilidades e das competências institucionais e, consequentemente, a natureza do *enforcement* das decisões de cunho regulatório, inclusive no campo das políticas públicas.

Pressupõe um acréscimo de participação de entidades não-governamentais nas relações de governo e, portanto, na formulação, implementação, execução e monitoramento de políticas públicas que, por vezes, não somente as direcionam, como também as definem e financiam.

Aflora em um contexto de sobreposição de competências e de relações público-privadas que ocorrem em redes não hierarquizadas, além de se reconhecer em um ambiente de pluralidade de tomada de decisões e no campo de uma governança multicentrada baseada substancialmente na negociação.

Vai de encontro a um federalismo rígido cujo objetivo era, justamente, conferir legitimidade às decisões tomadas por instituições de competências previamente definidas, mas que não tem se mostrado suficiente para abarcar a complexidade das relações sociais e de mercado da atualidade, tampouco para tomar decisões consistentes em relação a essa realidade complexa que demanda não somente especialização, mas continuidade de investimentos de capital altamente qualificado e um planejamento estratégico refinado.

Pode, inclusive, apresentar-se como uma espécie de redistribuição das competências intragovernamentais em múltiplas esferas, que não somente promovam a interação política em diferentes níveis, como também traga uma melhor alocação de recursos destinados às prestações de serviços públicos. Aliás, é essa a sua bandeira (HOOGHE; MARKS, 2003).

Claro que algumas críticas e preocupações já são apontadas. A garantia de uma democratização do processo de decisão, inclusive a participação criteriosa de agentes externos seria fundamental para afastar a possibilidade de captura da regulação e do mercado (STIGLITZ, 2013).

Como toda inovação, é premissa a ser empiricamente testada e deve adaptar-se a cada esfera governamental, até mesmo local, ou ainda apenas institucional.

> O conceito de governança de múltiplo nível [...] chama atenção para a incorporação na complexa rede de tomada de decisão intergovernamental de atores públicos e privados, e para a necessidade desse processo ser mais transparente e aberto. Nós reconhecemos que a inclusão de atores privados em processos de tomada de decisão intergovernamental pode não ter o efeito de produzir governança mais cooperativa em alguns contextos de políticas públicas. (STEIN; TURKEWITSCH, 2010, p.5, tradução nossa).

Veja que Hoogue e Marks (2003), inclusive, destacam que:

> A realocação de autoridade, para cima, para baixo, e lateralmente, dos estados centrais, tem ganhado a atenção de um número crescente de acadêmicos da

ciência política. Porém, além de concordar que a governança tem se tornado (e deve ser) multinível, não existe consenso de como ela deve ser organizada. (HOOGHE; MARKS, 2003, p.233, tradução nossa).

A despeito de todas as incertezas e dificuldades, não deixa de ser uma vertente da governança pública que chama especial atenção no campo das políticas públicas. O seu estabelecimento em multiníveis poderia promover uma maior segurança nas decisões, que estaria consubstanciada na especialização e no refinamento estratégico.

A sua arquitetura poderia, inclusive, ser desenvolvida dentro dos programas de integridade pública, utilizando-se de todo o instrumental institucional já existente, mas organizando a gestão pública a partir de uma governança de multinível, ou, ao menos, apresentando diretrizes para que órgãos e instituições o façam dentro de cada realidade setorial específica.

Com isso, além das questões já abordadas, uma arquitetura jurídica dos programas de integridade pública fundamentada no *multi-level governance* ou governança de multiníveis traria ao *compliance* público uma justificação no campo democrático fundamentada na eficiência.

Sim, porque, a coparticipação é instrumento de uma democracia dialética que busca o consenso e o "entendimento" para produção do *enforcement* no campo jurídico (HABERMAS, 2012), bem como a especialização e o amadurecimento de decisões fundamentais no plano das políticas públicas.

Nessa linha, o *compliance* público, arquitetando a governança de multiníveis, teria um vasto campo de atuação e justificação. Quer concedendo diretrizes, quer estabelecendo a própria estrutura funcional, a flexibilidade do instituto do *multi-level governance* e a dialeticidade do *compliance* público permitiriam um diálogo substancial entre os dois institutos.

CONCLUSÃO

Há muito, sem sombra de dúvidas, que se pensar a respeito dos programas de integridade pública e, especialmente, sobre a sua necessidade, já que demandam um evidente deslocamento de recursos para a sua elaboração, implementação, execução e monitoramento.

No entanto, especialmente ao adentrar no campo regulatório, essa nova realidade parece trazer interessantes oportunidades para o setor público.

Arriscaríamos dizer que essa inovadora tecnologia ambiental pode indicar instrumentos promissores à gestão da esfera pública, na medida em que traria um possível redesenho democrático às instituições.

Novos conceitos como a construção do "entendimento" através dos ensinamentos de Habermas (2012), como a cooperação regulatória e o seu *enforcement*, ou mesmo como a utilização de *nudges* e a possibilidade de se dar força normativa à arquitetura de escolhas, especialmente no campo das políticas públicas, além do reconhecimento e do desenho de uma possível governança de multiníveis dentro ou através dos programas, podem, realmente, contribuir para a efetiva justificação do *compliance* público.

Certamente, a arquitetura jurídica dos programas de integridade pública é um desafio a se enfrentar. Instrumentos como os apresentados nesse trabalho podem auxiliar na sua efetividade e justificação jurídica, quiçá na sua legitimação que estaria intimamente ligada, em última análise, à efetiva realização dos direitos fundamentais, sobretudo os de natureza social e à redução das desigualdades sociais, bem como à manutenção da competitividade e equilíbrio dos mercados.

Sim porque, se realmente assumindo um papel empreendedor, o Estado tem deixado de ser um "leviatã" burocrático inativo para assumir uma postura de novo catalisador de investimentos empresariais; se tem passado de "ajustador" a criador e formador de mercados; se tem deixado de ser "eliminador de riscos" para o setor privado para acolher e assumir o risco devido às oportunidades que oferece para o crescimento futuro (MAZZUCATO, 2014, p. 33), essa revisão funcional demanda, de certo, um novo *design* democrático para as instituições e órgãos públicos em plena comunicação com a sociedade, mercados e com o seu tempo. E o *compliance* público pode, por que não, contribuir diretamente na construção dessa nova dinâmica funcional e estratégica.

REFERÊNCIAS BIBLIOGRÁFICAS

AKERLOF, George A.; SHILLER, Robert J. **Phishing for Phools. The Economics of manipulation and deception.** Hard Cover, 2015.

ALEMANNO, Alberto; SPINA, Alessandro. **Nudging legally: on the checks and balances of behavioral regulation**. International Journal of Constitutional Law, New York, v. 12, n. 2, p. 429-456, 2014. Disponível em: <https://academic.oup.com/icon/article/12/2/429/710410/Nudging-legally-On-the-checks-and-balances-of>. Acesso em: 24. abril. 2019.

ARANHA, Márcio Iório. **Compliance, governança e regulação**. In: CUEVA, Ricardo Vilas Bôas; FRAZÃO, Ana (Coord.). Compliance Perspectivas e desafios dos programas de conformidade. Belo Horizonte: Editora Fórum, 2018, p. 437-452.

BINDILATTI CARLI DE MESQUITA, C. *O que é compliance público? Partindo para uma Teoria Jurídica da Regulação a partir da Portaria nº 1089 (25 de abril de 2018) da Controlaria-Geral da União (CGU)*. Journal of Law and Regulation, v. 5, n. 1, p. 147-182, 5 maio 2019.

CUEVA, Ricardo Vilas Bôas; FRAZÃO, Ana (Coord.) FRAZÃO, Ana. *Compliance Perspectivas e desafios dos programas de conformidade.* Belo Horizonte: Editora Fórum, 2018.

CONTROLADORIA-GERAL DA UNIÃO. *Manual para Implementação de Programas de Integridade. Orientações para o Setor Público.* Disponível em http://www.cgu.gov.br/Publicacoes/etica-e-integridade/arquivos/manual_profip.pdf. Acesso em: 26.04.2019.

DOWBOR, Ladislau. *A era do capital improdutivo: Por que oito famílias têm mais riqueza do que metade da população do mundo?* São Paulo: Autonomia literária, 2017.

FRAZÃO, Ana; MEDEIROS, Ana Rafaela Martinez. *Desafios para a efetividade dos Programas de Compliance.* In: CUEVA, Ricardo Vilas Bôas; FRAZÃO, Ana (Coord.). *Compliance* Perspectivas e desafios dos programas de conformidade. Belo Horizonte: Editora Fórum, 2018, p. 90-95.

FOUCAULT, Michel. *Nascimento da Biopolítica.* São Paulo: Martins Fontes, 2008, p. 355-336.

HABERMAS. Jürgen. *Direito e Democracia.* Tradução Flávio Beno Siebeneichler – UGF. Rio de Janeiro: Tempo Brasileiro, 2ª ed., 2012, vol I e II.

HASSEL, Anke. *Multi-level governance and organized interests.* In: ENDERLEIN, Henerik; WALTI, Sonja; ZURN, Michael (Orgs.). Handbook on Multi-level Governance. Londrês: Editora Edward Elgar, 2010. Cap. 9, p.153-167.

HOOGHE, Lisbet, MARKS, Gary. *Unravelling the Central State, but how? Types of Multi-level Governance.* American Political Science Review, vol.97, n.2, p.233-243, maio, 2003.

HORTA, Ricardo Lins. *Arquitetura de escolhas, direito e liberdades: notas sobre o paternalismo libertário.* Disponível em: https://periodicos.unifor.br/rpen/article/view/ 5602/pdf. Acesso em: 22.05.2019.

LAZZARINI, Sérgio G. *Capitalismo de laços. Os donos do Brasil e suas conexões.* Rio de Janeiro: Elsevier, 2011.

LOPES, Othon Azevedo. *Fundamentos da regulação.* Rio de Janeiro: Editora Processo, 2018.

MAZZUCATO, Mariana. *O Estado empreendedor: desmascarando o mito do setor público vs. setor privado.* São Paulo: Portfolio-Penguin, 2014.

MOTTA, Paulo Roberto Ferreira. *A regulação como instituto jurídico.* In: Revista de Direito Público da Economia. Belo Horizonte: Fórum, n° 4, pp.183 e seg., out/dez, 2003.

NASCIMENTO, Juliana Oliveira. *Compliance público: O caminho para a integridade na Administração Pública.* Disponível em : http://www.lecnews.com/artigos/2016/09/23/compliance-público-o-caminhao-para-a-integridade-na-administração-publica. Acesso em 04.11.2018.

OECD *Recommendation of The Council of Public Integrity* - http://www.oecd. org/gov/ethics/Recommendation-Public-Integrity.pdf.

STEIN, Michael, TURKEWITSCH, Lisa. *The Concept of Multi-level Governance in Studies of Federalism.* In: International Political Science Association (IPSA) International Conference "International Political Science: New Theoretical and Regional Perspectives", 2 Maio, 2008, Montreal. Anais. Montreal: IPSA, 2008.

_____. *Multilevel Governance and Federalism: Closely Linked or Incompatible Concepts?* IPSA/AISP Participation, Montreal, v.34, n.2, p.3-5, Out., 2010.

STIGLITZ, Joseph. *O preço da desigualdade.* Tradução de Dinis Pires. Lisboa: Bertrand, 2013.

_____. *Rewriting the rules of the American Economy. An agenda for growth and shared prosperity.* New York: WW Norton &o Company, 2016.

SUNSTEIN, Cass R. *Nudges.gov: behavioral economics and regulation.* In: ZAMIR, Eyal; TEICHMAN, Doron (Ed.). Oxford handbook of behavioral economics and the law. [New York]: Oxford University Press, 2013. Disponível em: <https://ssrn.com/abstract=2220022>. Acesso em: 27.abril. 2019.

SUNSTEIN, Cass R.; THALER, Richard H. *Libertarian paternalism is not an oxymoron*. University of Chicago Law Review, v. 70, n. 4, p. 1159-1202, 2003. Disponível em: <https://ssrn.com/abstract=405940>. Acesso em: 27. abril. 2019.

_____. *Nudge: o empurrão para a escolha certa: aprimore suas decisões sobre saúde, riqueza e felicidade.* Rio de Janeiro: Elsevier, 2009.

A (SOBRE)REGULAÇÃO DO TRIBUNAL DE CONTAS DA UNIÃO - TCU SOBRE ATIVIDADES-FIM DAS AGÊNCIAS REGULADORAS: ANÁLISE DO JULGAMENTO DAS BANDEIRAS TARIFÁRIAS À LUZ DO TRILEMA REGULATÓRIO

The (Over)Regulation of the Federal Court of Accounts - FCA on Regulatory Agencies' core activities: analysis of the judgment of the Tariff Flags in light of Regulatory Trilemma

Submetido(*submitted*): 05/12/2019
Parecer(*revised*): 16/12/2019
Aceito(*accepted*): 30/12/2019

Francisco Moreira da Silva Junior[*]

Abstract

Purpose – *The study aims to analyze whether the application of FCA's practice in the control of regulatory agencies' core activities represents a regulatory failure – overregulation, under the criteria of the Regulatory Trilemma.*

Methodology/approach/design – *A dogmatic and socio-juridical approach is adopted, based on the theory of law as an autopoietic system, proceeding to the doctrinal, normative and jurisprudential overview. The article conducts a critical examination of reflexivity regarding the FCA commands directed to Regulatory Agencies' core activities. The empirical examination is adopted by electing a recent case, the FCA's judgment of the Tariff Flags.*

Findings – *The article concludes that FCA's commands to Regulatory Agencies in controlling end-activities imply a regulatory failure in the form of over-regulation, under the perspective of Regulatory Trilemma.*

Practical implications – *The research result offers a theoretical basis for the revision of FCA's practice regarding the control of the regulatory agencies' core activities.*

Originality/value – *The article establishes an argumentative basis for reorienting the practice of FCA's operational control over regulatory agencies, so that the results of the control of the auditing body are reported to the National Congress, extinguishing direct commands to the agencies, either in the form of recommendations, or determinations.*

Keywords*: Control. TCU. Regulatory agencies. Regulatory trilemma. Tariff flags.*

Resumo

---

[*] Graduado pela Faculdade de Direito da Universidade Federal de Minas Gerais em 1999. Especialista em Direito Público pela Universidade Gama Filho (2001) e em Direito Ambiental e Urbanístico pela Universidade Anhanguera (2012). Procurador Federal desde 2002, atua no contencioso judicial da Procuradoria Federal junto à ANEEL. E-mail: franciscojunior@aneel.gov.br.

SILVA JUNIOR, F. M. da. *A (Sobre)Regulação do Tribunal de Contas da União - TCU sobre Atividades-fim das Agências Reguladoras: análise do julgamento das Bandeiras Tarifárias à luz do Trilema Regulatório*. **Revista de Direito Setorial e Regulatório**, Brasília, v. 6, nº 1, p. 21-49, maio 2020.

Propósito – O estudo pretende analisar se os comandos do TCU dirigidos diretamente às agências reguladoras no controle das suas atividades-fim representa falha regulatória (sobrerregulação), à luz do Trilema Regulatório.

Metodologia/abordagem/design – Adota-se uma abordagem dogmática e sóciojurídica, baseada na teoria do direito como sistema autopoiético, procedendo-se à seleção doutrinária, normativa, jurisprudencial, e ao estudo empírico de caso - julgamento das Bandeiras Tarifárias pelo TCU. O artigo realiza o exame crítico das normas constitucionais na condição de acoplamento estrutural entre o sistema jurídico e o sistema político em relação aos comandos do TCU dirigidos às Agências Reguladoras no controle de atividades-fim.

Resultados – O artigo conclui que os comandos do TCU às Agências Reguladoras no controle de atividades-fim enquadram-se como falha regulatória na forma de sobrerregulação na perspectiva do Trilema Regulatório.

Implicação prática – O resultado da pesquisa oferece um argumento teórico para revisão da jurisprudência do TCU voltada ao controle dos atos inerentes ao exercício das atividades-fim das agências reguladoras.

Relevância do texto – O artigo estabelece uma base argumentativa para reorientar a prática do controle operacional do TCU sobre as agências reguladoras, para que os resultados do controle do órgão de contas sejam informados ao Congresso Nacional, extinguindo-se os comandos diretos para as agências, seja na forma de recomendações, ou de determinações.

Palavras-chave: Controle. TCU. Agências reguladoras. Trilema regulatório. Bandeiras tarifárias.

INTRODUÇÃO

O desenvolvimento contemporâneo de um modelo típico de intervenção estatal na economia revelado por meio do Estado Regulador vem acompanhado de uma série de questões a desafiar o funcionamento das instituições. O redirecionamento em relação aos objetivos do Estado que decorre, especialmente, da complexidade social e do modo de os perseguir, cria fricções entre autoridades, órgãos e entidades. Isso ocorre, muitas vezes, pela incompreensão quanto às competências institucionais relativas ao novo desenho estatal, a comprometer as estratégias e a eficiência em sua atuação.

Nesse cenário, a autonomia das agências reguladoras em suas atividadesfim, é dizer, sua autonomia funcional, apresenta-se como uma das maiores dificuldades de adaptação das estruturas tradicionais ao novo modelo de Estado Regulador (MAJONE, 2006, p. 91). O Trilema Regulatório de Gunter Teubner, desenvolvido no contexto da teoria do direito como sistema autopoiético (TEUBNER, 1986, p. 299-326), ao observar espécies de falhas regulatórias, pode contribuir na identificação da tensão entre entes e órgãos estatais e seus efeitos na regulação. A partir dessa identificação, a possibilidade de saneamento da falha regulatória é inferida por meio da indicação de restauração dos limites de operação dos subsistemas envolvidos na atividade regulatória.

Com base nessa teoria, analisar-se-á o controle do Tribunal de Contas da União sobre as atividades-fim das agências reguladoras, avaliando os comandos – expressos na forma de recomendações e determinações – criados a partir de sua jurisprudência e dirigidos diretamente às agências reguladoras.

No primeiro capítulo, apresenta-se a noção de Estado Regulador a fim de se compreender a origem das agências reguladoras e os contornos da sua autonomia; segue-se, ainda no primeiro capítulo, à exposição da teoria do direito como sistema autopoiético, no bojo da qual é desenvolvido o Trilema Regulatório, explorado no final dessa primeira parte.

Ao segundo capítulo reservou-se a análise do controle das atividades-fim das agências reguladoras pelo TCU, discorrendo-se sobre a sua base normativa e a construção jurisprudencial de comandos dirigidos diretamente às agências, avaliando-se, com base na teoria exposta no primeiro capítulo, se se enquadram na categoria "sobre-socialização" do direito (sobrerregulação) no Trilema Regulatório de Teubner.

Por fim, inicia-se a análise de caso com vistas a identificar a ocorrência de comandos do TCU dirigidos à ANEEL ao julgar as Bandeiras Tarifárias, instrumento regulatório implementado pela Agência, avaliando se o órgão de controle incorreu em sobrerregulação.

ESTADO REGULADOR SOB A PERSPECTIVA DO DIREITO COMO SISTEMA AUTOPOIÉTICO: TRILEMA REGULATÓRIO E SOBRERREGULAÇÃO

O Estado Regulador e a Autonomia das Agências Reguladoras

Antes de adentrarmos no estudo do Trilema Regulatório, faz-se necessário elucidar os traços do Estado Regulador e a adoção desse modelo na experiência brasileira. Indispensável, nesse sentido, uma breve exposição quanto às características marcantes das formas de Estado que antecederam o Estado Regulador, a saber, o Estado Liberal e o Estado de Bem-estar Social.

Quando se estuda o Estado moderno com foco na relação entre o poder estatal e o mercado, pode-se identificar três modelos fundamentais, que apresentam variações, sobretudo, quanto à forma, à intensidade e aos instrumentos de intervenção do Estado no meio econômico: o Estado Liberal, o Estado de Bem-estar Social e o Estado Regulador.

O Estado Liberal surgiu dos movimentos que culminaram com as revoluções americana e francesa, no final do século XVIII, em reação ao paradigma absolutista, propugnando, no campo econômico, o livre mercado (liberdade de contratar e liberdade de comércio), e defendendo que a eficiência do mercado decorreria naturalmente da atuação dos agentes, por isso restringindo a atuação do Estado, nessa seara, à proteção da propriedade e à manutenção da segurança nos contratos. Esse modelo propõe a *"[...] contenção interna do poder e do governo, levando em conta que, pela ideologia, o governo deveria ser frugal para moldar-se ao mercado, regido por leis quase-naturais"* (LOPES, 2018, p. 79).

A desmedida liberdade do mercado, com a ausência de atuação direta do Estado, revelou distorções que culminaram em graves problemas sociais. A atuação livre dos agentes, ao contrário de trazer eficiência, gerou problemas que impuseram a atuação do Estado para fazer frente às forças crescentes do poder econômico, dominando progressivamente os mercados, e responder às tensões sociais surgidas, notadamente, nas relações de trabalho. Houve uma reconsideração quanto ao papel estatal, desencadeando uma atuação direta. Essa postura ativa do Estado no mercado é que o designou como Estado de Bem-estar Social (Estado Providência), pois além de intervir nas relações, em especial nas relações econômicas, passa a adotar políticas de prestações compensatórias. O modelo foi incrementado, especialmente, na Europa pós-Segunda Guerra Mundial, com o Plano Marshall, proposta de reconstrução europeia estabelecida pelos EUA nos anos seguintes à guerra.

É oportuno realçar que a abordagem histórica dos modelos de Estado tem como base, notadamente, o contexto europeu, cuja modelagem repercutiu indiscutivelmente no Brasil, porém, com reservas em sua assimilação, em consequência das diferentes realidades (LOPES, 2018, p. 73). Feita essa ressalva, que se aplica também ao Estado Regulador, adentramos no estudo desse novo paradigma de Estado, podendo considerá-lo, em certo sentido, como síntese dos modelos antecedentes, a propor uma terceira via em relação aos ideais do Estado Liberal e do Estado de Bem-estar Social. É que o Estado Regulador não propõe sua completa omissão, abstendo-se de intervir no mercado, porém afasta-se da tese de uma intervenção direta como Estado empreendedor ou provedor, a indicar, de fato, uma intervenção indireta por intermédio da normatização.

O Estado Regulador, nessa linha, estabelece uma forma própria de intervenção na economia, sob o signo da regulação econômica, através de instrumentos que não determinam a prestação direta de serviços pelo Estado, tampouco a simples abstenção de sua atuação, a confiar na regulação independente e autônoma dos agentes. Os instrumentos de intervenção do Estado Regulador incidem indiretamente por meio da regulação normativa, consistente em ações de orientação e coordenação, a combinar formas de coerção, persuasão e incentivos. Considera-se que a origem desse desenho estatal está ligada à forma de atuação dos EUA, em resposta a falhas do mercado por meio da ação de agências reguladoras[1], sendo adotado na Europa após o desgaste e a superação do Estado de Bem-estar Social, inspirado na onda de privatizações e de "desregulação[2]" do final dos anos 1970 (MAJONE, 2006, p. 56-57).

As falhas de mercado, reveladas por meio de domínios econômicos privados e pela ineficiência da prestação de serviços diretamente pelo Estado, explicam, portanto, a alteração do modelo estatal para que os serviços prestados pelo Estado sejam atribuídos à iniciativa privada, porém sujeitos à normatização implementada por agências independentes ou autônomas[3].

A autonomia das agências incumbidas de implementar a regulação nos setores privatizados está ligada à garantia de credibilidade, segurança e estabilidade da regulação, buscando protegê-la de pressões políticas e sociais, a contribuir para um ambiente que possibilite decisões com orientações voltadas para fundamentações mais técnicas e jurídicas. As ações nesses setores envolvem, via de regra, considerações sobre fatores de médio e longo prazo, exigem conhecimentos especializados e, por vezes, respostas rápidas – especialmente com os impactos do avanço tecnológico.

Portanto, a condição temporária dos mandatos eletivos dos governantes, representantes políticos, somada ao não conhecimento dos elementos técnicos exigidos na regulação de setores altamente especializados e a impossibilidade de as leis formais, votadas nos parlamentos, acompanharem os fatos sociais, sobretudo em face da complexidade da sociedade moderna, reforçam a necessidade de atuação autônoma das agências com poder normativo em nome da eficiência regulatória.

Busca-se garantir a autonomia das agências principalmente por intermédio da forma de escolha dos dirigentes, indicados pelo Chefe do

---

[1] A criação da *Interstate Commerce Commission* (ICC) em 1887, agência surgida com objetivo de regular ferrovias e garantir tarifas justas, tem sido considerado o marco inicial da regulação econômica nos EUA, pois teria dado origem à sequência de outras agências, marcando o típico modelo de regulação norte-americano. Há, porém, quem defenda que a regulação como técnica de governança pública já estava presente em práticas políticas e econômicas nos EUA desde o séc. XVIII, como uma lógica de governo que surge, na verdade, com sua independência (NOVAK, 2014, p. 34).
[2] Como adverte Majone, a "'desregulação' nesse contexto é compreendida como novas formas de regulação, e não como a pura retirada da regulação na proposta do *laissez-faire*" (NOVAK, 2014, p. 59).
[3] Embora os termos sejam utilizados muitas vezes como sinônimos, referindo-se ao objetivo de atribuir às agências uma atuação autônoma em relação ao Poder Executivo, concordamos com Sundfeld (2002, p. 24) ao afirmar que, no mundo jurídico, a expressão "autônoma" é preferível, pois retrata melhor o tratamento recebido pelas agências no direito brasileiro.

SILVA JUNIOR, F. M. da. *A (Sobre)Regulação do Tribunal de Contas da União - TCU sobre Atividades-fim das Agências Regulatórias: análise do julgamento das Bandeiras Tarifárias à luz do Trilema Regulatório*. **Revista de Direito Setorial e Regulatório**, Brasília, v. 6, n° 1, p. 21-49, maio 2020.

Executivo e aprovados pelo Legislativo, e da garantia de mandatos fixos, impedindo-se a livre destituição, importando na estabilidade dos cargos diretivos.

Outro ponto relevante no estudo da autonomia das agências refere-se à sua legitimidade. Pode-se abordar a questão sob o prisma procedimental e substancial. Do ponto de vista procedimental, registra-se que, no Brasil, as agências são criadas por leis, que as instituem e definem suas esferas de competências, atribuindo-lhes poder normativo[4], além de estabelecer regras formais para a tomada de decisão, sujeitando sua atuação ao controle judicial (legitimidade procedimental). A legitimação substantiva, por sua vez, relaciona-se à credibilidade de sua atuação, revelada através dos critérios de consistência, conhecimento, profissionalismo e habilidade para a resolução dos problemas específicos do setor regulado (MAJONE, 2006, p. 65).

O Estado Regulador é a configuração que se pretende implementar no Brasil com as reformas realizadas a partir do final da década de 1990, ao promover o início das privatizações de setores da infraestrutura, com adoção do modelo de regulação por intermédio de agência reguladoras[5].

Nesse contexto, surgiram as primeiras agências brasileiras de regulação no âmbito federal, com competências específicas nos setores privatizados e dotadas de autonomia funcional: a Agência Nacional de Energia Elétrica – ANEEL (Lei Federal n. 9.427, de 16 de dezembro de1996), a Agência Nacional de Telecomunicações – ANATEL (Lei Federal n. 9.472, de 16 de julho de1997) e a Agência Nacional de Petróleo (Lei Federal n. 9.478, de 06 de agosto de1997). Seguiram-se também agências em outras áreas, fora dos serviços privatizados, como a Agência Nacional de Saúde Suplementar – ANS (Lei Federal n. 9.656, de 3 de junho de1998) e a Agência Nacional de Vigilância Sanitária – ANVISA (Lei Federal n. 9.782, de 26 de janeiro de1999), além de agências multisetoriais nos Estados, como a Agência de Regulação do Estado do Rio Grande do Sul (AGERGS, Lei Estadual 10.931, de 9 de janeiro de1997). O processo de criação de agências seguiu-se tanto no âmbito federal como no

---

[4]Justificando a atribuição de poder normativo às agências, ensina Sundfeld (2006, p. 27), ao destacar o alto grau de abstração e generalidade das leis, que: *"[...] segundo os novos padrões da sociedade, agora essas normas não bastam, sendo preciso normas mais diretas para tratar das especificidades, realizar o planejamento dos setores, viabilizar a intervenção do Estado em garantia do cumprimento ou a realização daqueles valores: proteção do meio ambiente e do consumidor, busca do desenvolvimento nacional, expansão das telecomunicações nacionais, controle sobre o poder econômico – enfim, todos esses que hoje consideramos fundamentais e cuja persecução exigimos do Estado".*
[5]A fundamentação teórica da reforma foi exposta pelo então Ministro de Estado Luiz Carlos Bresser Pereira, defendendo, dentre outras medidas, a implementação de agências autônomas no âmbito da descentralização administrativa (PEREIRA, 1996, p. 24).

SILVA JUNIOR, F. M. da. *A (Sobre)Regulação do Tribunal de Contas da União - TCU sobre Atividades-fim das Agências Reguladoras: análise do julgamento das Bandeiras Tarifárias à luz do Trilema Regulatório.* **Revista de Direito Setorial e Regulatório**, Brasília, v. 6, nº 1, p. 21-49, maio 2020.

estadual, e até em municípios é possível verificar a presença de agências com competência regulatória.

Recentemente, foi editada a Lei Federal n. 13.848, de 25 de junho de 2019, que arrola as agências no âmbito federal e, disciplinando de forma geral a matéria, segue a tendência de assegurar a autonomia funcional das agências reguladoras, replicando, nesse aspecto, as leis que instituíram as respectivas agências:

> Art. 3º A **natureza especial conferida à agência reguladora é caracterizada pela ausência de tutela ou de subordinação hierárquica, pela autonomia funcional, decisória**, administrativa e financeira e pela **investidura a termo de seus dirigentes e estabilidade durante os mandatos**, bem como pelas demais disposições constantes desta Lei ou de leis específicas voltadas à sua implementação[6] (grifo nosso).

Depreende-se, portanto, a preocupação com a qualidade e eficiência da regulação, que estão intimamente ligadas ao reconhecimento da autonomia das agências reguladoras para o exercício de suas competências estabelecidas legalmente e à previsão de instrumentos que garantam sua legitimidade processual e substantiva.

Cabe realçar que a autonomia das agências não significa, de forma alguma, ausência de controle, pois a mesma legislação que as institui e prevê sua esfera de atuação estabelece as formas de controle, surtindo dos princípios republicanos e democráticos, insculpidos na Constituição Federal de 1988, que *a agência reguladora é necessariamente submetida aos controles parlamentar e judicial* (SUNDFELD, 2002, p. 26).

O Trilema Regulatório, analisado a seguir, é adotado justamente para compreender os desvios na regulação que decorrem de controles realizados fora dos parâmetros normativo-constitucionais, violando a autonomia das agências.

O Direito como Sistema Autopoiético e o Trilema Regulatório

Conforme já se fez referência, o modelo teórico do Trilema Regulatório foi desenvolvido no âmbito do direito como sistema autopoiético. O estudo do sistema autopoiético foi elaborado, inicialmente, nas ciências biológicas pelos cientistas chilenos Humberto R. Maturana e Francisco J. Varela, como proposta de explicação da organização dos seres vivos, destacando como atributo peculiar a capacidade de autorreprodução, o que os diferenciam do meio pela sua dinâmica própria; essa organização autopoiética, segundo os autores, é que caracteriza o ser vivo (MATURANA e VALELA, 2001, p. 55).

---

[6]BRASIL, 2019.

O estudo parte da concepção da vida como um processo de conhecimento. Apesar de o sistema autopoiético ser caracterizado pelo elemento da autorreprodução, a indicar uma introspecção, existem interações com o meio ou com outros sistemas que possibilitam alterações estruturais na unidade[7], conquanto os elementos objetos da interação sejam observados e recepcionados segundo a respectiva estrutura interna, incorporando-os à sua dinâmica autopoiética, a revelar a autorreferência ou reflexividade como atributo também do sistema. Outro fato característico e relevante apresentado a partir dessas interações, é a existência do "acoplamento estrutural" surgido de uma história de alterações mútuas e concordantes entre a unidade e o meio (MATURANA e VALRELA, 2001, p. 87). Essas relações entre unidade (célula) e meio verificam-se, outrossim, em certas unidades metacelulares, formadas de agregados celulares intimamente acoplados, tidas como sistemas autopoiéticos de segunda ordem, o que permite a utilização dos conceitos desenvolvidos inicialmente às unidades celulares aos sistemas mais complexos, sem distinção (MATURANA e VALELA, 2001, p. 102).

Coube a Luhmann, originariamente, aplicar a base conceitual da teoria do sistema autopoiético às ciências sociais, advertindo, entretanto, sobre a necessária transposição dos conceitos, pois a adoção direta dos modelos desenvolvidos no campo biológico pode gerar incertezas (2009b, p. 182). Nesse sentido, deve ser atendida, inicialmente, a necessidade imposta pela teoria geral dos sistemas autopoiéticos de indicação da operação distintiva realizada pela autopoiese para delimitar o sistema em relação ao restante, e, em se tratando de sistemas sociais, isso ocorre mediante a "comunicação", pois ela seria *"[...] uma operação genuinamente social (e a única, enquanto tal)"* (LUHMANN, 2009a, p. 293).

É relevante a percepção de que, na perspectiva da autopoiese, o sistema é operativamente fechado. Essa teoria parte exatamente da distinção entre sistema e ambiente através de seu fechamento para sua compreensão, com a ressalva de que o fechamento não deve ser entendido como isolamento. *A teoria não se opõe, e de fato destaca à sua maneira, as intensas ligações causais entre sistemas e seus ambientes, e que interdependências de tipo causal são estruturalmente necessárias para o sistema* (LUHMANN, 2004, p.79).

Luhmann, ao assimilar o direito como sistema autopoiético, aponta como código diferencial a comunicação lícito/não lícito, aduzindo que ao decidir sobre essa questão (lícito/não lícito):

---

[7]Trata-se de uma das formas de ontogenia, que consiste em alterações na estrutura da unidade resultado da sua dinâmica interna ou da interação com o meio (MATURANA e VILELA, 2001, p. 86).

> "[...] deve sempre se referir aos resultados de suas próprias operações e às consequências para as operações futuras do sistema. Em cada uma de suas próprias operações, ele deve reproduzir sua própria capacidade operacional. Alcança sua estabilidade estrutural por meio dessa recursividade[8]."

Completa destacando que:

> "[...] só se pode conceber a lei como um sistema social se levar em consideração o fato de que esse sistema é um subsistema da sociedade e que também existem outros subsistemas[9]".

Coexistem no sistema social, com efeito, outros subsistemas operativamente fechados, ao lado do direito, produzindo e reproduzindo suas comunicações a partir de seus próprios códigos binários: a política (poder/não poder), a economia (ter/não ter), dentre outros.

Na mesma linha, Teubner (1989, p. 52) qualifica o direito como sistema autopoiético *graças à constituição autorrefererencial dos seus próprios componentes sistêmicos e à articulação destes num hiperciclo*, nesse último aspecto, pretende contrastar com a ideia de Luhmann, para quem os subsistemas sociais perfazem sua organização autopoiética pela mera produção de elementos próprios. Ao inserir o hiperciclo no conceito, Teubner defende a possibilidade de autonomia gradativa do sistema jurídico, e, a par da "invenção" do ato jurídico reproduzindo a si próprio em novos atos jurídicos, como mera reprodução dos elementos próprios, defende que um sistema jurídico se torna autônomo na medida em que consegue constituir os seus elementos – ações, normas, processos, identidade – em ciclos autorreferenciais[10].

Não obstante o fechamento operativo do sistema jurídico, há influências externas percebidas através da abertura cognoscitiva, pois, paralelamente à autorreferência, o sistema se depara com referências externas através da operação de observar, conquanto mantenha a distinção (referência própria e referência externa) como traço de sua autonomia. Demarca, nesse sentido, Luhmann (2004, p. 106, tradução nossa):

> "[...] a referência externa não é uma indicação para nós de que a autonomia de um sistema é limitada porque a operação de referência continua sendo uma operação do sistema, que é possibilitada pelos links internos dentro do sistema, e isso significa que precisa ser refletido em normas. É exatamente por isso que a operação de observar, baseada na distinção entre referência própria e referência externa, em primeira instância, simplesmente caracteriza

---

[8]LUHMANN, 2009b, p. 184, tradução nossa.
[9]LUHMANN, 2009b, p. 182, tradução nossa.
[10]Apesar de Teubner apresentar seu conceito como mais abrangente, o modelo autopoiético proposto por Luhmann, na visão de Marcelo Neves, não contraria a noção de enlace hipercíclico apontado. Conforme leciona Neves (2012, p. 66), *"[...] Luhmann não reduziu a reprodução autopoiética à autorreferência dos elementos, mas apenas fixou que essa é a forma mínima de autopoieses"*.

o próprio sistema, e o faz exatamente da maneira como gerencia sua autonomia".

A visão do direito como sistema operativamente fechado e cognoscitivamente aberto permite que ele mantenha sua estrutura interna, com identidade e função própria, sem descurar da necessária percepção das comunicações dos outros sistemas, recebidas como irritações (perturbações ou estímulos), cuja reação pode ser a aceitação ou a rejeição (LUHMANN, 2009a, p. 139). Isso deve ocorrer, porém, dentro dos limites dos acoplamentos estruturais, cujo traço fundamental é ser compatível com a autonomia do sistema (LUHMANN, 2009a, p. 130) sob pena de desintegração ou dominação de um sistema sobre o outro.

A principal contribuição do direito como sistema autopoiético para a compreensão e atuação do Estado Regulador está na construção do sistema jurídico, tendo como parâmetro a reflexividade, concentrando o direito, nessa perspectiva, num controle legal da autorregulação, a superar as limitações do direito formal, que parte da lei como mera estrutura para ação econômica e social, e material, que tem o direito como meio de orientação social através da lei (TEUBNER, 1986, p. 302).

A objetivação dos direitos fundamentais apresenta-se como pressuposto do Estado Regulador, forma de intervenção estatal direcionada à garantia de preservação das prestações materiais essenciais à fruição desses direitos (ARANHA, 2018, p. 10-11). Tem-se, portanto, que a abordagem do direito como sistema autopoiético, ao prever formas de intervenção e soluções de problemas a partir da interação sistêmica e propor, em última análise, assegurar o exercício bipartido da autonomia, privada e pública, concebendo todos os atos jurídicos como um aporte da configuração dos direitos fundamentais (LOPES, 2018, p. 106), responde adequadamente aos desafios do Estado Regulador. A abordagem indica, na sua essência, o desenvolvimento da regulação num ambiente de efetivação do Estado Democrático de Direito, centralizando a Constituição como um acoplamento estrutural[11] intersistêmico entre o direito e a política (NEVES, 2012, p. 95).

No presente estudo, o direito como sistema autopoiético e o modelo do Trilema Regulatório são abordagens inseridas na teoria jurídico-institucional da regulação (ou teoria processual administrativa da regulação), linha que *vê na estrutura regulatória uma consequência necessária da divisão funcional de*

---

[11]Acoplamento estrutural é um conceito que se desenvolve na autopoiética, como já registrado, sua assimilação à teoria dos sistemas sociais é dada por Luhmann (2009a, p. 128-150), a quem coube, outrossim, adotar a Constituição como acoplamento estrutural, ato político-jurídico, estabelecido entre o direito e a política; a ideia defendida no artigo intitulado *Verfassung als evolutionäre Errungenschaft*. **Rechtshistorisches Journal** – A Constituição como Aquisição Evolutiva (LUHMANN, 1996).

poderes e uma garantia institucional da preservação do interesse público em setores regulados, a defender, com efeito, a *preeminência dos controles substantivos e procedimentais de legitimidade da instituição reguladora* (ARANHA, 2018, p. 39), por intermédio dos quais se alcançaria o interesse público. Vale dizer, trata-se de uma análise estrutural segundo a qual o interesse público é alcançado por meio de processo que garanta a autonomia funcional na tomada de decisões regulatórias.

Ao dedicar-se ao estudo dos conceitos de direito sob a perspectiva de modelos estratégicos, Teubner identifica três falhas regulatórias que decorrem do não atendimento aos limites do acoplamento estrutural na interação entre os sistemas, ou entre sistema e meio, conceituadas como Trilema Regulatório (TEUBNER, 1986, p. 309, 311-313).

As falhas regulatórias se revelam na interação entre os sistemas por intermédio: da incongruência entre a sociedade e o direito (regulado e regulador), da super-legalização da sociedade ou da super-socialização da lei.

A incongruência entre a sociedade e o direito se dá quando inexiste uma efetiva interação entre o ambiente regulado (sociedade) e o direito, ou seja, este não carrega os valores relevantes do sistema regulado. Tal situação decorre, especialmente, da inexistência ou desconhecimento de acoplamento estrutural, e as comunicações não são percebidas por escaparem de interações adequadas, os sistemas permanecem isolados.

Quando o acoplamento existe, porém seus limites não são observados, constatando-se uma intensidade da regulação de tal ordem que comprometa a autorreprodução do sistema regulado, depara-se com a hipótese de falha regulatória sob a forma de super-legalização, podendo chegar à desintegração do sistema regulado, situações descrita por Habermas como colonização do "mundo da vida" pelo direito. Segundo esse autor, tal situação pode ser traduzida concretamente na juridificação de áreas de ação estruturadas comunicativamente (HABERMAS,1998, p. 203)[12].

A terceira espécie de falha regulatória apontada por Teubner (1998, p. 311) é observada com a violação dos limites do acoplamento estrutural numa direção inversa, quando as comunicações do sistema regulado (sociedade, economia, política) penetram na lei de maneira que essa é capturada, o ordenamento positivo perde sua capacidade de autoprodução, sua identidade

---

[12] Conforme explica Habermas, "a expressão 'juridificação' (Verrechtlichung) refere-se de maneira geral à tendência de aumento da lei escrita que pode ser observada na sociedade moderna. Podemos distinguir aqui entre a expansão da lei, ou seja, a regulamentação legal de novas situações sociais até então informalmente regulamentadas, da densificação da lei, que é a divisão especializada de definições estatutárias globais (Rechtstatbestande) em definições legais mais individualizadas (Voigt, 1980: 16)" (HABERMAS,1998, p. 204, tradução nossa).

(autonomia), sendo objeto de uma instrumentalização social, econômica ou política, qualificada como "super-socialização" que, segundo o autor, pode assumir muitas formas.

A partir dessa análise é que se pretende avaliar o exercício da atividade de implementação normativa da regulação, cuja operação é própria das agências reguladoras (subsistema do direito), e o controle realizado pelo Tribunal de Contas da União, ligado ao Poder Legislativo (subsistema político).

CONTROLE DO TCU SOBRE AS ATIVIDADES-FIM DAS AGÊNCIAS REGULADORAS E SOBRERREGULAÇÃO: TRILEMA REGULATÓRIO

Ao tratarmos do controle do TCU sobre as agências reguladoras podemos partir de dois pressupostos: o primeiro é o de que, conquanto a transformação no tipo de governança estatal que ensejou a criação das agências reguladoras lhes atribuiu competências regulatórias específicas, dotando-as de ampla autonomia no exercício de suas competências, essa autonomia não é absoluta[13]; por outro lado, embora as competências do Tribunal de Contas da União, órgão de controle, tenham se ampliado na Constituição Federal de 1988, não são ilimitadas (SUNDFELD, 2011, p. 141).

A base normativa do controle do TCU sobre as Agências Reguladoras

As agências reguladoras criadas no ordenamento brasileiro surgem com natureza jurídica de entidades autárquicas e estão ligadas ao Poder Executivo, compondo a administração pública indireta, sujeitando-se, portanto, ao controle atribuído pela legislação à Administração Pública, conquanto apresentem, nesse aspecto, importantes peculiaridades.

A legislação prevê dois tipos de controle: o controle interno, realizado por órgãos ligados ao Poder Executivo, e o controle externo, que submete o controlado à fiscalização exercitada por órgãos estranhos à sua estrutura, dentre os quais se pode aludir ao controle do Poder Legislativo, abrangendo o Tribunal de Contas, do Ministério Público e do Poder Judiciário (JUSTEN FILHO, 2015, p. 1265).

O controle externo revela, portanto, uma relação entre Poderes, tendo suas bases na Constituição Federal de 1988 que, ao instituir o Executivo, o

---

[13]Nesse sentido, destaca Jose Vicente Santos de Mendonça, *"[...] o argumento constitucional mais persuasivo é, pura e simplesmente, o princípio republicano (art. 1º, CRFB-88). Não podem existir entidades públicas que gozem de autonomia absoluta."* (MENDONÇA, 2012, p. 160-161).

Legislativo e o Judiciário Poderes da União consagra, dentre os Princípios Fundamentais, o da Separação dos Poderes:

> Art. 2º. São Poderes da União, **independentes e harmônicos** entre si, o Legislativo, o Executivo e o Judiciário[14] (grifo nosso).

Nesse sentido, a Constituição detalhou a relação de controle do Legislativo sobre a Administração Pública, nos seguintes termos:

> Art. 70. A **fiscalização** contábil, financeira, orçamentária, operacional e patrimonial da União e das entidades da administração direta e indireta, quanto à legalidade, legitimidade, economicidade, aplicação das subvenções e renúncia de receitas, **será exercida pelo Congresso Nacional, mediante controle externo**, e pelo sistema de controle interno de cada Poder.
>
> (...)
>
> Art. 71. O controle externo, a cargo do Congresso Nacional, **será exercido com o auxílio do Tribunal de Contas da União**, ao qual compete:
>
> (...)[15].(grifos nossos).

Observa-se que a titularidade do controle externo é atribuída ao Poder Legislativo[16], exercida pelo Congresso Nacional, tendo fundamento no texto constitucional que, ao instituir os Poderes, traça as regras de interação entre os mesmos, visando a garantia do Princípio da Separação dos Poderes (art. 2º, da Constituição Federal de 1988).

No contexto constitucional, o Tribunal de Contas da União se caracteriza como órgão auxiliar do Congresso Nacional no desempenho do controle externo. Sua inserção na Constituição é justificada por exercer funções ligadas ao relacionamento entre Poderes, que se submete aos comandos constitucionais, comandos que se apresentam, portanto, como a fonte e os limites de suas competências.

Os incisos do citado art. 71 da CF/88 arrolam as competências do TCU no exercício de sua função como auxiliar do Congresso Nacional no desempenho do controle externo. Vejamos:

---

[14] BRASIL, 1988.
[15] BRASIL, 1988.
[16] Justen Filho (2015, p. 1265), ao afirmar que o Poder Legislativo é o titular da função fiscalizatória explicitamente prevista na Constituição Federal de 1988, reforça a assertiva trazendo outras hipóteses no texto constitucional da concretização dessa função: julgamento anual das contas do Presidente da República e o exame de relatórios (art. 49, IX), fiscalização direta dos atos do Poder Executivo, inclusive da administração indireta (art. 49, X), convocação de autoridades para prestar informações (art. 50), fiscalização de determinados atos administrativos (art. 49, XII), e estabelecimento de comissão parlamentar de inquérito (art. 58, §3º).

Art. 71. (...)

I - apreciar as contas prestadas anualmente pelo Presidente da República, mediante parecer prévio que deverá ser elaborado em sessenta dias a contar de seu recebimento;

II - julgar as contas dos administradores e demais responsáveis por dinheiros, bens e valores públicos da administração direta e indireta, incluídas as fundações e sociedades instituídas e mantidas pelo Poder Público federal, e as contas daqueles que derem causa a perda, extravio ou outra irregularidade de que resulte prejuízo ao erário público;

III - apreciar, para fins de registro, a legalidade dos atos de admissão de pessoal, a qualquer título, na administração direta e indireta, incluídas as fundações instituídas e mantidas pelo Poder Público, excetuadas as nomeações para cargo de provimento em comissão, bem como a das concessões de aposentadorias, reformas e pensões, ressalvadas as melhorias posteriores que não alterem o fundamento legal do ato concessório;

IV - realizar, por iniciativa própria, da Câmara dos Deputados, do Senado Federal, de Comissão técnica ou de inquérito, inspeções e auditorias de natureza contábil, financeira, orçamentária, operacional e patrimonial, nas unidades administrativas dos Poderes Legislativo, Executivo e Judiciário, e demais entidades referidas no inciso II;

V - fiscalizar as contas nacionais das empresas supranacionais de cujo capital social a União participe, de forma direta ou indireta, nos termos do tratado constitutivo;

VI - fiscalizar a aplicação de quaisquer recursos repassados pela União mediante convênio, acordo, ajuste ou outros instrumentos congêneres, a Estado, ao Distrito Federal ou a Município;

VII - prestar as informações solicitadas pelo Congresso Nacional, por qualquer de suas Casas, ou por qualquer das respectivas Comissões, sobre a fiscalização contábil, financeira, orçamentária, operacional e patrimonial e sobre resultados de auditorias e inspeções realizadas;

VIII - aplicar aos responsáveis, em caso de ilegalidade de despesa ou irregularidade de contas, as sanções previstas em lei, que estabelecerá, entre outras cominações, multa proporcional ao dano causado ao erário;

IX - assinar prazo para que o órgão ou entidade adote as providências necessárias ao exato cumprimento da lei, se verificada ilegalidade;

X - sustar, se não atendido, a execução do ato impugnado, comunicando a decisão à Câmara dos Deputados e ao Senado Federal;

XI - representar ao Poder competente sobre irregularidades ou abusos apurados.

Tem-se destacado na doutrina que a Constituição Federal de 1988 ampliou consideravelmente as atribuições do Tribunal de Contas da União, refletindo a preocupação do constituinte originário em *dotar o órgão de instrumentos jurídicos adequados para exercer sua missão institucional* (ZYMLER, 2014, p. 197), assim, além das funções tradicionais de análise das contas na perspectiva contábil, financeira, orçamentária, e patrimonial, inseriu-se o controle operacional das atividades, inclusive dos serviços públicos, que devem ser analisadas não apenas em seus contornos jurídico-formais, mas considerando os aspectos da economicidade, eficiência e eficácia dos resultados (ZYMLER, 2014, p. 199).

O controle das agências reguladoras em suas atividades-fim tem sido realizado com fundamento no art. 71, inciso IV[17], que estabelece a competência do TCU para realizar inspeções e auditorias de natureza operacional, além das de natureza contábil, financeira, orçamentária e patrimonial (ZYMLER, 2014, p. 199). Quanto às últimas, não se tem encontrado maiores divergências, pois relacionam-se à análise da gestão de recursos públicos, não afetando diretamente a autonomia funcional das agências; o problema se concentra exatamente no controle operacional, que está relacionado às atividades-fim, em potencial choque com os fundamentos jurídicos da autonomia das agências reguladoras. Buscam-se, então, os limites desse controle na sua forma de exercício, pois, na linha adotada no estudo, seria *inegável que os Tribunais de Contas podem controlar a atividade-fim das agências reguladoras. A verdadeira questão não é o se, mas o como*[18] (MENDONÇA, 2012, p. 160).

A Lei nº 8.443, de 16 de julho de 1992, estabeleceu a Lei Orgânica do Tribunal de Contas da União (LOTCU), porém não dispôs sobre o controle operacional previsto no art. 71, inc. IV. Conquanto eventual disciplina estaria limitada pelo Princípio da Separação de Poderes, havendo de respeitar o desenho institucional já estabelecido no texto constitucional, a lei não poderia alargar os preceitos constitucionais.

---

[17]Há outros dispositivos constitucionais que também são suscitados como fundamentos do poder de controle do TCU sobre as atividades-fim das agências, são exemplos o art. 37, *caput*, quando institui o princípio da eficiência; e o próprio art. 70, ao se referir ao controle externo incidindo sobre a Administração Indireta, que inclui as agências reguladoras na condição de entidades autárquicas (MENDONÇA, 2012, p. 158).

[18]Embora a prática tem sido de atuação do TCU no controle das atividades-fim das agências, e o presente artigo busca uma análise dessa intervenção à luz do direito como sistema autopoiético, a possibilidade desse controle é contestada por alguns doutrinadores, dentre os quais podemos citar Luis Roberto Barrroso, que emitiu parecer no sentido de que *o Tribunal de Contas não pode avançar sua atividade fiscalizatória sobre a atividade-fim da agência reguladora, em clara violação ao princípio fundamental da separação de poderes* (BARROSO, Parecer LRB n.º 5, p. 16-17, 1998, apud MENDONÇA, 2012, p. 148-149).

Nesse sentido, embora a LOTCU estabelecera a possibilidade de o TCU emitir determinações a órgãos, entidades ou autoridades, não o fez no contexto do controle operacional, limitando-se aos casos de tomadas de conta e análise de atos e contratos que resultem receitas ou despesas, expressões relacionadas a "contas públicas". Houve por parte da lei deferência ao texto constitucional.

A questão, portanto, não é trivial, porém, mesmo os adeptos da maior extensão da auditagem do TCU admitem que o órgão de controle *não deve substituir as agências. Deverá, apenas, zelar pela atuação pronta e efetiva dos entes reguladores, para assegurar a adequada prestação de serviços públicos à população* (ZYMLER, 2014, p. 199). O ponto nevrálgico é saber quando o órgão de controle está a substituir o agente regulador.

Tem-se colocado como filtro do controle das atividades-fim das agências reguladoras a impossibilidade de esse controle recair sobre atos que decorrem do exercício do poder discricionário, marcado por elementos técnicos em sua análise, expressão da função reguladora típica das agências. Tais atos estariam, portanto, fora do âmbito de apreciação do controle externo, pois o controle não pode afrontar o Princípio da Separação de Poderes. Sintetizando essa concepção, afirma-se que o mérito administrativo não comporta revisão por ocasião do controle externo, seja jurisdicional ou por parte do Poder Legislativo, Tribunal de Contas ou Ministério Público. Ou seja, *é vedado que, a pretexto de exercitar controle-fiscalização, um órgão pretenda assumir o exercício de competências reservadas a outrem pela Constituição ou pela lei* (JUSTEN FILHO, 2015, p. 1268). Não se pretende a imunidade dos atos discricionários, mas critérios quanto à extensão e profundidade do controle, a fim de evitar que o juízo de conveniência e oportunidade atribuído à entidade reguladora seja substituído pelo do órgão controlador.

Portanto, admitindo-se que o controle das atividades-fim das agências reguladoras encontre base constitucional, respeitados os limites da discricionariedade atribuída à entidade reguladora, surge outra problemática: o resultado da auditagem ou fiscalização realizada pelo Tribunal de Controle que decorre desse controle se revestirá de qual forma de comunicação e será dirigida a quem?

Diante da sensibilidade do tema, por envolver relação entre Poderes, sustenta-se que a questão deva ser resolvida invocando-se a Constituição Federal de 1988, acoplamento estrutural que estabelece a forma de comunicação no exercício dos Poderes a fim de preservar a coexistência e harmonia entre os subsistemas político e jurídico.

Nota-se que as manifestações decorrentes das análises do TCU no exercício das suas competências, a teor dos artigos transcritos da Constituição Federal de 1988 (art. 70 e 71), podem se reportar ao Congresso Nacional, como titular do controle (que deve ser, portanto, interpretado como a regra), ou voltam-se diretamente à pessoa, órgão ou entidade controlada. Depreende-se do texto constitucional que o Legislativo é o titular do poder de fiscalização imanente ao controle externo, de natureza político. Portanto, a execução e decisão sobre o resultado do controle, em regra, é exercido pelos órgãos que compõem diretamente esse Poder (Senado Federal, Câmara do Deputados e comissões das referidas Casas), conquanto haja hipóteses expressas na Constituição em que essa função foi atribuída, na condição de auxiliar do Poder Legislativo, ao Tribunal de Contas da União, casos em que sua comunicação é direta ao controlado.

Entretanto, constata-se que o Tribunal de Contas da União, através de sua jurisprudência, incorporada a atos infralegais, criou comunicações diretas, fora dos limites da Constituição, que se dão na forma de recomendações e determinações, às quais passaremos em revista.

A sobrerregulação do TCU sobre as agências reguladoras

Analisando as competências do TCU extraídas do texto constitucional, deduz-se que as comunicações do órgão dirigidas diretamente aos agentes, órgãos e entidades controlados estão dispostas expressamente no art. 71 e são corolário do poder de "julgamento de contas" (incisos II), quando o órgão de controle pode aplicar sanções aos responsáveis por ilegalidades ou irregularidades (inciso VIII), assinar prazo para providências, se verificada irregularidade (inciso IX), e sustar, se não atendido, a execução de ato impugnado (inciso X). Como defluência da "função de julgar contas", a Constituição deu instrumentos para efetivação da decisão.

Por outro lado, quando se trata de apreciação das contas do Presidente da República (inciso I), o TCU não dirige qualquer recomendação ou determinação a esse, e o resultado é encaminhado ao Congresso Nacional (art. 49, inc. IX). O mesmo tratamento deve receber o resultado das auditorias e inspeções realizadas nas agências reguladoras em relação às atividades-fim (inc. IV e VII), pois nesses casos, por envolver relação entre Poderes no exercício de competências específicas, o TCU deve se reportar ao titular do poder de controle, ao Congresso Nacional, que, ao receber a comunicação, por intermédio de umas das suas Casas ou de suas comissões, atuará, outrossim, conforme o feixe de competências estabelecido nos limites da Constituição, observada como acoplamento estrutural.

Portanto, cotejando os comandos criados por força da jurisprudência do TCU, em sua aplicação ao controle operacional das agências reguladoras, e o texto constitucional, acoplamento estrutural entre os subsistemas político (controle externo - TCU) e jurídico (regulação normativa – agências reguladoras), percebe-se evidente rompimento dos limites estabelecidos na Constituição Federal de 1988. Tais comandos revelam a ocorrência de falha regulatória descrita como "super-socialização" do direito no Trilema Regulatório, traduzida aqui como sobrerregulação, na medida em que o não atendimento aos limites do acoplamento estrutural, normas constitucionais que estabelecem a relação entre a manifestação de Poderes, importa na instrumentalização política do sistema jurídico, ou seja, das normas regulatórias emitidas pelas agências.

A análise proposta tem cunho iminentemente procedimental, estrutural, não arguindo o conteúdo dos comandos do órgão de controle ou das normas regulatórias sob controle, não obstante seja inegável que a qualidade da regulação dependa do funcionamento adequado de estruturas para se desenvolver. A par portanto da análise substancial direta, a estrutura regulatória adotada pela teoria do direito como sistema autopoiético favorece a qualidade da regulação desempenhada pelas agências reguladoras nos contornos de sua autonomia, pois no procedimento e em suas operações internas, observam-se instrumentos que possibilitam que o sistema regulado (setor do mercado) seja percebido em suas operações e assimilado segundo critérios autorreferenciais do direito; ambos (regulado e regulador) coexistem como sistemas operativamente fechados e cognoscitivamente abertos. Essa relação é inobservada no controle do TCU, que não dispõe em sua estrutura interna de mecanismos de acompanhamento e interação com os setores regulados, pois escapa à sua função.

O direito não reservou ao TCU a função de regulação sob qualquer modalidade, sua atuação nessa seara importa em disfunção do funcionamento das estruturas do Estado insculpidas no texto constitucional.

ANÁLISE DE CASO: O JULGAMENTO DAS BANDEIRAS TARIFÁRIAS PELO TCU

As Bandeiras Tarifárias são um instrumento tarifário instituído pela ANEEL, que tem como finalidade sinalizar aos consumidores os custos atuais da geração de energia elétrica por meio da cobrança de um adicional à tarifa em prol da modicidade tarifária, do direito de informação e do equilíbrio entre a oferta e a demanda do produto.

Por intermédio das Bandeiras Tarifárias, a ANEEL estabelece, mensalmente, a cor da bandeira que será aplicada em todo o Sistema Interligado

Nacional – SIN[19], as bandeiras amarela e vermelha implicam uma cobrança adicional na conta de energia elétrica. Assim, no lugar do consumidor ter um único sinal de preço ao longo do ano, que se dá no momento do reajuste ou da revisão tarifária, as Bandeiras Tarifárias fornecem uma sinalização mensal e atualizada do custo da geração de energia elétrica no país.

É que a tarifa de energia a ser cobrada pelas distribuidoras se baseia em projeções do custo de geração que encontra sempre distinção com o custo efetivamente verificado no decorrer do período. Como a energia gerada por fontes térmicas apresenta preço mais elevado, comparada com as originadas de usinas hidrelétricas, base da matriz de energia elétrica no Brasil, o acionamento das térmicas além do previsto gera impacto no processo tarifário, o que se busca amenizar com o sistema das Bandeiras Tarifárias. Detalha Moraes (2018, p. 13) nesse sentido que:

> "[...] no período compreendido entre os processos tarifários (reajuste ou revisão), **o custo incorrido pela Distribuidora com a Compra de Energia pode sofrer variações significativas, em virtude das condições hidrológicas dos reservatórios e do acionamento das usinas termelétricas**. Assim, no processo tarifário há um mecanismo, denominado Conta de Variação da Parcela A (CVA), que compara o montante considerado no processo tarifário do ano anterior com o gasto efetivamente incorrido pela distribuidora durante os 12 meses de vigência do reajuste. Se o custo incorrido for maior do que o valor considerado no processo anterior, a empresa é credora dos consumidores, caso contrário, se o custo for menor que o valor dado no processo anterior, a empresa deve aos consumidores e a diferença é repassada às tarifas" (grifo nosso).

Qualquer que seja o custo incorrido pela distribuidora com a aquisição de energia para atendimento de seu mercado, é-lhe assegurado o repasse aos consumidores, quer seja no processo tarifário em processamento ou no posterior. Isto porque, nos reajustes tarifários, as diferenças de custos incorridos com compra de energia nos doze últimos meses são repassadas aos consumidores por meio da CVA. Dessa forma, os custos com a geração de energia eram refletidos nas tarifas com uma defasagem temporal de até um ano, com impactos substanciais no preço, especialmente em situações de restrições

---

[19] A configuração do sistema elétrico nacional é composta dos Sistema Interligado Nacional (SIN) e pelos Sistemas Isolados (SI), esses localizados principalmente no Norte do País, e representam atualmente menos de 1% da carga total do País. O Sistema Interligado Nacional é constituído por quatro subsistemas: Sul, Sudeste/Centro-Oeste, Nordeste e a maior parte da região Norte e agrega, portanto, mais de 99% da carga total (OPERADOR NACIONAL DO SISTEMA ELÉTRICO, 2019).

hídricas, quando o acionamento das fontes térmicas incrementa o preço pago pela energia elétrica[20].

Origem das Bandeiras Tarifárias e base normativa

O regime de bandeiras tarifárias foi instituído com base na Lei nº 9.427, de 26 de dezembro de 1996. Referido diploma, que criou a Agência Nacional de Energia Elétrica – ANEEL, disciplinou o regime das concessões de serviços públicos de energia elétrica e definiu, nos art. 14 e 15, os aspectos econômico e financeiro das concessões de energia elétrica:

> *Art. 14[21]. O regime econômico e financeiro da concessão de serviço público de energia elétrica, conforme estabelecido no respectivo contrato, compreende:*
>
> *I - a contraprestação pela execução do serviço, paga pelo consumidor final com tarifas baseadas no serviço pelo preço, nos termos da Lei nº 8.987, de 13 de fevereiro de 1995;*
>
> *(...)*
>
> *Art. 15. Entende-se por serviço pelo preço o regime econômico-financeiro mediante o qual as tarifas máximas do serviço público de energia elétrica são fixadas:*
>
> *(...)*
>
> *IV - em ato específico da ANEEL, que autorize a aplicação de novos valores, resultantes de revisão ou de reajuste, nas condições do respectivo contrato.*

Diante das competências atribuídas à ANEEL e da necessidade de aperfeiçoamento da estrutura tarifária, iniciaram-se estudos para buscar corrigir a defasagem entre o preço da energia no momento do consumo e seu reflexo na tarifa. O ponto de partida foi um cronograma fixado na Reunião Pública Administrativa da Diretoria da ANEEL em 09/12/2008. A ANEEL, nesse sentido, promoveu o Seminário Internacional de Estrutura Tarifária, entre os dias 17 e 18 de julho de 2009 e, em 14 de dezembro de 2010, foi aprovada pela Diretoria a realização da Audiência Pública 120/2010, para analisar a questão a partir de notas técnicas emitidas por superintendências internas da Agência. Nesse cenário, instituem-se as Bandeiras Tarifárias através da Resolução Normativa nº 464/2011, prevendo nos períodos seguintes anos-testes, que perduraram até sua entrada em vigor em janeiro de 2015, operacionalizada por meio da Resolução Normativa n.º 547 de 16 de abril de 2013.

---

[20]Para uma análise dos efeitos da implementação do sistema das Bandeiras Tarifárias, consultar a Avaliação de Resultado Regulatório – ARR (AGÊNCIA NACIONAL DE ENERGIA ELÉTRICA, 2019).
[21]BRASIL, 1996.

Como se observa, para o planejamento e implementação das Bandeiras Tarifárias seguiram-se diversas reuniões e notas técnicas especializadas, adotando-se a dinâmica da estrutura regulatória da ANEEL, que estabelece instrumentos de análise técnica e participação dos agentes por intermédio de reuniões e consultas públicas em que são colhidas contribuições dos agentes que compõem o mercado e dos representantes dos consumidores.

O julgamento das Bandeiras Tarifárias pelo TCU

Analisar-se-á o julgamento decorrente da auditoria do TCU (TC 025.919/2017-2) instaurada para verificar, por meio de avaliação do sistema de Bandeiras Tarifárias, a efetividade da medida como sinal de preços ao consumidor e mecanismo indutor de eficiência nos reajustes tarifários.

A decisão do TCU exarada no Acórdão n.º 582/2018 foi de que houve falhas na condução do processo pela ANEEL, constatando-se que *o referido sistema tem assumido um papel cada vez mais importante de antecipar receitas para evitar um acúmulo de custos para as distribuidoras de energia, deixando o papel de sinalizador para redução de consumo em segundo plano*. Em decorrência das falhas identificadas, o TCU emitiu determinações e recomendações, a saber:

> ACORDAM os Ministros do Tribunal de Contas da União, reunidos em Sessão de Plenário, ante as razões expostas pelo Relator, em:
>
> 9.1. **determinar** ao Ministério de Minas e Energia e **à Agência Nacional de Energia Elétrica, com fundamento no art. 250, inciso II, do Regimento Interno-TCU**, que, no prazo de 180 (cento e oitenta) dias, promovam o realinhamento do Sistema de Bandeiras Tarifárias aos reais objetivos almejados para a política, estejam ou não entre eles a atual e notória intenção de repassar custos tempestivamente para os consumidores de forma a não impactar no fluxo de caixa das distribuidoras, e o ainda não evidenciado propósito de promover uma resposta efetiva do consumo frente às variações dos cenários de geração, avaliando de forma fundamentada, no caso de confirmação desse segundo objetivo, a pertinência de se passar a adotar alguma metodologia de regulação por incentivos, ainda que de forma combinada com outra de regulação por custos;
>
> 9.2. **determinar à Agência Nacional de Energia Elétrica, com fundamento no art. 250, inciso II, do Regimento Interno-TCU**, que, no prazo de 30 (trinta) dias:
>
> 9.2.1. em articulação com o Operador Nacional do Sistema e com a Câmara de Comercialização de Energia Elétrica, elabore e publique relatórios mensais que contemplem todas as informações necessárias à verificação, por qualquer interessado, dos dados e valores que subsidiaram o estabelecimento da Bandeira Tarifária do respectivo mês, disponibilizando, inclusive, os fundamentos de eventuais divergências da agência reguladora relativamente aos dados e/ou valores que lhe forem fornecidos por aqueles outros dois agentes;

9.2.2. em prol da transparência quanto ao real e efetivo resultado de suas ações e ferramentas, enquanto não forem adotadas medidas eficazes voltadas a priorizar a sinalização, para os consumidores, dos custos reais da geração de energia elétrica e a mensurar o alcance dessa sinalização, abstenha-se de veicular e disponibilizar, em seu site ou em quaisquer outros meios de comunicação, informações no sentido de que seria esse o principal objetivo do Sistema de Bandeiras Tarifárias;

9.3. **recomendar** ao Ministério de Minas e Energia e **à Agência Nacional de Energia Elétrica, com fundamento no art. 250, inciso III, do Regimento Interno-TCU**, que avaliem a necessidade de alterações na redação do Decreto 8.401, de 4/2/2015, em virtude da constatação de que os prazos previstos nesse normativo não vêm sendo condizentes com as necessidades de aprimoramento do Sistema de Bandeiras Tarifárias em razão da curva de aprendizado do mecanismo e do fato de sua eficiência depender de condições do Setor Elétrico Brasileiro que carecem de acompanhamento e tratamento pari passu;

9.4. **recomendar à Agência Nacional de Energia Elétrica, com fundamento no art. 250, inciso III, do Regimento Interno-TCU**, que:

9.4.1. realize, anualmente, campanhas publicitárias voltadas à divulgação do Sistema de Bandeiras Tarifárias e de qualquer outro mecanismo voltado a influenciar, qualitativa ou quantitativamente, a demanda de energia elétrica, a exemplo da recém lançada Tarifa Branca, buscando, assim, um melhor entendimento dessas ferramentas pela população e, ampliando, por conseguinte, a efetividade desses mecanismos de reação da demanda, cuidando, ainda, de realizar pesquisas para acompanhar e verificar os resultados dessas campanhas;

9.4.2. previamente a quaisquer dispêndios publicitários referentes ao Sistema de Bandeiras Tarifárias, analise, com base nas informações atualmente disponíveis, na própria expertise de seu corpo técnico e dos demais players, ou, se necessário, no estudo objeto da recomendação seguinte (subitem 9.4.3), se essa ferramenta tem mesmo o potencial de induzir o usuário a reduzir consumo quando se deparar com custos mais elevados da energia elétrica;

9.4.3. realize estudos, em parceria com a Empresa de Pesquisa Energética (EPE), voltados a avaliar o Sistema de Bandeiras Tarifárias como sinal de preço ao consumidor, buscando identificar, prioritariamente, os impactos dessa política no consumo de energia elétrica, bem como definir indicadores aplicáveis que permitam o acompanhamento dos resultados;

9.4.4. dimensione o efeito que os subsídios cruzados evidenciados nesta auditoria causam nas tarifas dos consumidores cativos de energia elétrica, demonstrando a relevância desses valores ante os impactos positivos do Sistema de Bandeiras Tarifárias, dando a devida publicidade aos resultados alcançados com essa avaliação;

9.5. **determinar**, ainda, **à Agência Nacional de Energia Elétrica, com fundamento no art. 250, inciso II, do Regimento Interno-TCU**, que informe a este Tribunal, no prazo de 180 (cento e oitenta) dias, as medidas adotadas relativamente às recomendações ora formuladas, circunstanciando os motivos de eventual não implementação de qualquer delas; (...) (grifo nosso).

Foram verificadas no julgamento três determinações e duas recomendações, em alguns casos ao Ministério de Minas e Energia (MME) e à ANEEL conjuntamente, em outros somente à última. Há, outrossim, o envolvimento em alguns comandos do Operador Nacional do Sistema (ONS), da Câmara de Comercialização de Energia Elétrica (CCEE) e da Empresa de Pesquisa Energética (EPE).

Os comandos, sejam dirigidos ao MME, sejam os direcionados à ANEEL, esses últimos objetos do presente estudo, ao se basearem expressa e exclusivamente no art. 250, inciso II, do Regimento Interno do TCU, não encontram sustentação na Constituição Federal de 1988, acoplamento estrutural que viabiliza a interação sistêmica entre Poderes, incorrendo na falha descrita no Trilema Regulatório como "sobre-socialização" do direito, traduzida no caso, como sobrerregulação.

Destaca-se, mais uma vez, que a abordagem proposta é de uma teoria jurídico-institucional da regulação, de forma a tutelar o interesse público por força da autonomia funcional no exercício da regulação, a garantir sua eficiência. Não se propõe, em princípio, à análise de mérito da regulação, conquanto como se verá, por meio de recursos da ANEEL, o próprio TCU foi recuando no exercício de sua atuação, ao eliminar ou rever alguns comandos. Segue a ementa do Acórdão n.º 1.166/2019, em resposta ao pedido da ANEEL de reexame do Acórdão n.º 582/2018:

> ACORDAM os Ministros do Tribunal de Contas da União, reunidos em Sessão de Plenário, ante as razões expostas pelo Relator, em:
>
> 9.1 com fundamento no art. 32 da Lei nº 8.443/92, combinado com o art. 286 do Regimento Interno do TCU, conhecer do pedido de reexame para, no mérito, **dar-lhe provimento parcial, alterando o conteúdo do subitem 9.1 do Acórdão nº 582/2018-TCU-Plenário**, que passa a ter a seguinte redação:
>
> 9.1 recomendar ao Ministério de Minas e Energia (MME) e à Agência Nacional de Energia Elétrica (Aneel), com fundamento no art. 250, III, do RI/TCU, que, no prazo de 180 dias, caso tenham na indução de uma resposta no consumo de energia elétrica um dos objetivos de fato do Sistema de Bandeiras Tarifárias, adotem medidas voltadas a garantir sua eficácia e efetividade, aferindo os resultados alcançados e definindo metas qualitativas ou quantitativas; bem como promovam o monitoramento periódico do referido Sistema no que tange especificamente a esse objetivo, completando o ciclo da política pública, conforme definido no Guia de Avaliação de Políticas Públicas da Casa Civil da Presidência da República;
>
> **9.2 tornar insubsistente o subitem 9.2.2 do Acórdão nº 582/2018-TCU-Plenário**;
>
> 9.3 dar ciência dessa deliberação à recorrente e aos demais interessados (grifo nosso).

Em novo recurso da ANEEL, agora de embargos declaratórios, houve mais um recuo do TCU (Acórdão n.º 2.242/2019):

> 14. Nesse contexto, tendo em vista que a ANEEL não considera a indução no consumo como um objetivo da política, **excluo do texto da recomendação a referência à necessidade de definição de metas qualitativas e quantitativas em relação aquele elemento**, reorientando a recomendação para o aspecto da sinalização econômica, sem prejuízo de que a agência reguladora, nos termos por ela mesma propugnados na peça recursal, promova a avaliação da eficácia e da efetividade, com aferição de resultados e promoção de monitoramento periódico desse elemento da política.

Nota-se que o primeiro acórdão seguiu quase exclusivamente o resultado da Auditoria realizada por técnicos do TCU, mas o tribunal foi cedendo diante da apresentação de manifestações técnicas da ANEEL.

Diante do fato de que ANEEL não observa a regulação sob um prisma estático (exclusivamente por análise documental, como o fazem os técnicos do TCU), mas vive a regulação no dia a dia através dos órgãos e processos administrativos (subsistema regulatório), estabelecendo uma relação intersistêmica constante com os agentes e com o mercado, não é plausível o TCU julgar com base nas consideração emitidas nos pareceres de seus técnicos, quando contrastados com os fundamentos técnicos da ANEEL.

Não obstante os recuos do TCU, e sua decisão final, aparentemente, não alterar o regime das Bandeiras Tarifárias em sua essência, remanesceram comandos à ANEEL. Esse fato já caracteriza, como defendido, sobrerregulação, importando, portanto, em falha regulatória a teor da aplicação do Trilema Regulatório.

Com efeito, caso não se altere a jurisprudência do TCU, para afastar os comandos dirigidos diretamente às Agências Reguladoras, permanecerão essas falhas regulatórias, colocando-se em risco a autonomia funcional das Agências, repercutindo na qualidade e na eficiência da regulação, a comprometer a estabilidade jurídica necessária para o desenvolvimento adequado do ambiente regulado.

CONCLUSÃO

O surgimento das agências reguladoras, dotadas de autonomia funcional e corpo técnico especializado, está intimamente ligado ao remodelamento estatal que ocorre com o desenvolvimento do Estado Regulador. Esse modelo de Estado propõe uma forma própria de intervenção na economia por intermédio da normatização, cuja implementação é atribuída às agências reguladoras, a responder, desse modo, aos desafios determinados pela complexidade social que impõe atuação mais célere e eficiente.

A nova estrutura estatal estabelece tensões entre órgãos dos Poderes (Executivo, Legislativo e Judiciário) que pode comprometer os objetivos buscados pelo Estado, inserindo-se aqui o controle das atividades-fim das agências reguladoras pelo TCU.

Defende-se a adoção do Trilema Regulatório, teoria exposta por Teubner no contexto do direito como sistema autopoiético, a fim de identificar falhas regulatórias que decorrem da interação entre o subsistema político (controle externo realizado pelo TCU) e o subsistema jurídico (normas regulatórias emitidas pelas agências reguladoras) caso a relação seja estabelecida fora dos limites do acoplamento estrutural, identificado com a Constituição por Luhmann, precursor no estudo do direito como sistema autopoiético. Segundo esse modelo teórico os subsistemas sociais, que têm a comunicação como operação distintiva, como a política, a economia e o direito, são operativamente fechados e cognoscitivamente abertos; possuem sua dinâmica interna própria de operação autorreprodutiva, o que os diferenciam do meio e dos demais subsistemas, ao tempo em que apresentam aberturas para observação externa.

O TCU criou em sua jurisprudência comandos dirigidos aos seus "controlados", dentre os quais se apresentam as agências reguladoras, na forma de recomendação e determinação, em resposta à constatação de que há inconsistência no ato sindicado não revestida de ilegalidade, ou revestida desse vício, respectivamente.

A adoção desses comandos na auditagem de atos finalísticos das agências reguladoras pelo TCU não encontra base na Constituição Federal de 1988, acoplamento estrutural que se coloca entre os Poderes que exercem a função política (Legislativo - Congresso Nacional com auxílio do TCU) e a função de regulação normativa (Executivo – agências reguladoras). O texto constitucional, quando dispõem sobre o controle externo a cargo do Poder Legislativo, não prevê que o resultado da análise do TCU, órgão auxiliar, dirija-se diretamente às agências reguladoras, se o objeto da sindicância for suas atividades-fim.

A aplicação de comandos do TCU, seja recomendação ou determinação, dirigidas diretamente às agências reguladoras em decorrência do controle de suas atividades-fim não se insere nos limites do acoplamento estrutural estabelecido no texto da Constituição Federal de 1988, a revelar falha regulatória na forma de sobrerregulação (Trilema Regulatório), hipótese em que o direito (regulação normativa) é captado pela política (controle externo).

No julgamento das Bandeiras Tarifárias, instrumento tarifário instituído pela ANEEL, foram identificadas recomendações e determinações do TCU dirigidas diretamente à Agência de energia. A atuação do órgão de controle incorreu, portanto, em sobrerregulação de acordo com o modelo teórico do Trilema Regulatório. Não obstante a resistência da ANEEL por meio de recursos no decorrer do processo, a falha regulatória persistiu. Houve recuos do TCU diante dos recursos da Agência, porém alguns comandos foram mantidos na forma de recomendações, sem afetar, nesse caso em especial, a regulação em sua essência.

Não alterada a jurisprudência do TCU quanto aos comandos diretos dirigidos às agências reguladoras no controle das atividades-fim, a violação da autonomia dessas entidades repercute direta e negativamente na qualidade, eficiência e segurança da regulação em decorrência da sobrerregulação do TCU sobre as agências.

REFERÊNCIAS BIBLIOGRÁFICAS

ARANHA, Márcio Iorio. **Manual de direito regulatório: fundamentos de direito regulatório.** 4. ed. rev. ampl. London: Laccademia Publishing, 2018.

GOMES, Gilberto Mendes Calasans. Limites ao controle das agências reguladoras pelo Tribunal de Contas da União: casos selecionados em 2018. **Revista de Direito Setorial e Regulatório**, v. 5, n. 2, p. 109-128, out. 2019. Disponível em: http://periodicos.unb.br/index.php/rdsr/article/view/27105. Acesso em: 22 out. 2019.

GOMES, Milton Carvalho. O lugar da política na atuação das agências reguladoras independentes brasileiras: reflexões sobre a separação dos poderes no Estado moderno. **Revista de Direito Setorial e Regulatório**, Brasília, v. 3, n. 1, p. 133-164, maio 2017. Disponível em: https://periodicos.unb.br/index.php/rdsr/article/view/19199. Acesso em: 22 out. 2019.

HABERMAS, Jürgen. Law as Medium and Law as Institution. In: TEUBNER, Gunther. **Dilemas of law in the welfare state.** Berlim, Nova Iorque: Walter de Gruyter, 1988.

JUSTEN FILHO, Marçal. **Curso de direito administrativo.** 11ª ed. São Paulo: Editora Revista dos Tribunais, 2015.

LOPES, Othon de Azevedo Lopes. **Fundamentos da regulação.** Rio de Janeiro: Processo, 2018.

LUHMANN, Niklas. *Introdução à teoria dos sistemas*. Petrópolis, RJ: Vozes, 2009a.

LUHMANN, Niklas. Law as a Social System. *Revista Journal Derecho & Poder Diritto & Potere, Right & Power, Recht und Macht, Direito & Poder, Droit & Pouvoir*, p. 180-199, 2009b.

LUHMANN, Niklas. Verfassung als evolutionäre Errungenschaft. *Rechtshistorisches Journal*, v. 9, p. 176-220, 1996. Disponível em: https://edisciplinas.usp.br/mod/resource/view.php?id=2398859 Acesso em: 05 nov. 2019.

LUHMANN, Niklas. The function of law. In: _____. *Law as a Social System*. New York: Oxford University Press, 2004.

MAJONE, Giandomenico. Do Estado Positivo ao Estado Regulador. In: MAATOS, Paulo Todean Lessa. *Regulação econômica e democracia*: o debate europeu. São Paulo: Singular, 2006. p. 53-85.

MATURANA, Humberto; VARELA, Francisco. *A árvore do conhecimento*. São Paulo: Palas Athena, 2001.

MENDONÇA, João Vicente Santos de. A propósito do controle feito pelos Tribunais de Contas – em busca de alguns *standards* possíveis. *Revista de Direito Público da Economia*, Belo Horizonte, v. 10, n.38, p.147-164, abril/junho 2012.

MORAES, Felipe Augusto Cardoso. *Impacto econômico das bandeiras tarifárias nos processos tarifários das distribuidoras de energia elétrica*. Brasília: IPEA, 2018.

NEVES, Marcelo. *Entre Têmis e Leviatã: uma relação difícil: o Estado Democrático de Direito a partir e além de Luhmann e Habermas*. Trad. Autor, 3ª ed. São Paulo: Editora WMF Martins Fontes, 2012.

NOVAK, William J. A Revisionist History of Regulatory Capture. In: CARPENTER, D.; MOSS, D. A. *Preventing Regulatory Capture: special interest influence and how to limit it*. New York: Cambridge University Press, 2014. p. 25-48.

OPERADOR NACIONAL DO SISTEMA ELÉTRICO. *Sistema Interligado Nacional* [on-line]. c2019. Disponível em: http://www.ons.org.br/paginas/sobre-o-sin/o-que-e-o-sin. Acesso em: 30 nov. 2019.

PEREIRA, Luiz Carlos Bresser. Da administração pública burocrática à gerencial. **Revista do Serviço Público**, Brasília, ano 47, v. 120, n. 1, p. 7-40, jan/abr. 1996.

PRADO, Carlos Eduardo R. Teubner e os drones. **Revista de Direito Setorial e Regulatório**, Brasília, v. 3, n. 1, p. 73-94, maio 2017. Acesso em: 30 nov. 2019.

SUNDFELD, Carlos Ari, CÂMARA, Jacintho Arruda. Controle das contratações públicas pelos Tribunais de Contas. **Revista de Direito Administrativo**, Rio de Janeiro, v. 257, p. 111-44, maio/ago. 2011.

SUNDFELD, Carlos Ari. Introdução às agências reguladoras. In: _____. **Direito Administrativo Econômico**. São Paulo: Malheiros, 2002. p. 15-38.

TEUBNER, Gunther. After legal instrumentalism: strategic models of post-regulatory law. In: _____. **Dilemmas of law in the welfare state**. Berlin: Walter de Gruyter, 1986. p. 299-326.

TEUBNER, Gunther. *O direito como sistema autopoiético*. Lisboa: Fundação Calouste Gulbenkian, 1989.

UNIVERSIDADE DE SÃO PAULO. *Observatório do controle da administração pública: relatório de pesquisa bianual: o controle das agências reguladoras pelo Tribunal de Contas da União*. São Paulo, 2019. 183 p. Disponível em: https://www.academia.edu/38343645/Relat%C3%B3rio_de_Pesquisa_-_Observat%C3%B3rio_do_Controle_da_Administra%C3%A7%C3%A3o_P%C3%BAblica. Acesso em: 22 out. 2019.

ZYMLER, Benjamin. **Direito administrativo e controle**. 3. ed. 2. reimp. Belo Horizonte: Fórum, 2014.

Normas e Julgados

AGÊNCIA NACIONAL DE ENERGIA ELÉTRICA (BRASIL*). Nota Técnica SGT/ANEEL n° 170/2019*. Avaliação de Resultado Regulatório. Brasília, 2019.

_____. *Resolução ANEEL n.° 464*. Brasília: ANEEL, 2011.

_____. *Resolução ANEEL n.° 547*. Brasília: ANEEL, 2013.

BRASIL. ***Constituição da República Federativa do Brasil de 1988***. Diário Oficial da República Federativa do Brasil, Brasília, DF, 5 out. 1988.

_____. ***Lei n.º 13.848, de 25 de junho de 2019***. Dispõe sobre a gestão, a organização, o processo decisório e o controle social das agências reguladoras. Diário Oficial da República Federativa do Brasil, Brasília, DF, 17 jul. 1992.

_____. ***Lei n.º 8.443, de 16 de julho de 1992***. Dispõe sobre a Lei Orgânica do Tribunal de Contas da União e dá outras providências. Diário Oficial da República Federativa do Brasil, Brasília, DF, 17 jul. 1992.

_____. ***Lei n.º 9.427, de 26 de dezembro de 1996***. Institui a Agência Nacional de Energia Elétrica – ANEEL, disciplina o regime das concessões de serviços públicos de energia elétrica e dá outras providências. Diário Oficial da República Federativa do Brasil, Brasília, DF, 27 dez. 1996.

BRASIL. Tribunal de Contas da União. ***Acórdão nº 1166/2019***. Plenário. Brasília: TCU, 2019. Disponível em: http://www.tcu.gov.br. Acesso em: 10 out. 2019.

BRASIL. Tribunal de Contas da União. ***Acórdão nº 2242/2019***. Plenário. Brasília: TCU, 2018. Disponível em: http://www.tcu.gov.br. Acesso em: 10 out. 2019.

BRASIL. Tribunal de Contas da União. ***Acórdão nº 582/2018***. Plenário. Brasília: TCU, 2018. Disponível em: http://www.tcu.gov.br. Acesso em: 10 out. 2019.

JUDICIÁRIO E ESTADO ADMINISTRATIVO – EXPERIÊNCIA AMERICANA APLICA-SE AO BRASIL?
Judiciary and Administrative State – Is the American experience applicable to Brazil?

Submetido(*submitted*): 04/12/2019
Parecer(*revised*): 13/12/2019
Aceito(*accepted*): 30/12/2019

Rodrigo Parente Paiva Bentemuller*

Abstract
Purpose – *The Unites States of America has presented for decades an Administrative State culture, in which agencies display normative e judicial functions beyond regular executive tasks. In this scenery, the American Judiciary grants positions of judicial deference (not without questionings) towards normative acts of these agencies, as seen in the paradigmatic Chevron case, decided by the Supreme Court. For Adrian Vermeule, a true Law's abnegation exists as a natural process alongside the evolving complexity of modern society and its reflexes on Administrative State. The purpose of this article is to evaluate the American experience in judicial deference and its applicability in the Brazilian Law system.*
Methodology/approach/design – *The article is based on the studies of the American Administrative State being aligned to the Brazilian Regulatory State, in a Judiciary point of view, exposing a necessary Law's abnegation in detriment of the Law's Empire, under the optic of judicial deference, in certain cases.*
Findings – *In the end, it demonstrates the necessary abstention, regarding certain subjects and circumstances, of the Judiciary towards the regulatory agencies.*
Practical implications – *The article's purpose is the enhancement of the judicial practice, aligned with the new ages of a Regulatory State.*

Keywords: *Administrative State. Judiciary. Law's abnegation. Regulatory State. Judicial deference.*

Resumo
Propósito – Os Estados Unidos da América apresentam de longa data uma cultura de Estado Administrativo, em que as *agencies* ostentam funções, além de propriamente executoras dos comandos legislativos, normativas e judiciais. Nesse contexto, o Judiciário americano assume posições de deferência judicial (não sem contestação) quanto aos atos normativos expedidos por essas agências reguladoras, como possível observar no paradigmático caso *Chevron*, decidido pela *Supreme Court*. Para Adrian

---

*Graduado em Direito pela Universidade Federal do Ceará. Defensor Público no Estado do Ceará nos anos de 2012-2013. Juiz Federal Substituto desde 2013. E-mail: rodrigoppb@gmail.com.

Vermeule, ocorre verdadeira abnegação do Direito como processo natural da evolução da complexidade da sociedade moderna e seus reflexos no Estado Administrativo. A intenção do artigo é avaliar a experiência americana em deferência judicial e sua aplicabilidade no Direito brasileiro.

Metodologia/abordagem/design – O artigo baseia-se nos estudos acerca do Estado Administrativo norte-americano em sintonia com o Estado Regulador do Brasil, em uma visão voltada ao Poder Judiciário, expondo uma necessária abnegação do Direito em detrimento do império do Direito, sob a ótica da deferência judicial, em determinados casos.

Resultados – Ao final, demonstra-se a necessária abstenção, em determinados assuntos e circunstâncias, da intervenção do Judiciário no âmbito das agências reguladoras.

Implicações práticas – A intenção do artigo é o aprimoramento da prática judiciária, alinhada aos novos tempos de Estado Regulador.

Palavras-chave: Estado Administrativo. Judiciário. Abnegação do Direito. Estado Regulador. Deferência judicial.

INTRODUÇÃO

O Século XX viu emergir o Estado Democrático de Direito, visando aplacar as inconsistências oriundas do Estado do Bem-estar Social, representando não uma ruptura, mas um avanço deste sistema, consubstanciando-se em uma *"transição reflexiva entre esses dois pontos de referência [Estado Liberal e o Estado do Bem-estar Social], como forma de construção de uma autonomia bipartida como privada e pública"* (LOPES, 2018, p. 106).

Em um plano econômico, surge a figura do Estado Regulador, em que o Estado aparece como figura ora interventora ora absenteísta como forma de reger a atividade econômica privada, *"como garantia de preservação das prestações materiais essenciais à fruição dos direitos fundamentais"* (ARANHA, 2018, p. 11).

Nesse contexto, de intervenção na atividade econômica, aliada à rápida evolução inerente aos mercados, amplia-se a participação de um corpo técnico-burocrático estatal capaz de fazer frente à dinâmica econômica, com poderes quase legislativos (normativos) e judicantes, com o fito de regular tal atividade exatamente para garantir, como dito acima, o gozo dos direitos fundamentais dos cidadãos.

Tal modelo de Estado, todavia, impõe uma revisão da clássica separação de Poderes, como previstos por Locke e Montesquieu (em oposição a um regime absolutista), tendo em vista essa nova concepção do Poder Executivo, ancorado por agências independentes, revelando um Estado Administrativo, em que a função administrativa predomina, esta entendida, no que aponta Waldo (2007), reportando a Henry Walker, como a função necessária para execução das políticas de governo traçadas pela função legislativa, organizada basicamente pela experiência técnica de especialistas integrantes do corpo burocrático para elaboração de textos normativos.

No âmbito brasileiro, a burocracia administrativa caminha para a existência de um Estado Regulador em que esse corpo de *experts* assume preponderância na atividade regulatória, impondo deveres e obrigações aos particulares, sejam eles agentes econômicos, sejam consumidores ou até mesmo a Administração Pública.

O Poder Judiciário, no âmbito da clássica separação dos poderes, assume uma posição central na resolução de conflitos de interesses surgidos nos setores regulados, pois é portador da palavra final sobre questões jurídicas. Entretanto, na seara de um Estado Administrativo, tal posição deve ser revista, ante as decisões de caráter eminentemente técnico dos entes reguladores, havendo uma necessária deferência judicial[1] ou até mesmo uma abnegação, utilizando os termos de Adrian Vermeule (2016).

Nesse contexto, o presente artigo busca traçar um panorama acerca da posição do Judiciário no âmbito do Estado Administrativo estadunidense e sua possível aplicabilidade no sistema brasileiro, passando por uma breve explanação acerca da mudança de paradigma culminante na própria concepção de Estado Administrativo e Estado Regulador.

ESTADO ADMINISTRATIVO NOS ESTADOS UNIDOS DA AMÉRICA E PODER JUDICIÁRIO

Antes de ingressar na relação entre Poder Judiciário e Estado Administrativo norte-americano, curial traçar algumas linhas acerca do próprio conceito de Estado Administrativo e sua importância para o âmbito das agências reguladoras.

Ainda no início do século XX, como referenciado por Waldo (2007), Goodnow e Willoughby já apresentavam uma necessária releitura da clássica separação de poderes, traçando a distinção entre função executiva, engajada no estabelecimento de políticas públicas, e função administrativa, desenhada para execução destas, sendo enaltecida, nesse ponto, a figura dos experts, sendo a

---

[1] Neste artigo, opta-se pelo termo deferência judicial alinhando-se à expressão já consolidada no direito norte-americano (*judicial deference*), apesar de outros autores, inclusive em artigo de nossa autoria, preferirem utilizar o termo deferência administrativa.

tecnicidade fator importante para fazer frente às demandas cada vez mais pulsantes (e imprevisíveis) da sociedade.

Como apontado por Medeiros (2016), utilizando os estudos de Waldo, muda-se o eixo da legitimação da produção normativa, deixando de ser monopólio do Poder Legislativo, escolhido através de sufrágio, para a própria função administrativa, regida pelas *"habilidades, competências e especialidades que o novo corpo burocrático deve possuir"* (p. 390), à parte, assim, dos dissabores e variações inerentes à própria atividade política e alternância governamental.

Em Barbosa (2015), cotejando o trabalho de Bruce Ackerman, resta explanado que, para questões de alto grau de tecnicidade, o Legislativo não é capaz de dar respostas rápidas e acuradas para os problemas cada vez mais complexos advindos da sociedade (pós-)moderna, em questões envolvendo, por exemplo, proteção ao meio ambiente e energia nuclear.

Como conclui Gomes (2017, p. 145):

> "Os debates sobre as relações entre política e administração parecem ter substituído, em grande medida, as discussões sobre a separação dos poderes, no campo da administração pública. A preocupação que deu origem à dicotomia política-administração permanece válida e existente, qual seja, a necessidade de implementação de um Estado administrativo, voltado à gestão eficiente de recursos e maximização do bem-estar social por meio da aplicação de uma ciência própria da administração pública."

Assim, a figura do Estado Administrativo promove uma reformulação da divisão dos Poderes, acarretando em um acúmulo de poderes pelo Poder Executivo, pois responsável pela execução dos comandos legislativos gerais, tanto através da fiscalização e punição das atividades regulamentadas como pela própria existência de poder normativo, este entendido como a possibilidade de produção de normas capazes de interferir no domínio econômico dentro de um quadro legislativo pré-ordenado.

Vale salientar que, nos Estados Unidos da América, as agências reguladoras vieram em um processo histórico de intervencionismo do mercado, em que a liberdade de contratos e propriedades, dentro de um contexto liberal, deveriam ser limitados, em oposição ao modelo europeu (e ainda o brasileiro) em que, oriundos de um Estado de Bem-estar Social e aderentes a um modelo neoliberal, passaram a reger a atividade econômica, por meio de agências independentes, como disciplinadora e fomentadora dos novos mercados.

No âmbito estadunidense, apesar de claramente reconhecida a existência de um Estado Administrativo, há questionamentos acerca de sua constitucionalidade, tendo como expoentes mais modernos, referenciados por Vermeule (2016), Gary Lawson e Philip Hamburguer, em que defendem que o sistema normativo previsto na Constituição (Lawson) ou na tradição jurídica anglo-saxã (Hamburguer) não ampara o "inchaço" do Poder Executivo e suas funções quase legislativas e quase judiciais. Tais questionamentos acerca do desequilíbrio dos freios e contrapesos da separação de poderes[2] também se encontram presentes em Sustein e Vermeule (2015).

Vermeule (2016), em contraponto, defende que o Estado Administrativo é uma evolução natural do próprio Estado e amparado em autorizações legislativas, sendo respeitados, pois, os contornos oferecidos pelo próprio Poder Legislativo, exercendo, assim, propriamente atividades executivas. Em suas palavras (p. 53):

> "To be clear, the official theory of delegation in American administrative law is not a view that I agree with. The better theory, and indeed the one with better founding-era credentials, is that so long as an agency acts within the boundaries of the statutory authorization, obeying the Youngstown[3] constraint, the agency is necessarily exercising executive rather than legislative power, intelligible principle or no"[4].

A alteração do panorama da divisão de poderes afeta não somente o Poder Legislativo, mas igualmente o Poder Judiciário, pois este assume nova posição no novel quadro normativo experenciado pela Administração Pública, passando a avaliar não só a constitucionalidade/legalidade de atos propriamente legislativos, mas a própria conformidade entre os comandos oriundos do poder normativo do Executivo e, em especial, das agências reguladoras e a Constituição e as leis.

Restou explanado, em Bentemuller (2018), que o Poder Judiciário pode assumir duas posições: uma primeira interventora, em que se passa à análise da conformidade legislativa em sentido amplo, ingressando no próprio mérito do ato normativo da agência reguladora; ou então, em uma outra abordagem, uma posição deferencial, avaliando-se a formalidade procedimental para elaboração do texto normativo e ainda evitando decisões fora do contorno legislativo em deveriam ter sido criadas as normas das agências independentes.

---

[2]Citado desequilíbrio nos freios e contrapesos decorre da ideia de que cada Poder deve evitar a hipertrofia ou a superioridade de um deles perante os demais, devendo os Poderes serem independentes e harmônicos entre si.
[3]Youngstown Sheet & Tube Co. v. Sawyer, 343 U.S. 579 (1952). Restou decidido, nesse caso, que o Presidente não poderia realizar a tomada de controle de propriedade privada sem que houvesse expressa autorização do Congresso. A constrição de Youngstown citada por Vermeule vai exatamente limitar os poderes executivos quando não houver autorização legislativa.
[4]Em tradução livre: "Para ser claro, a teoria oficial de delegação no Direito Administrativo não é uma visão com a qual concordo. A melhor teoria, e, de fato, aquela com melhor credenciais da era de criação do Estado Americano, é que, enquanto a agência agir dentro dos contornos da autorização legal, obedecendo as limitações de *Youngstown*, a agência está necessariamente exercendo função executiva em vez de legislativo, princípio inteligível ou não".

Em que pese terem sido abordados alhures os casos *Chevron* e *Auer* como paradigmáticos para a deferência judicial (2018), Vermeule (2016) retrocede ainda mais no tempo, estabelecendo como marco inicial para a tentativa de mediação do conflito entre Direito (aqui entendido como revisão judicial) e Estado Administrativo o caso *Crowell v. Benson*, decidido pela *Supreme Court of USA*, em 1932. Trata-se de um caso relativo à constitucionalidade de tribunais administrativos julgarem pedidos de compensação de trabalhadores ocorridos em águas navegáveis, em que restou estabelecido, em linhas gerais, que, em *"private rights"* (envolvendo relação entre cidadãos), poderia o Judiciário realizar deferência aos julgados administrativos, em certos casos, como também exposto por Ernst (2014), mencionando a importante figura do *Chief Justice* Hughes na elaboração dessa decisão, tentando sopesar a figura do administrador e do Judiciário, apesar de haver contestação (p. 76-77):

> "Two groups threatened this entente between the courts and the agencies. First, members of a legal profession that closely identified with courts would have to be convinced that administrative discretion would not threaten their own interests and ideals. Second, the professional politicians who still dominated the nation's legislatures had to be persuaded that the new agencies would not provide governors and presidents with an independent source of political power"[5].

Tal decisão influencia na elaboração do *Administrative Procedure Act* (APA) de 1946, que, além de trazer regras acerca do processo administrativo para elaboração de normas regulatórias, estabelece contornos para a avaliação judicial de atos administrativos regulatórios.

Sob tal legislação, estabelece-se a denominada *"hard look review"*, em que o Judiciário pode intervir de duas formas: uma primeira relacionada ao próprio procedimento de elaboração de decisões e uma segunda em que o Judiciário deve intervir em normas regulatórias tidas como arbitrárias ou caprichosas (*arbitrary or capricious*).

Entretanto, restou definido em *Vermont Yankee Nuclear Power Corp. v. Natural Resources Defense Council, Inc.* (1978), um caso no qual se discutia a possibilidade de o Judiciário impor novas exigências no processo administrativo para a elaboração de normas pelas agências reguladoras, além do exigido pelo APA.

---

[5]Em tradução livre: Dois grupos ameaçaram esse acordo entre cortes e agências. Primeiro, membros de uma profissão legal que se identificavam proximamente com cortes teriam que ser convencidos que a discricionariedade administrativa não iria ameaçar seus próprios interesses e ideais. Em segundo lugar, políticos profissionais que ainda dominavam a legislatura da nação teriam que ser persuadidos de que as novas agências não iriam providenciar governantes e presidentes com uma fonte independente de poder político.

A Suprema Corte norte-americana, reformando decisão do *D.C. Circuit Court of Appeals*, definiu que obrigações procedimentais devem ser ancoradas no *Administrative Procedure Act* e não pode o Judiciário impor novas obrigações procedimentais, ficando a cargo da agência reguladora o estabelecimento do procedimento mais adequado para a tomada de decisões.

Avançando no tempo, sem esgotar o assunto, surge a denominada Doutrina Chevron (*Chevron U.S.A., Inc. vs. Natural Resources Defense Council, Inc.*), julgado em 1984, também pela *Supreme Court*.

Como relatado por Ventura Rodriguéz (2010) e explanado em artigo de nossa autoria (2018), discutia-se a alteração da interpretação dada pela *Environmental Protection Agency* (EPA) sobre fontes estacionárias de poluição previstas no Clean Air Act, pós-emendas de 1977, sendo questionada a decisão regulatória pela *Natural Resources Defense Council, Inc*.

Após decisão favorável na *US Court of Appeals for the District of Columbia Circuit*, a Suprema Corte dos EUA, como apontado por Scalia (1989, p. 511-512), *Justice* Paul Stephens assim sintetizou a referida doutrina:

> "First, always, is the question whether Congress has directly spoken to the precise question at issue. If the intent of Congress is clear, that is the end of the matter; for the court, as well as the agency, must give effect to the unambiguously expressed intent of Congress.
>
> If, however, the court determines that Congress has not directly addressed the precise question at issue, the court does not simply impose its own construction on the statute, as would be necessary in the absence of an administrative interpretation. Rather, if the statute is silent or ambiguous with respect to the specific issue, the question for the court is whether the agency's answer is based on a permissible construction of the statute"[6.]

Em avanço, o julgado *Auer v. Robbins* (1997) aprofunda a deferência judicial, pois na inexistência de norma legislativa congressual, a agência pode interpretar seus próprios comandos regulatórios, desde que baseada em construção interpretativa válida do estatuto, tal como explicitado em Bentemuller (2018 p. 33):

> "Assim, a doutrina Auer vai além da doutrina Chevron, pois nesta o órgão regulador dava interpretação válida ao comando legislativo, enquanto naquela foi permitida que o próprio órgão regulador desse interpretação de

---

[6] Em tradução livre: "Primeiro, sempre, é a questão se o Congresso diretamente manifestou-se sobre a exata questão sob análise. Se a intenção do Congresso é clara, é o fim do assunto; a corte, e assim também a agência, devem dar efeito à intenção expressa e clara do Congresso. Se, entretanto, a corte determina que o Congresso não se manifestou diretamente sobre a exata questão sob análise, a corte não impõe simplesmente sua própria interpretação acerca do estatuto, como seria necessária na ausência de interpretação administrativa. Mais além, se o estatuto é silente ou ambíguo em relação ao assunto específico, a questão para a corte é se a resposta da agência é baseada em uma interpretação admissível do estatuto."

previsões regulatórias, no caso de elas serem vagas ou imprecisas, o que expande a deferência administrativa então disposta pelo caso Chevron, evitando assim que o Judiciário interfira nas decisões das agências reguladoras, desde que possíveis dentro do arcabouço interpretativo, resguardando a discricionariedade interna do ente regulador".

Apesar de ainda válida perante a *Supreme Court*, tal deferência não é imune de críticas, sendo inclusive sua abrangência restringida por decisão no âmbito da *Kisor v. Wilkie* de 2019, em que foram estabelecidos alguns critérios para que as cortes promovam deferência ou não aos comandos regulatórios interpretativos.

Para Vermeule (2016), tais decisões conformam o que ele denomina de abnegação do Direito, em que, como evolução natural do Estado Administrativo, o Judiciário deve guardar deferência às agências reguladoras, sob certas circunstâncias, tendo em vista a necessidade de respostas tempestivas às demandas cada vez mais rápidas e complexas surgidas na sociedade (pós-)moderna, bem como a expertise dos técnicos burocratas das agências reguladoras.

Sem intenção de esgotar o tema perante a Suprema Corte dos Estados Unidos da América, nem abordando as tentativas legislativas para aplacar tais decisões acima referenciadas, restou estabelecido, nesse momento, um panorama acerca da deferência judicial no âmbito estadunidense, sendo fixado como paradigma para a avaliação do sistema brasileiro, abordado a seguir.

ESTADO REGULADOR NO DIREITO BRASILEIRO E PODER JUDICIÁRIO

Antes, contudo, de averiguar o estágio da deferência judicial no âmbito brasileiro, importante estabelecer os contornos do Estado Regulador no Brasil, em que se parte de uma concepção liberal, passando pelo Estado de Bem-estar Social, até chegar no início de um Estado Regulador, tendo em mente que a regulação não é exclusiva desta modalidade estatal.

Primeiramente, o Estado Liberal é caracterizado, na relação Estado-Mercado, sob a ótica do liberalismo clássico, em uma abstenção estatal quanto à efetivação de direitos sociais, limitando-se à proteção das tidas liberdades individuais, englobando a liberdade de propriedade e de contrato. Nessa sistemática liberal, atividade estatal fora dos limites das garantias necessárias ao cumprimento da proteção de liberdades individuais era vista como abusiva, resquício do sistema absolutista que então vigia, sendo incipiente a atividade regulatória estatal, dado que delegada ao próprio mercado sua autorregulação.

Por seu turno, o Estado de Bem-estar Social veio suprir a exigência por prestações positivas do Estado, como *"estratégia compensatória das situações de debilidade social"* (LOPES, 2018, p. 98). E ainda na lição de Othon de Azevedo Lopes (2018, p. 98):

> "O direito apresentou-se como um meio, instrumento, para que a política conduzisse o processo social, definindo objetivos, escolhendo os meios normativos e ordenando condutas concretas, de acordo com programas finalísticos. No Estado de Bem-estar Social, imperava a preocupação com justiça distributiva, em torno do problema da partição de utilidades fruíveis socialmente produzidas, encerrando-se a questão da liberdade dentro de um tratamento do tipo assistencial e reduzindo-a ao distanciá-la de preocupações mais amplas vinculadas à emancipação e à dignidade da pessoa humana."

A regulação, nesse âmbito, dá-se de forma centralizadora e diretiva, tendo em vista que o Estado deve distribuir entre os cidadãos a fruição das utilidades produzidas pelo mercado, assumindo, portanto, uma feição intervencionista.

O Estado Regulador veio a surgir como uma insuficiência do Estado Provedor, ante a diversidade das necessidades, cada vez mais crescentes e complexas, dos cidadãos, gerando, inclusive, um âmbito de incerteza quanto ao que deve ser concedido via estatal. Na visão de Lopes (2018, p. 110):

> "A partir dessa problematização, o modelo ingênuo do Estado de Bem-estar Social a quem se atribui um largo espaço de ação para imposição dirigista de sua vontade sobre a sociedade deve ser substituído por um mais realista que o concebe como um sistema entre outros que, dentro de um espaço de ação mais restrito, limita-se a impulsos controladores indiretos."

Este novel Estado figura, no espectro da regulação, em uma visão hegeliana, como uma síntese evolutiva das figuras do Estado Liberal e do de Bem-Estar Social, havendo uma ressignificação do mercado, não sendo mais adequada a figura do *laissez-faire*, nem uma planificação da economia, mas sim um programa gerencial coordenado para garantir a fruição de direitos fundamentais, sendo então representado por um *"menor intervencionismo direto e maior intervencionismo indireto"* (ARANHA, 2018, p. 136). Márcio Iorio Aranha (2018, p. 36) assim traça os pressupostos do Estado Regulador:

> "O certo é que o conceito de regulação é um pressuposto do Estado Regulador, que, sinteticamente se apoia a) no Estado garante dos direitos fundamentais, inclusive a igualdade de condições competitivas; b) no Estado de intervenção permanente e simbiótica; c) no Estado Administrativo, por sua apresentação de agigantamento da função de planejamento e gerenciamento das leis; d) no Estado legitimado na figura do administrador, do processo de gerenciamento normativo da realidade ou do espaço público regulador; e) no Estado de direitos dependentes de sua conformação objetiva em ambientes regulados; f) no Estado Subsidiário, em sua apresentação de potencialização da iniciativa privada via funções de fomento, coordenação e fiscalização de setores relevantes; e g) no conceito de regulação como processo de

realimentação contínua da decisão pelos efeitos dessa decisão, reconformando a atitude do regulador em uma cadeia infinita caracterizada pelo planejamento e gerenciamento conjuntural da realidade."

Vale frisar, como exposto acima, que o fenômeno da regulação é plurívoco, não sendo exclusivo do Estado Regulador, mas, para fins de delimitação e como pressuposto do Estado Regulador, adota-se sua concepção mais moderna, em que se realiza um ciclo infinito de construção e reconstrução, não se vislumbrando a atividade regulatória como delimitadora da natureza, mas sim como regente do artifício (arte) e do acaso (matéria)[7].

Da mesma forma que houve uma evolução dos Estados, especialmente os europeus (Europa Ocidental), indo desde um Estado puramente Liberal, passando pelo Estado de Bem-Estar Social, para chegar em um Estado Regulador, tal passagem também pode ser observada no Brasil, com algumas devidas ressalvas, pelo fato de não terem existido tais concepções estatais de forma pura, sendo melhor definidas as fases da regulação no Brasil, nos ensinamentos de Aranha (2018), em patrimonialista (Brasil Colônia ao Primeiro Império), desconcentrada (Segundo Império até os anos 30 do Século XX), concentrada (dos anos 30 até final dos anos 80 do Século XX) e a fase atual, mais condizente com o Estado Regulador, em que a Administração Pública assume uma feição gerencial.

Tal sistema brasileiro mais recente veio amparado em um processo de privatizações (desestatização), apesar de a existência de agências reguladoras não ser relacionada exclusivamente com privatizações, como sói acontecer nos Estados Unidos da América, em que as utilidades públicas são de titularidade privada e somente depois o Estado procura intervir regulando o setor.

Aqui cabe um parêntese. As agências reguladoras brasileiras, apesar de espalhadas no modelo norte-americano de *independent agencies*, como aponta Binenbojm (2005), o contexto é diverso, pois, nos EUA, as agências foram concebidas para alavancar mudanças e evitar deturpações do sistema capitalista; no Brasil, por seu turno, as agências aqui tem como propósito, pelo menos inicial, de assegurar estabilidade nas relações entre Poder Público e particular, no processo de desestatização, evitando ficarem os contratos, as concessões, permissões e/ou autorizações sujeitos a dissabores dos governantes de ocasião.

Semelhantes, contudo, as agências brasileiras e estadunidenses estão em relação a seu poder normativo, retomando aqui a ideia de Estado Administrativo já exposta, sendo, nas lições de Aranha (2018, p. 107), *"uma função normativa conjuntural destinada a acompanhar o setor no seu dinamismo, mas dentro da*

---

[7]Conceitos de natureza, acaso e artifício desenvolvidos, entre outros, por Rosset, Clément. *A Antinatureza: elementos para uma filosofia trágica*. Trad.: Getulio Puell. Rio de Janeiro: Espaço e Tempo, 1989.

legalidade", devendo resguardar, como acontece naquele País, respeito aos comandos legislativos, sendo suas balizas estabelecidas por tais preceitos primários.

Dentro desse contexto, como ocorre no âmbito da APA, o Brasil estabeleceu, em 2019, normas acerca do processo decisório das agências reguladoras, consolidando esta autarquia de natureza especial como palco adequado para discussões e deliberações entre os atores do esquema regulatório (regulador, regulado e consumidor)[8], sendo a análise de impacto regulatório instrumento eficiente e democrático para edição ou alteração de atos normativos setoriais exercidos dentro do poder regulatório de cada agência.

Assim, o paradigma de controle judicial, aqui como alhures, é exatamente o contorno legislativo esquadrinhado pelo legislador, seja do ponto de vista formal ou material, estabelecendo qual o âmbito do já vastamente citado poder normativo.

Nesse ponto, entendemos como importante marco para avaliação da deferência judicial no âmbito brasileiro o julgamento realizado pelo Supremo Tribunal Federal, pelo Tribunal Pleno, em 1º/02/2018, no âmbito da ADI 4874, tendo como relatora a Ministra Rosa Weber, com acórdão publicado após um ano, em 1º de fevereiro de 2019, cuja ementa restou assim redigida:

> EMENTA AÇÃO DIRETA DE INCONSTITUCIONALIDADE. PEDIDO DE INTERPRETAÇÃO CONFORME A CONSTITUIÇÃO. ART. 7º, III E XV, IN FINE, DA LEI Nº 9.782/1999. RESOLUÇÃO DA DIRETORIA COLEGIADA (RDC) DA ANVISA Nº 14/2002. PROIBIÇÃO DA IMPORTAÇÃO E DA COMERCIALIZAÇÃO DE PRODUTOS FUMÍGENOS DERIVADOS DO TABACO CONTENDO ADITIVOS. AGÊNCIA NACIONAL DE VIGILÂNCIA SANITÁRIA. REGULAÇÃO SETORIAL. FUNÇÃO NORMATIVA DAS AGÊNCIA REGULADORAS. PRINCÍPIO DA LEGALIDADE. CLÁUSULAS CONSTITUCIONAIS DA LIBERDADE DE INICIATIVA E DO DIREITO À SAÚDE. PRODUTOS QUE ENVOLVEM RISCO À SAÚDE. COMPETÊNCIA ESPECÍFICA E QUALIFICADA DA ANVISA. ART. 8º, § 1º, X, DA Lei nº 9.782/1999. JURISDIÇÃO CONSTITUCIONAL. DEFERÊNCIA ADMINISTRATIVA. RAZOABILIDADE. CONVENÇÃO-QUADRO SOBRE CONTROLE DO USO DO TABACO – CQCT. IMPROCEDÊNCIA.
>
> 1. Ao instituir o Sistema Nacional de Vigilância Sanitária, a Lei nº 9.782/1999 delineia o regime jurídico e dimensiona as competências da Agência Nacional de Vigilância Sanitária – ANVISA, autarquia especial.
>
> 2. A função normativa das agências reguladoras não se confunde com a a função regulamentadora da Administração (art. 84, IV, da Lei Maior), tampouco com a figura do regulamento autônomo (arts. 84, VI, 103-B, § 4º, I, e 237 da CF).

---

[8] Lei Federal nº 13.848, de 25 de junho de 2019.

3. A competência para editar atos normativos visando à organização e à fiscalização das atividades reguladas insere-se no poder geral de polícia da Administração sanitária. Qualifica-se, a competência normativa da ANVISA, pela edição, no exercício da regulação setorial sanitária, de atos: (i) gerais e abstratos, (ii) de caráter técnico, (iii) necessários à implementação da política nacional de vigilância sanitária e (iv) subordinados à observância dos parâmetros fixados na ordem constitucional e na legislação setorial. Precedentes: ADI 1668/DF-MC, Relator Ministro Marco Aurélio, Tribunal Pleno, DJ 16.4.2004; RMS 28487/DF, Relator Ministro Dias Toffoli, 1ª Turma, DJe 14.3.2013; ADI 4954/AC, Relator Ministro Marco Aurélio, Tribunal Pleno, DJe 30.10.2014; ADI 4949/RJ, Relator Ministro Ricardo Lewandowski, Tribunal Pleno, DJe 03.10.2014; ADI 4951/PI, Relator Ministro Teori Zavascki, DJe 26.11.2014; ADI 4.093/SP, Relatora Ministra Rosa Weber, Tribunal Pleno, DJe 30.10.2014.

4. Improcedência do pedido de interpretação conforme a Constituição do art. 7º, XV, parte final, da Lei nº 9.782/1999, cujo texto unívoco em absoluto atribui competência normativa para a proibição de produtos ou insumos em caráter geral e primário. Improcedência também do pedido alternativo de interpretação conforme a Constituição do art. 7º, III, da Lei nº 9.782/1999, que confere à ANVISA competência normativa condicionada à observância da legislação vigente.

5. Credencia-se à tutela de constitucionalidade in abstracto o ato normativo qualificado por abstração, generalidade, autonomia e imperatividade. Cognoscibilidade do pedido sucessivo de declaração de inconstitucionalidade da Resolução da Diretoria Colegiada (RDC) nº 14/2012 da Agência Nacional de Vigilância Sanitária – ANVISA.

6. Proibição da fabricação, importação e comercialização, no país, de produtos fumígenos derivados do tabaco que contenham as substâncias ou compostos que define como aditivos: compostos e substâncias que aumentam a sua atratividade e a capacidade de causar dependência química. Conformação aos limites fixados na lei e na Constituição da República para o exercício legítimo pela ANVISA da sua competência normativa.

7. A liberdade de iniciativa (arts. 1º, IV, e 170, caput, da Lei Maior) não impede a imposição, pelo Estado, de condições e limites para a exploração de atividades privadas tendo em vista sua compatibilização com os demais princípios, garantias, direitos fundamentais e proteções constitucionais, individuais ou sociais, destacando-se, no caso do controle do tabaco, a proteção da saúde e o direito à informação. O risco associado ao consumo do tabaco justifica a sujeição do seu mercado a intensa regulação sanitária, tendo em vista o interesse público na proteção e na promoção da saúde.

8. O art. 8º, caput e § 1º, X, da Lei nº 9.782/1999 submete os produtos fumígenos, derivados ou não do tabaco, a regime diferenciado específico de regulamentação, controle e fiscalização pela ANVISA, por se tratar de produtos que envolvem risco à saúde pública. A competência específica da ANVISA para regulamentar os produtos que envolvam risco à saúde (art. 8º, § 1º, X, da Lei nº 9.782/1999) necessariamente inclui a competência para definir, por meio de critérios técnicos e de segurança, os ingredientes que podem e não podem ser usados na fabricação de tais produtos. Daí o suporte legal à RDC nº 14/2012, no que proíbe a adição, nos produtos fumígenos derivados do tabaco, de compostos ou substâncias destinados a aumentar a

sua atratividade. De matiz eminentemente técnica, a disciplina da forma de apresentação (composição, características etc.) de produto destinado ao consumo, não traduz restrição sobre a sua natureza.

9. Definidos na legislação de regência as políticas a serem perseguidas, os objetivos a serem implementados e os objetos de tutela, ainda que ausente pronunciamento direto, preciso e não ambíguo do legislador sobre as medidas específicas a adotar, não cabe ao Poder Judiciário, no exercício do controle jurisdicional da exegese conferida por uma Agência ao seu próprio estatuto legal, simplesmente substituí-la pela sua própria interpretação da lei. Deferência da jurisdição constitucional à interpretação empreendida pelo ente administrativo acerca do diploma definidor das suas próprias competências e atribuições, desde que a solução a que chegou a agência seja devidamente fundamentada e tenha lastro em uma interpretação da lei razoável e compatível com a Constituição. Aplicação da doutrina da deferência administrativa (Chevron U.S.A. v. Natural Res. Def. Council).

10. A incorporação da CQCT ao direito interno, embora não vinculante, fornece um standard de razoabilidade para aferição dos parâmetros adotados na RDC n° 14/2012 pela ANVISA, com base na competência atribuída pelos arts. 7°, III, e 8°, § 1°, X, da Lei n° 9.782/1999.

11. Ao editar a Resolução da Diretoria Colegiada – RDC n° 14/2012, definindo normas e padrões técnicos sobre limites máximos de alcatrão, nicotina e monóxido de carbono nos cigarros e restringindo o uso dos denominados aditivos nos produtos fumígenos derivados do tabaco, sem alterar a sua natureza ou redefinir características elementares da sua identidade, a ANVISA atuou em conformidade com os lindes constitucionais e legais das suas prerrogativas, observados a cláusula constitucional do direito à saúde, o marco legal vigente e a estrita competência normativa que lhe outorgam os arts. 7°, III, e 8°, § 1°, X, da Lei n° 9.782/1999. Improcedência do pedido sucessivo.

12. Quórum de julgamento constituído por dez Ministros, considerado um impedimento. Nove votos pela improcedência do pedido principal de interpretação conforme a Constituição, sem redução de texto, do art. 7°, III e XV, in fine, da Lei n° 9.782/1999. Cinco votos pela improcedência e cinco pela procedência do pedido sucessivo, não atingido o quórum de seis votos (art. 23 da Lei n° 9.868/1999) – maioria absoluta (art. 97 da Constituição da República) – para declaração da inconstitucionalidade da RDC n° 14/2012 da ANVISA, a destituir de eficácia vinculante o julgado, no ponto.

13. Ação direta de inconstitucionalidade conhecida, e, no mérito julgados improcedentes os pedidos principais e o pedido sucessivo. Julgamento destituído de efeito vinculante apenas quanto ao pedido sucessivo, porquanto não atingido o quórum para a declaração da constitucionalidade da Resolução da Diretoria Colegiada n° 14/2012 da ANVISA.

(ADI 4874, Relator(a): Min. ROSA WEBER, Tribunal Pleno, julgado em 01/02/2018, PROCESSO ELETRÔNICO DJe-019 DIVULG 31-01-2019 PUBLIC 01-02-2019)

Segundo relato realizado pela Ministra Relatora, a ação direta de inconstitucionalidade em referência discute, como questão central, a *"definição dos contornos e limites da função normativa exercida pelas chamadas agências reguladoras"*, *in casu*, pela Agência Nacional de Vigilância Sanitária (Anvisa).

O pano de fundo da discussão, ainda segundo a Ministra Rosa Weber, é a iniciativa da Anvisa de proibir a importação e a comercialização no país de produtos fumígenos derivados do tabaco que contenham as substâncias ou compostos que se definem como aditivos, veiculada por meio da Resolução da Diretoria Colegiada (RDC) nº 14/2012 expedida pela Anvisa.

Em um pedido sucessivo, questiona-se a própria validade da norma regulatória, de caráter primário, em seu confronto com a Constituição, ou seja, avaliando a própria compatibilidade de seu texto com as normas constitucionais.

No julgamento do mérito do pedido, por 9 votos pela improcedência do pedido principal e 1 voto em sentido contrário, restou assentada a função normativa da Anvisa, entendida como diversa do poder regulamentar. Nos termos do voto da Ministra Relatora:

> "Diferentemente, as funções regulatórias desempenhadas pela ANVISA destinam-se, em grande medida, à disciplina de atividades exercidas em caráter eminentemente privado, não titularizadas pelo Estado, malgrado sua relevância do ponto de vista do interesse público. Não adstrita à regulação concorrencial, tampouco à regulação de serviços públicos, sobressaem, na vocação dessa agência, senão inteiramente, pelo menos com preponderância, os contornos de típico exercício do poder de polícia da Administração, no caso, a sanitária.
>
> O poder de polícia da Administração, no entanto, manifesta-se tanto pela prática de atos específicos de efeitos concretos quanto pela edição de atos normativos abstratos e de alcance generalizado. Não se mostra estranha ao poder geral de polícia da Administração, portanto, a competência das agências reguladoras para editar atos normativos visando à organização e à fiscalização das atividades por elas reguladas.
>
> Expressa o poder de polícia, todavia, um poder-dever de agir nos limites da lei. No desempenho de função tipicamente de polícia, conforma-se a atuação da Administração à imposição de "restrições e condicionamentos legalmente instituídos sobre o exercício das liberdades e dos direitos fundamentais, com a finalidade de possibilitar uma convivência harmoniosa e produtiva em termos de segurança, salubridade, decoro e estética".
>
> (...)
>
> A função normativa das agências reguladoras, notadamente quando atinge direitos e deveres dos administrados ligados ao Estado tão somente por vínculo de sujeição geral, subordina-se necessariamente ao direito posto, à lei, que deverá "definir as metas principais a serem perseguidas, os princípios a serem observados, os limites de atuação, os contornos das atividades das Agências Reguladoras, as finalidades a que foram instituídas, conceituando-lhes sua margem de atuação". Não é por outra razão que, embora dotadas de considerável autonomia, a medida da competência normativa em que são investidas as agências reguladoras será aquela perfeitamente especificada nas leis – atos do Parlamento – pelas quais são criadas."

Assim, restou plenamente definido no ordenamento jurídico brasileiro, na seara judicial, com efeito vinculante próprio dos julgamentos em sede de controle concentrado de constitucionalidade, a existência de poder normativo das agências reguladoras, como já explicitado acima.

Entretanto, quando na análise do mérito do pedido sucessivo, acerca da constitucionalidade da RDC nº 14/2012, houve divisão na Corte, em que 5 Ministros julgaram pela improcedência do pedido, enquanto outros 5 foram pela procedência da demanda.

A Ministra Relatora assentou, em seu voto, a possibilidade de deferência judicial, citando expressamente a doutrina Chevron, que foi abordada em linhas gerais neste presente artigo. Cumpre transcrever novamente parte do voto para ilustrar a referência ao paradigmático julgado americano:

> "A doutrina da deferência administrativa, conhecida como Chevron deference porque sistematizada pela Suprema Corte dos EUA no julgamento do caso Chevron U.S.A., Inc. v. Natural Resources Defense Council, Inc., de 1984, orienta que, uma vez claramente definidos, na lei de regência, as políticas a serem perseguidas, os objetivos a serem implementados e os objetos específicos de tutela, ainda que ausente pronunciamento direto, preciso e não ambíguo do legislador sobre as medidas específicas a adotar, não cabe ao Poder Judiciário, no exercício do controle jurisdicional da exegese conferida por uma Agência ao seu próprio estatuto legal, simplesmente substituí-la pela sua própria interpretação da lei. Sendo a lei ambígua com relação à questão específica, a questão a ser decidida pela Corte é se, ao acomodar interesses contrapostos, a solução a que chegou a agência foi devidamente fundamentada e se tem lastro em uma interpretação da lei razoável e compatível com a Constituição. Esse é o ponto."

Entretanto, os demais Ministros não fizeram referência à deferência judicial, à exceção do Ministro Fux, mas que a fez no sentido da avaliação do próprio mérito da norma regulatória, em matérias sensíveis:

> Noutro giro, apesar de a regra circunscrever-se à deferência quanto às manifestações das agências reguladoras, o controle judicial, também, tem o seu lugar, especialmente quando, verbi gratia, as normas extrapolarem sua competência, existir a necessidade de tutela efetiva de direitos fundamentais e, também, quando o tema afetar solução técnica que possa ser equacionada de várias maneiras possíveis e proporcionais, o que impõe a manifestação de quem possui legitimidade democrática para tanto.
>
> (...)
>
> Em arremate, cumpre destacar que o Poder Judiciário deve, como regra geral e em razão do que já exposto anteriormente, observar o princípio da deferência em relação aos atos das agências reguladoras. Os atos administrativos das agências, que resultam de escolhas técnicas tomadas por meio de uma deliberação colegiada e imparcial, devem ser respeitados pelos seus órgãos de controle, e nisso devemos incluir o Poder Judiciário. Contudo, em relação a "temas juridicamente sensíveis", e aqui fazemos uso de expressão utilizada por Eduardo Jordão em sua obra Controle Judicial de uma

Administração Pública Complexa. A Experiência Estrangeira na Adaptação da Intensidade do Controle. (São Paulo: Malheiros, 2016), o parâmetro da não deferência se impõe como método de controle.

Assim, a referida decisão marca importante avanço no estudo da deferência judicial, sendo pontapé inicial e paradigma para essa forma de avaliação pelos demais órgãos do Poder Judiciário.

CONCLUSÃO

Os contornos iniciais do Estado Regulador estão ancorados nas premissas, dentre outras, do Estado Administrativo, em que são delegadas ao Poder Executivo funções quase legislativas e quase judiciais, inerentes ao seu poder normativo, figura estatal que ainda sofre contestações.

Nos Estados Unidos da América, país de tradição na figura robustecida do Executivo, fator relevante (ou até mesmo inerente) ao Estado Administrativo, Legislativo e Judiciário tentam limitar tais poderes tidos como exorbitantes das *independent agencies*.

No âmbito judicial norte-americano, há uma jurisprudência de longa data no sentido de guardar deferência judicial às determinações administrativas no âmbito regulatório, variando desde interpretações razoáveis dentro dos contornos legislativos (*Chevron deference*) até mesmo interpretações razoáveis de normas regulatórias dúbias (*Auer deference*), também sem sair ileso às críticas, e evoluindo para uma possível abnegação do direito, no defender de Vermeule (2016), em que a deferência ganha amplitude cada vez maior.

No âmbito brasileiro, as discussões acerca da interferência ou abstenção do Judiciário no cerne das decisões regulatórias ainda são tímidas, oscilando entre esses dois extremos, o que gera incerteza para os *players* de cada setor regulado, pois, ao ser editada determinada regulamentação, não se antevê qual posicionamento o Judiciário irá tomar, desestabilizando assim as relações entre reguladores, regulados e consumidores.

A ADI 4874, julgada pelo Supremo Tribunal Federal, lança luzes sobre o tema, utilizando inclusive como argumento decisório a doutrina Chevron da *U. S. Supreme Court*, mas ainda resta aquém quanto à sua aplicação, pois somente dois Ministros se manifestaram quanto a uma possível deferência, não tendo sido discutida com maior vigor pelos demais Ministros.

É necessário ir adiante. Com a complexidade e avanços cada vez maiores da sociedade (pós) moderna, o Judiciário, agindo no seu próprio tempo, termina por inibir/conter as atividades econômica e regulatória, tão vitais ao desenvolvimento do país.

Assim, é curial que sejam dados os marcos para avaliação das normas regulatórias, seja pela deferência judicial (ou talvez abnegação do Direito) seja pelo controle maior da discricionariedade administrativa. A experiência do direito comparado é importante nessa avaliação e seu estudo precisa ser melhor desenvolvido pelas doutrina e jurisprudência nacionais, para dar maior segurança jurídica.

REFERÊNCIAS BIBLIOGRÁFICAS

ARANHA, M. I. *Manual de Direito Regulatório: Fundamentos de Direito Regulatório.* 4ªed. rev. ampl., London: Laccademia Publishing, 2018.

BARBOSA, A. C. Estado Administrativo, Poder Legislativo e a Releitura do Princípio da Separação de Poderes. *Journal of Law and Regulation*, v. 1, n. 1, p. 163-186, 18 maio 2015.

BENTEMULLER, R. P. P. Poder Judiciário e deferência administrativa: o caso Fator GSF. *Journal of Law and Regulation*, v. 4, n. 1, p. 21-38, 15 maio 2018.

BINENBOJM, G. Agências Reguladoras Independentes e Democracia no Brasil. *Revista de Direito Administrativo*, v. 240, p. 147-167, 2005.

ERNST, D. R. *Tocqueville's Nightmare: The Administrative State emergence in America.* Oxford University Press: Oxford, 2014.

GOMES, M. C. O lugar da política na atuação das agências reguladoras independentes brasileiras: reflexões sobre a separação dos poderes no Estado moderno. *Revista de Direito Setorial e Regulatório*, Brasília, v. 3, n. 1, p. 133-164, maio de 2017.

LOPES, O. de A. *Fundamentos da Regulação.* Rio de Janeiro: Processo, 2018.

MEDEIROS. G. J. M. de. O Estado Regulador e o Estado Administrativo: A Expertise Política e o Governo dos Técnicos. *Journal of Law and Regulation*, v. 2, n. 2, p. 381-393, 17 out. 2016.

ROSSET, C. *A Antinatureza: elementos para uma filosofia trágica.* Trad.: Getulio Puell. Rio de Janeiro: Espaço e Tempo, 1989.

SCALIA, A. *Judicial Deference to Administrative Interpretations of Law.* Duke Law Journal, v. 1989, n. 3, 1989.

SUNSTEIN, Cass R.; VERMEULE, Adrian. The New Coke: On the Plural Aims of Administrative Law. *The Supreme Court Review*, v. 2015(1), p. 41-88, 16 jul. 2015.

VENTURA RODRIGUÉZ. M. E.. *Deferencia y discrecionalidad, control judicial y el debilitamiento del Poder Ejecutivo en el Derecho administrativo*. 2005. 295 f. Tese (Doutorado) – Universidad Carlos III, Madrid. 2005.

VERMEULE, A. *Law's Abnegation: from Law's Empire to the Administrative State.* Cambridge Massachusets: Harvard University Press, 2016.

WALDO, D. *The Administrative State: a study of the political theory of American public Administration*. New Brunswick, New Jersey: Transaction Publishers, 2007.

APLICAÇÃO DE REGULAÇÃO RESPONSIVA E REDES DE GOVERNANÇA NA REGULAÇÃO DA SEGURANÇA DE BARRAGENS DE REJEITOS DE MINERAÇÃO NO BRASIL

Responsiveness and networked governance in mining dam safety regulation in Brazil

Submetido(*submitted*): 17/10/2019
Parecer(*revised*): 17/12/2019
Aceito(*accepted*): 31/12/2019

Gabriela Farias Abu-El-Haj[*]

Abstract

Purpose - To apply the theory of responsive regulation through governance networks and to provide new regulatory strategies to be followed by the Brazilian National Mining Agency (NMA), aiming to improve and contribute to the regulation and control of the safety of these enterprises.

Methodology/approach/design - The approach would be to revise the regulations issued by the NMA since 2017 on the safety of mining tailings dams in Brazil, analyzing possible past improvements or proposing new ones, applying the responsive theory of regulation focusing on governance networks.

Findings - Identify more effective and participatory control solutions, assisting in the supervision of NMA and promoting transparency and improved safety control in mining dams in Brazil.

Practical Implications - Application of this theory and regulatory strategy for more effective and transparent control of these dams.

Originality/value - In recent years, two dams have breached in the state of Minas Gerais, causing hundreds of deaths and serious environmental damage. These accidents highlighted the difficulties in the effective application of the National Dam Safety Policy (NDSP) and the low operational capacity of NMA inspection.

Keywords: *Dam safety. Mining. Responsive regulation. Networked governance. National Dam Safety Policy.*

Resumo

Propósito – Aplicar a teoria da regulação responsiva voltada a países em desenvolvimento, por meio de redes de governança, e fornecer novas estratégias regulatórias a serem seguidas pela Agência Nacional de Mineração (ANM), com objetivo

---

[*]Auditora Federal de Controle Externo, no Tribunal de Contas da União, com atuação precípua na Secretaria de Fiscalização de Infraestrutura que audita os setores de telecomunicações, obras hídricas e mineração. Atualmente assessora um dos membros da Corte de Contas. E-mail: gabriehla@hotmail.com.

de aprimorar e contribuir com a regulação e controle da segurança desses empreendimentos.

Metodologia/abordagem/design – A abordagem se daria com a revisão dos normativos editados pela Agência Nacional de Mineração a partir de 2017 sobre segurança de barragens de rejeitos de mineração no Brasil, analisando a ocorrência de um possível aprimoramento ou a proposição de novos, aplicando-se teoria responsiva da regulação, com enfoque em redes de governança.

Resultados – Identificar soluções de controle mais efetivas e participativas, auxiliando na fiscalização da ANM, promovendo transparência e um aprimoramento no controle na segurança nas barragens de mineração no Brasil.

Implicações práticas – Aplicação dessa teoria e de estratégia regulatória para um controle mais efetivo e transparente dessas barragens.

Originalidade/relevância do texto – Nos últimos anos, duas barragens romperam no Estado de Minas Gerais ocasionando centenas de mortes e danos ambientais gravíssimos. Esses acidentes evidenciaram as dificuldades na aplicação efetiva da Política Nacional de Segurança de Barragens (PSNB) e a baixa capacidade operacional de fiscalização da ANM.

Palavras-chave: Segurança de barragens. Mineração. Regulação responsiva. Redes de governança. Política Nacional de Segurança de Barragens.

INTRODUÇÃO

A fiscalização da segurança de barragens de rejeitos de mineração no Brasil é competência da Agência Nacional de Mineração – ANM, agência reguladora federal recém-instalada, em 2018, em substituição ao antigo Departamento Nacional de Produção Mineral – DNPM. A atuação da ANM é pautada pelos fundamentos da Política Nacional de Segurança de Barragens – PNSB, instituída pela Lei nº 12.334, de 2010.

A responsabilidade legal pela segurança da barragem é do empreendedor com direito real sobre as terras onde se localizam a estrutura e o reservatório ou que explore a barragem (art. 4º, III). A Política tem como fundamentos a participação direta e indireta da população, bem como a promoção de mecanismos de controle social (art. 4º, II e IV).

Nesse sentido, a gestão das seguranças de barragens no país deve ser participativa, voltada a assegurar que a população e os entes subnacionais atingidos em caso de acidente sejam informados dos resultados das revisões, fiscalizações e das condições dessas estruturas.

O regulador tem o desafio de buscar a articulação da gestão na fiscalização das barragens com as várias políticas setoriais e órgãos federais e estaduais e de disciplinar o acesso à informação de forma que seja compreendida por diversos tipos de usuários, com interesses muitas vezes conflitantes. Não obstante constar da lei a participação da população e mecanismos de controle social, essa diretriz normativa precisa ser concretizada e operacionalizada no plano prático pela Agência.

Após dois acidentes gravíssimos em um curto espaço de tempo, os rompimentos das barragens do Fundão, em Mariana/MG no ano de 2015, e do Córrego do Feijão, em Brumadinho/MG no ano de 2018, a ANM alterou os normativos infralegais, tornando mais rígidos os mecanismos regulatórios para controle das atividades de manutenção da segurança da barragem pelos mineradores.

Entretanto, mesmo após a edição de uma nova sistemática de prestação de contas das condições das barragens pelos empreendedores, em 2017, pós-Mariana, outra tragédia ocorreu em Brumadinho/MG, deixando 249 de mortos, o que evidenciou que há espaço para aprimoramento regulatório, especialmente no que tange à qualidade das informações, comunicação e participação da rede de governança que gira em torno da segurança dessas estruturas.

Assim, a conjunção de mecanismos *compliance/enforcement*[1] e controle social da política regulatória de segurança de barragens de rejeitos de mineração sé crucial para garantir que vidas e o meio ambiente sejam salvaguardados em caso de rompimento, bem como para prevenir novos acidentes. Desse modo, em caso de ruptura ou vazamentos de rejeitos nas barragens, pode ser fundamental para a efetividade da regulação a utilização pelo regulador de estratégias para potencializar o *compliance* e a comunicação das empresas mineradoras com os entes subnacionais, os grupos de interesse e a população atingidos.

---

[1] Mas dizendo-se claramente que esse enforço [enforcement] é, no fundo, o elemento principal;
- porque a lei não existe sem ele;
- porque a lei é estática;
- porque é possível calculá-lo.
Existe, então, a possibilidade de uma mudança na concepção de lei articulada a partir de sua função, que é a de favorecer um jogo entre sujeitos racionais maximizadores de utilidade. O elemento principal para isso é o enforcement. A regulação passa por quatro estágios para tornar-se efetiva: 1) a promulgação do marco legal regulatório, 2) a instauração das autoridades regulatórias, 3) a edição regras setoriais, 4) o constrangimento das condutas dos regulados para que se adaptem à normatização setorial. Essa última etapa é o fechamento das anteriores, sendo denominada na doutrina anglo-saxã de enforcement, que é um processo mais complexo e abrangente que a mera decorrência da subsunção dos fatos à norma, com aplicação de sanções. É um processo que releva diferentes desenhos de modelos regulatórios, em que "autoridades regulatórias hábeis podem usar a sua discricionariedade para aplicar regras seletivamente, assim como para resolver problemas ou para temperar normas excessivamente restritivas." Constrangimento legal por parte da autoridade, enforcement, é um conceito correlato ao de conformidade por parte do cidadão regulado, compliance. (LOPES, 2018)

Após o rompimento em Mariana/MG, foi editado um novo normativo para disciplinar a segurança de barragens de rejeitos, a Portaria DNPM nº 70.389/2017, fruto da Consulta Pública nº 01/2017. Com a fixação dessa sistemática, de fato, houve um aprimoramento no desenho regulatório, com a ampliação das ações de manutenção a serem adotadas pelo empreendedor, prazos mais rígidos para as revisões periódicas das estruturas, que passaram a ser realizadas com participação de profissionais externos à empresa e a criação de um sistema específico para controle das condições desses empreendimentos.

Além disso, exigiu-se que o empreendedor apoie e participe de simulados, que consistem em treinamentos práticos com a população e agentes envolvidos no Plano de Contingência da Zona de Autossalvamento[2] para que saibam como proceder em situações de emergência.

A avaliação que ora se faz é que o regulador se serviu de abordagem regulatória baseada em controle e comando, contudo, sem prever instrumentos de participação dos grupos de interesse e de controle social, fundamentos da própria política de segurança de barragens e pressupostos para a aplicação da teoria da regulação responsiva. Considera-se ainda que foram estabelecidos mecanismos voltados à *compliance e enforcement*, ainda que insuficientes, ao exigir a participação de profissionais especializados externos em determinadas ações periódicas de monitoramento e inspeção, inclusive, com possibilidade de responsabilização em caso de acidente.

Apesar dos esforços empreendidos pela ANM no modelo de regulação, o dispositivo infralegal não foi capaz de prevenir que novo acidente, tão grave quanto o anterior, ocorresse.

Dessa forma, este artigo tem por propósito verificar em que medida podem ser adotadas ações para a promoção de participação direta e indireta da rede de governança de barragens de rejeitos de mineração, pressupostos para a aplicação teoria da regulação responsiva voltada para países em desenvolvimento, contribuindo para uma cultura de segurança e de prevenção de acidentes de barragens de rejeitos de mineração no país.

---

[2]Portaria DNPM no 70.389/2017, Art. 2º:
XXXI. Plano de Ação de Emergência para Barragens de Mineração - PAEBM: documento técnico e de fácil entendimento elaborado pelo empreendedor, no qual estão identificadas as situações de emergência em potencial da barragem, estabelecidas as ações a serem executadas nesses casos e definidos os agentes a serem notificados, com o objetivo de minimizar danos e perdas de vida;
XL. Zona de Autossalvamento - ZAS: região do vale à jusante da barragem em que se considera que os avisos de alerta à população são da responsabilidade do empreendedor, por não haver tempo suficiente para uma intervenção das autoridades competentes em situações de emergência, devendo-se adotar a maior das seguintes distâncias para a sua delimitação: a distância que corresponda a um tempo de chegada da onda de inundação igual a trinta minutos ou 10 km;

Para alcançar o fim proposto, o artigo será divido em quatro capítulos. O primeiro capítulo desenvolverá os contornos técnicos e jurídicos necessários ao entendimento do papel dos empreendedores e da ANM na regulação da segurança de barragens de rejeitos de mineração. O segundo capítulo tratará das diretrizes de participação democrática dispostas na PNSB, e das falhas regulatórias identificadas no acidente de Brumadinho. A terceira parte tratará das premissas da teoria responsiva da regulação, com enfoque na sua aplicação em países em desenvolvimento, em especial na construção de mecanismos regulatórios de governança nodal. O quarto fará a descrição do processo de fiscalização da segurança de estruturas e das lacunas regulatórias encontradas, mediante análise dos normativos editados vis-à-vis a aplicação do mecanismo de governança nodal oriundo do modelo teórico de regulação responsiva, a fim de identificar possíveis estratégias a serem empregadas pela entidade reguladora.

A FISCALIZAÇÃO DA SEGURANÇA DE BARRAGENS DE REJEITOS DE MINERAÇÃO: O PAPEL DA AGÊNCIA NACIONAL DE MINERAÇÃO - ANM

A Agência Nacional de Mineração, agência reguladora federal, foi criada em 27/12/2017, por meio da Lei nº 13.575. O normativo extinguiu o Departamento Nacional de Produção Mineral, entidade até então responsável pela regulação do setor de mineração.

O antigo Departamento, por sua vez, assim como a ANM, era vinculado ao Ministério de Minas e Energia (MME), e tinha conformação de autarquia, tendo sido criado em 1934, por meio do Decreto no 23.979, e transformado em autarquia, pela Lei no 8.876/1997. Houve um lapso temporal de quase um ano entre a criação legal da agência por meio da lei de criação e o decreto de instalação, Decreto no 9.587, de 27 de novembro de 2018, que instalou a ANM e aprovou sua estrutura regimental.

A instituição de uma agência reguladora para o setor mineral é uma demanda antiga tanto do mercado quanto do próprio DNPM, e carrega consigo a expectativa de que a regulação ganhe efetividade, e que a autarquia, que há anos passava um processo de sucateamento estrutural[3] (Acórdão 3.004/2011-

---

[3]Em suma, verificou-se que a gestão orçamentária e financeira do DNPM possui limitações que prejudicam sua atuação finalística e comprometem seu desempenho enquanto órgão regulador e fiscalizador da atividade de mineração no Brasil. Tais limitações referem-se, sobretudo, ao orçamento decrescente das despesas discricionárias, ao descompasso temporal dos repasses financeiros, que impactam o desempenho das

TCU, Acórdão 657/2012-TCU, Acórdão 2.440/2016-TCU, Acórdão 513/2018-TCU e Acórdão 2.604/2018-TCU, todos julgados no Plenário), se modernize.

Logo no primeiro mês de vida da agência, ocorreu o rompimento em Brumadinho/MG, demandando um esforço significativo da novel Agência, que conta com a mesma estrutura física, quadro técnico e orçamento do antigo Departamento (art. 32, Lei nº 13.575/2017).

A lei que criou a ANM foi editada já incorporando dispositivos da nova Lei nº 13.848, de 25 de junho de 2019, Lei das Agências Reguladoras, a exemplo da instituição de órgão colegiado como instância máxima decisória, previsão de mecanismos de transparência e de comunicação com partes interessadas – tais como consumidores e mercado regulado – e a previsão de realização da análise de impacto regulatório, audiências e consultas públicas.

De acordo com a PNSB, a fiscalização da segurança das barragens de mineração, cabe à entidade outorgante de direitos minerários para fins de disposição final ou temporária de rejeitos, que no caso da atividade mineral, é a ANM (art. 5º, III). Dentre suas atribuições legais, está a de regulamentar os processos administrativos relacionados com a outorga de títulos minerários, com a fiscalização de atividades de mineração e aplicação de sanções (art. 1º, VIII).

A atuação do órgão regulador federal deve ser exercida segundo objetivos preconizados no art. 3º, da Lei 12.334/2010 (Lei da PNSB), voltados a buscar condições para promover o monitoramento e acompanhamento das ações de segurança empregadas pelos responsáveis pelas barragens.

Para a Política, a segurança de barragens pressupõe a manutenção da sua integridade estrutural e operacional e da preservação da vida, da saúde, da propriedade e do meio ambiente (art. 2º, III). Esse direcionamento induz as entidades reguladoras a buscarem desenho regulatório que incentive e promova a interlocução e articulação estruturada da rede de governança de cada empreendimento.

Nesse sentido, a promoção de mecanismos de participação e controle social e estímulo à participação da população das ações preventivas e

---

atividades de fiscalização, incluindo a da segurança de barragens de rejeitos de mineração, e à alteração, em 2015, da fonte de recursos, quando a totalidade das despesas discricionárias passou a ser custeada por recurso do Tesouro. Por todo exposto, conclui-se que a situação atual do DNPM, pelo elevado percentual de aposentadorias iminentes, além do insuficiente quadro de servidores de carreira, cujo quantitativo encontra-se, inclusive, em patamar abaixo do número de servidores em 1989, afeta a atuação desse órgão fiscalizador quanto ao cumprimento das atribuições legais previstas, incluindo a fiscalização da segurança de barragens de rejeitos de mineração, e ocasiona probabilidade de colapso da Instituição no curto prazo. (Relatório do Acórdão 2.440/2016-TCU-Plenário).

ABU-EL-HAJ, G. F. *Aplicação de regulação responsiva e redes de governança na regulação da segurança de barragens de rejeitos de mineração no Brasil*. **Revista de Direito Setorial e Regulatório**, Brasília, v. 6, nº 1, p. 68-98, maio 2020.

emergenciais são fundamentos basilares para a atuação do ente regulador (art. 4º, II e IV).

Para compreensão do papel da Agência, é importante se ressaltar que a responsabilidade legal pela segurança da barragem é do empreendedor, cabendo-lhe o desenvolvimento de ações para garanti-la (art. 4º, III). Dessa forma, não é papel da Agência garantir diretamente a segurança das barragens, mas sim atuar com o objetivo de assegurar que a conduta do empreendedor se alinhe aos objetivos da Política.

A autarquia tem como atribuições tais como implantação e manutenção de cadastro, a classificação das barragens, as regulamentações relacionadas ao plano de segurança de barragem, plano de ação emergencial e às inspeções a cargo do empreendedor. O art. 2º, inciso XXX, da Portaria DNPM nº 70.389/2017 traz a conceituação do papel do órgão fiscalizador:

> Órgão fiscalizador: autoridade do poder público responsável pelas ações de fiscalização da gestão da segurança da barragem, esta de competência do empreendedor, compreendendo o cumprimento das obrigações legais em relação ao PSB e a verificação in loco das estruturas físicas quanto ao estado de conservação e da identificação de eventuais anomalias aparentes no momento da inspeção

Na prática, a ANM tem o papel de receber, via sistema específico, o Sistema Integrado de Gestão de Segurança de Barragens de Mineração (SIGBM), os documentos técnicos exigidos na Portaria DNPM nº 70.389/2017, elaborados pelo empreendedor nas datas estipuladas, o que é um ponto crucial para a compreensão da complexidade regulatória que envolve a sistemática de fiscalização de rejeitos no Brasil. A atuação da agência é pautada pelas informações declaradas pelo empreendedor sobre as revisões, vistorias e condições estruturais das barragens.

Assim, a regulação associada à segurança de barragens implica em desafio para o regulador, pois a agência é totalmente dependente da integridade e confiabilidade dos dados apresentados pelos mineradores sobre a segurança de cada empreendimento para priorizar e planejar vistorias *in loco*, autuar sanções e interditar empreendimentos, o que reforça a necessidade de mecanismos regulatórios acerca da *compliance, enforcement* e controle sob as atividades voltadas à segurança das mineradoras detentoras de barragens.

Os dois acidentes recentes são marcos emblemáticos que suscitam a reflexão sobre o modelo regulatório vigente. Pois, se há omissão de informações relevantes ou laudos forjados, como a ANM verificou no caso de Brumadinho (Parecer DNPM nº 07/2019), a entidade passa a trabalhar com dados irreais, que pouco serviriam para basear a atuação da autarquia.

Ocorre que a resolução dessa falha regulatória não é atividade trivial, e envolve várias dificuldades de operacionalização, como a necessidade de se estabelecer uma comunicação contínua baseada em regras rígidas de integridade das empresas com a agência, e a articulação do regulador com os vários atores envolvidos com a segurança do empreendimento, como órgãos ambientais federais, estaduais e municipais, corpos de bombeiros, polícias, defesa civil, sociedade civil organizada, agricultores e população atingida.

A Política estabelece ainda um programa de educação e comunicação sobre segurança de barragens, com objetivo de levantar o debate na sociedade da importância da segurança, por meio de manutenção de sistema de divulgação sobre a segurança das barragens e apoio e promoção de ações descentralizadas para conscientização e desenvolvimento de conhecimento sobre o assunto (art. 15).

O que se extrai dos dispositivos legais citados é que o ente regulador deve procurar lançar os olhares dos mais diversos atores sobre essas estruturas, ou seja, a criação, o fomento e a articulação da rede de governança se demonstram como cruciais para o alcance dos objetivos da PSNB, e deve direcionar o desenho regulatório proposto pela ANM.

Notadamente a direção instituída pela PNSB requer uma atuação do ente regulador no sentido de incluir em sua agenda regulatória instrumentos de participação democrática dos grupos de interesse. Soma-se a isso, as dificuldades operacionais por que passava o DNPM, e agora a ANM.

Ora, se o controle e a fiscalização da agência esbarram em limitações de recursos financeiros, humanos e de infraestrutura, alternativas que reduzam o custo e aumentem a efetividade do controle, como o envolvimento da rede de governança e a instituição de mecanismos regulatórias já testados empiricamente podem ser aliados essenciais para o cumprimento efetivo dos objetivos da Política, bem como para que a cultura de segurança de barragens no Brasil seja estimulada.

Dessa forma, conforme se verá adiante, as características legais e a nova forma de atuação do regulador a ser proposta apresenta potencial para aplicação da teoria responsiva da regulação adaptada à realidade dos países em desenvolvimento.

AS FALHAS REGULATÓRIAS IDENTIFICADAS NA REGULAÇÃO DA SEGURANÇA DE BARRAGENS DE REJEITOS DE MINERAÇÃO PELA ANM NO CASO BRUMADINHO E O ESTÍMULO À PARTICIPAÇÃO POPULAR NESSA DINÂMICA

Inicialmente, com vistas a dimensionar a magnitude dos desastres ora mencionados, é imprescindível que se registre que o acidente ocasionado pela mineradora Samarco Mineração S/A na cidade de Mariana/MG ocorreu em

5/11/2015, após o rompimento da Barragem do Fundão. A Samarco é uma empresa controlada pela Vale S/A e BHP Billinton, e a barragem estava localizada na Bacia do rio Gualaxo do Norte, afluente do rio Doce.

O colapso da estrutura da Barragem do Fundão ocasionou o extravasamento imediato de aproximadamente 40 milhões de metros cúbicos de rejeitos de minério de ferro e sílica. A enxurrada de lama devastou e soterrou o distrito de Bento Rodrigues e deixou 19 vítimas fatais.

A lama seguiu o leito de 853 km do rio Doce, e, ao todo, 39 municípios de Minas Gerais e do Espírito Santo, onde moram 1,2 milhões de pessoas, habitam nestas cidades e viram suas vidas afetadas. Mais dois mil hectares de terras ficaram inundadas e inutilizadas para o plantio. A lama chegou no Oceano Atlântico, pelo estado do Espírito Santo, onde resultaram em impactos ambientais ao ecossistema marinho, especialmente aos recifes de corais.

Durante a avalanche de lama, os peixes dos rios afetados, e 26 espécies desapareceram da região. Animais terrestres, como pequenos mamíferos e anfíbios, foram soterrados pela lama. De acordo com o Ministério Público Federal - MPF[4], foi o maior desastre ambiental do Brasil, um dos maiores do mundo, tendo atingido 240 hectares de mata atlântica, 3 reservas indígenas (MG e ES), 14 toneladas de peixes mortos. Provocou danos econômicos, sociais e ambientais graves e tirou a vida de 19 pessoas.

Quanto ao acidente ocasionado pela empresa Vale S/A em Brumadinho/MG, que ocorreu em 25/1/2019, a Barragem 1 da Mina Córrego do Feijão, rompeu abruptamente, desencadeando uma avalanche de lama de volume de 11,7 milhões de metros cúbicos de rejeitos. O mar de lama não causou apenas prejuízos financeiros e ambientais, sendo responsável também pela morte de 253 mortos e 17 desaparecidos, segundo a Vale[5].

De acordo com o Instituto Estadual de Florestas - IEF a área da vegetação impactada representa 147 hectares. A região abrigava uma grande área remanescente da Mata Atlântica, um bioma com grande biodiversidade. Os rejeitos da mineração atingiram o rio Paraopeba, que é um dos afluentes do rio São Francisco. A grande quantidade de lama tornou a água imprópria para o consumo, além de reduzir a quantidade de oxigênio disponível, o que desencadeia grande mortandade de animais e plantas aquáticas.

Feito tais dimensionamentos sobre os desastres, passa-se a análise das impropriedades e falhas regulatórias encontradas no caso Brumadinho/MG.

De acordo com a Portaria DNPM no 70.389/17, acerca de segurança de barragens de mineração, os empreendedores têm a obrigação de reportar via

---

[4] http://www.mpf.mp.br/grandes-casos/caso-samarco/o-desastre
[5] http://www.vale.com/brasil/PT/aboutvale/servicos-para-comunidade/minas-gerais/atualizacoes_brumadinho/Paginas/obitos-identificados.aspx

SIGM quinzenalmente à agência a condição de suas barragens. Assim, o pressuposto basilar do sistema é que as mineradoras façam reportes periódicos, sempre de forma idônea e clara para a ANM.

Conforme consta do Parecer Técnico DNPM no 07/2019[6] da ANM, acerca do rompimento da Barragem B1 da Mina Córrego do Feijão em Brumadinho/MG, informações inseridas no sistema pela empresa Vale S.A. não guardavam consonância com as que constam nos documentos internos da mineradora, o que impediu que o sistema alertasse os técnicos de situações com potencial comprometimento da segurança da estrutura. Se todos os dados acerca dos problemas estruturantes de posse da mineradora tivessem sido reportados à ANM, a autarquia teria a obrigação de tomar medidas cautelares e cobrar ações emergenciais da empresa, o que poderia ter evitado o desastre.

Esse episódio demonstra que a premissa em que se baseia o sistema é também a sua fragilidade central, a dependência integral das informações declaradas. Essa fragilidade vem acompanhada da falta de capacidade operacional para checagem desses dados pela ANM, pela carência de mecanismos de *compliance* voltados a garantir a veracidade dos documentos técnicos apresentados pelos empreendedores e pela ausência de mecanismos regulatórios para estímulo ao controle social e participação popular.

Na fiscalização da segurança dessas estruturas, a ANM segue os critérios desenhados no SIGBM, que faz o cruzamento das informações inseridas no sistema pelas mineradoras com as informações das fiscalizações feitas pela ANM, estabelecendo um ranking de classificação por categoria de risco (CRI) e dano potencial associado (DPA) (art. 6º).

Assim, a atuação errônea ou a inação da ANM, baseada em dados que não refletem a realidade das condições da estrutura, acarretam no risco real de novos rompimentos ocorrerem. A evidenciação de uma falha regulatória dessa gravidade deve ensejar um profundo debate acerca dessa problemática no sistema de fiscalização e na regulamentação de segurança de barragens, que devem ser corrigidos pela agência.

Passa-se a uma breve descrição das inconsistências encontradas nas informações inseridas no SIGBM e as informações internas obtidas pela empresa após as inspeções de seus técnicos. Em resumo, as incoerências verificadas foram as seguintes:

---

[6] Neste documento técnico são explicitadas as ações tomadas pelo então Departamento Nacional de Produção Mineral (DNPM), instituição antecessora da ANM e, por esta Agência, na fiscalização da segurança das barragens para disposição temporária ou final de rejeitos de mineração à luz da Política Nacional de Segurança de Barragens (PNSB), as ações executadas atualmente, assim como visa verificar o atendimento aos dispositivos legais que regem a segurança de barragens de mineração.

ABU-EL-HAJ, G. F. *Aplicação de regulação responsiva e redes de governança na regulação da segurança de barragens de rejeitos de mineração no Brasil*. **Revista de Direito Setorial e Regulatório**, Brasília, v. 6, n° 1, p. 68-98, maio 2020.

i) Durante a instalação de drenos na barragem ocorreram anomalias que seriam obrigatoriamente reportadas, mas não foram;

ii) A presença de água à jusante do talude da barragem (percolação) na ficha de inspeção em campo o técnico da Vale assinalou esse problema de percolação como nível 6, enquanto no sistema primeiro foi reportado como nível 0 e depois de 15 dias como nível 3, o que significava que a umidade estava monitorada e controlada. Porém, após a análise dos técnicos da ANM que compararam fotos dos relatórios internos, pelas características do que o técnico da mineradora descreve, a pontuação que deveria ter sido marcada seria o nível 10 (surgência com potencial de comprometimento da segurança da estrutura);

iii) O nível dos piezômetros entrou em nível de emergência, o que compromete a estabilidade da barragem, e a ANM não foi informada;

iv) O radar que mede as movimentações centimétricas do talude capturou leituras fora do padrão em dois momentos, o que também não foi reportado à ANM;

v) O penúltimo reporte feito pela Vale antes do rompimento, dia 08/01/2019 foi enviado à ANM dia 30/01, ou seja, após o rompimento, constava que a barragem não possuía nenhuma anomalia. Já no dia 15/02, a empresa entregou um reporte de uma vistoria realizada no dia 22/01 (três dias antes do rompimento) em que todas as irregularidades foram reportadas. Quando constatada uma situação de anomalia pelo empreendedor, deve ser reportada de imediato para a agência, o que não ocorreu.

Assim, de acordo com a ANM, se a empresa Vale S.A. tivesse reportado todas essas anomalias à ANM, automaticamente a barragem subiria de categoria de risco e seria prioridade de inspeção in loco. Quiçá, com remoção da população, dado o elevado nível de risco. Além disso, exigiria que a mineradora fizesse inspeção diária sobre as ações realizadas para solucionar os problemas verificados nas inspeções, com envio de reporte à ANM todos os dias.

Além disso, no art. 16, inciso III, da Portaria DNPM no 70.389/2017 exige-se que todo ano no mês de setembro, seja elaborado o Relatório de Inspeção de Segurança Regular da barragem (RISR) com a emissão da Declaração de Condição de Estabilidade (DCE[7]), por consulta externa contratada. Encontra-se ainda no Capítulo III, Seção I, a obrigatoriedade de se

---

[7]Portaria DNPM no 70.389/2017, Art. 2º, XV. Declaração de Condição de Estabilidade - DCE: documento assinado pelo empreendedor e pelo responsável técnico que o elaborou, atestando a condição de estabilidade da estrutura em análise, com cópia da respectiva ART (...).

realizar a Revisão Periódica de Segurança de Barragem (RPSB) que deverá indicar as ações a serem adotadas pelo empreendedor para a manutenção da segurança, a ser elaborada também por meio de consultoria externa contratada, com prazo de 3 a 7 anos, a depender do dano potencial da estrutura fiscalizada.

No caso de Brumadinho, a ANM identificou os seguintes aspectos problemáticos acerca dos documentos elaborados pela consultoria externa contratada:

> "Verificou-se nos dados obtidos que foram registradas algumas situações anômalas de maior criticidade verificadas em inspeções regulares efetuadas na Barragem I que não foram reportadas à Agência, como exige do empreendedor a norma vigente. Observou-se também que as análises de estabilidade efetuadas tanto no relatório de RPSB, quanto no RISR de setembro de 2018, eram baseadas em parâmetros com certo grau de subjetividade, em razão da falta de dados em número suficientes para um diagnóstico assertivo, como requer à boa prática da engenharia, especialmente aqueles relacionados às primeiras etapas construtivas da estrutura, a qual se possuía pouca ou nenhuma informação. Foi possível constatar, ainda, que a consultoria que elaborou o relatório do RPSB e o último RISR emitido para a Barragem I, deixou de exigir que sua contratante realizasse ensaios e análises que viabilizassem a melhor análise possível da condição geral da estrutura, em especial, relativas às questões da avaliação da estabilidade em condições não-drenadas, ocasião na qual a consultoria assumiu como aceitáveis valores de fator de segurança com baixa margem de erro e muito próximos ao ponto de equilíbrio de FS = 1,00 unidade para uma das seções analisadas."

Essa assimetria de informação entre empreendedor e reguladora foi um elemento que poderia ter evitado as 338 mortes, caso o regulador tivesse as informações reais das condições de segurança da barragem.

Outro risco regulatório que se observou no caso de Brumadinho está relacionado à falta de transparência e de mecanismos de *compliance* sobre o andamento da contratação e os resultados encontrados nas inspeções de consultoria externa à empresa.

Houve a substituição dos auditores externos que se negaram a fornecer declarações favoráveis à mineradora, a empresa Tractebel foi substituída pela Tüv Süd após negar emitir a Declaração de Condição de Estabilidade da Barragem B1. Como resposta, a Vale comunicou[8] à auditoria que em razão da "divergência de critérios utilizados para avaliação de segurança geotécnica, para o modo de falha de liquefação", a empresa não mais seria responsável por conduzir os trabalhos de inspeção de segurança regular do ano.

---

[8]Jornal Folha de São Paulo, publicado em 2/3/2019 às 21h54, "Documento que pede afastamentos na Vale cita executivo que responde por tragédia de Mariana - Procuradoria e PF pediram saída de 14 funcionários da mineradora".

A contratação de empresas externas para avaliar as condições da estrutura de fato é um instrumento essencial na gestão da segurança, entretanto, o que se verifica é a ausência de mecanismos que incentivem ou obriguem a transmissão das informações geradas, o que abre espaço para a burla e inefetividade desse procedimento. Nos moldes atuais, a mineradora poderia contratar diversas empresas até conseguir um laudo pela estabilidade, a despeito de outras terem se negado a emiti-lo, como ocorreu no caso em análise. A caracterização dessa falha deve motivar a criação de amarras regulatórias baseadas, por exemplo, no controle pela rede de governança sobre as inspeções independentes.

Passa-se à análise dos dispositivos regulamentares da Portaria DNPM no 70.389/2017 que disciplinam a participação popular no âmbito da regulação exercida pela ANM. Há dispositivos que consideram a quantidade de vidas humanas perdidas, os impactos ao meio ambiente e a entrega de documentos às prefeituras e aos organismos de defesa civil.

O Plano de Ação de Emergência para Barragens de Mineração – PAEBM, é um documento técnico, mas de fácil entendimento, a ser elaborado pelo empreendedor, no qual se identificam as situações de emergência em potencial da barragem, as ações a serem executadas nesses casos e definem-se os agentes a serem notificados, com o objetivo de minimizar danos e perdas de vida. As cópias físicas do PAEBM devem ser entregues para as prefeituras e aos organismos de defesa civil abrangidos pelo mapa de inundação, onde os respectivos protocolos de recebimento devem ser inseridos no Plano Emergencial (art 2°, inciso XXXI).

O Dano Potencial Associado – DPA, dano resultante de rompimento ou de mau funcionamento de uma barragem, é graduado pela quantidade de vidas humanas perdidas, impactos sociais, econômicos e ambientais (art. 2°, inciso XIV). O DPA é uma classificação que delimita uma série de exigências aos mineradores, assim, quanto maior do DPA, mais rígidas as ações a serem implementadas, como a de o empreendedor manter monitoramento com acompanhamento em tempo integral por videomonitoramento 24 horas por dia. As informações advindas desse sistema de monitoramento devem estar disponíveis para as equipes ou sistemas das Defesas Civis estaduais e federais e da ANM.

Assim, o que se observa é que a ANM considerou as vidas perdidas e a população a jusante dos empreendimentos no desenho regulatório, mas não regulamentou o controle social e a participação popular exigidos pela PNSB.

Essa nova forma de atuação proposta por este estudo, baseada na teoria responsiva da regulação e em conceitos de governança nodal, poderia auxiliar a própria agência na fiscalização e na coleta de informações relevantes para sua atuação, fortalecendo-se o sistema atual vigente, centrado na confiabilidade das informações prestadas pelo empreendedor.

A nova modelagem proposta teria impacto sobre as populações e as atividades econômicas, com o potencial para afetar a economia de toda uma região de matriz econômica mineradora. A agência teria que dedicar esforços para discutir as medidas a serem propostas previamente com os grupos de interesse afetados nesse processo. Além disso, a implementação das providências deve ser feita de forma gradativa, permitindo-se a avaliação e o monitoramento dos impactos e dos ajustes necessários.

Outro aspecto que deve ser compreendido e debatido é a forma de apresentação das informações prestadas pelo minerador a essa rede de controle. Os termos técnicos utilizados, como insurgências, percolação e liquefação, na gestão da segurança de barragens, podem levar a uma comoção social e a alardes inverídicos que de nada auxiliariam no aprimoramento do sistema.

Feita essa digressão acerca das falhas regulatórias, quais sejam: assimetria de informações entre empreendedor e ANM, insuficiente controle social e ausência de aferição da atuação das empresas externas contratadas para acompanhar a segurança das barragens, segue-se com a aplicação da teoria proposta para o presente estudo.

TEORIA RESPONSIVA DA REGULAÇÃO APLICADA A PAÍSES EM DESENVOLVIMENTO

A teoria da regulação responsiva[9], proposta por Ayres e Braithwaite (1992), nasceu em países desenvolvidos baseada no binômio persuasão/punição, tendo no seu início o diálogo, e apenas se e quando este falha, faz-se a escalada gradativa rumo à punição, de forma que os reguladores devem responder a quão efetivamente cidadãos ou empresas estão se autorregulando antes de decidir se devem escalar intervenção estatal. (BRAITHWAITE, 2006, p. 886).

A aplicação da responsividade envolve ouvir várias partes interessadas para fazer uma escolha deliberada e flexível de estratégias regulatórias. A característica mais marcante da teoria é a pirâmide regulatória, na qual as estratégias são conceitualmente organizadas. A ideia de pirâmide é organizar e determinar quando é o momento de persuadir e quando e o quanto se deve punir. Na base da pirâmide, estão as estratégias que devem ser escolhidas primeiro e

---

[9]"Na tentativa de ultrapassar o debate entre regular e desregular, Braithwaite propõe a chamada regulação responsiva (responsive regulation), segundo a qual a efetividade de regulação depende da criação de regras que incentivem o regulado a voluntariamente cumpri-las, mediante um ambiente regulatório de constante diálogo entre regulador e regulado." (ARANHA, 2018, posição 3803 de 5395)

devem ser mais frequentemente usadas, menos coercitivas, menos intervencionistas e mais baratas (BRAITHWAITE, 2011, p. 476).

> "A regulação, para Braithwaite, consiste em um conjunto de atividades distribuídas em uma pirâmide em que, na base, encontram-se as atividades persuasivas da conduta do regulado, enquanto, no topo, um conjunto de penas draconianas de condutas indesejadas" (ARANHA, 2018, posição 3803 de 5395)

Pode-se aplicar a teoria mesmo na regulação dos assuntos mais sérios, como é caso de desrespeito às obrigações legais em segurança de barragens, ou em operar uma usina nuclear com segurança, o que arriscaria milhares de vidas (BRAITHWAITE, 2006, p. 886-887).

Mesmo nesses casos, entende-se que é mais proveitoso iniciar com diálogo na base da pirâmide, por ser a opção mais barata e por dar a oportunidade de se trabalhar por meio da persuasão. As estratégias punitivas mais caras são escolhidas para os casos em que a persuasão falha.

Além de ser mais econômico posicionar o diálogo como a primeira opção, a coerção e a intervenção aparentam como mais legítimas à sociedade e aos regulados quando utilizadas. Por sua vez, quando a regulação parece mais justa e legítima, maior a probabilidade do cumprimento das leis (BRAIHWAITE, 2011, p. 486).

Na construção de uma pirâmide responsiva, atividade flexível e criativa, é importante que o desenho e as premissas regulatórias da própria pirâmide canalizem os atores até a base da pirâmide. Na perspectiva do regulado, a escolha mais racional deve ser a de estar sempre na base, e o sistema deve ser formatado para tornar a punição barata para o regulador e custosa para o regulado, punindo-o mais severamente, podendo chegar ao ponto mais grave, o ápice da pirâmide, que é a incapacitação de determinado ator em atuar no mercado. Uma das mensagens principais que a estrutura piramidal passa é "se você violar a lei, será barato para nós machucá-lo (porque você vai nos ajudar a machucá-lo)." (AYRES E BRAITHWAITE, 1992, p. 44).

A posição de um regulado na pirâmide não é estática, e sim flexível. Abre-se a possibilidade de retorno à base da pirâmide, por meio de justiça restaurativa[10], quando o agente corrigir as condutas irregulares e os erros

---

[10]"A justiça restaurativa é uma forma relacional de justiça (Llewellyn 2011; Liu 2014). Ela seleciona estratégias de prevenção de problemas que capacitam as partes interessadas, colocando o problema no centro de um círculo de deliberação, em vez de colocar a pessoa supostamente responsável por ela no banco dos réus." (BRAITHWAITE, 2016, p. 1)
"A contribuição original de Braithwaite na construção da Justiça Restaurativa repousa sobre dois pilares, a "vergonha reintegrativa" e a "regulação responsiva", conceitos esponsáveis, precisamente, pelo satisfatório funcionamento de um modelo de justiça de cunho restaurativo." (Benedetti, 2005, p. 210)

cometidos. Essa dinamicidade traz benefícios para a efetividade da regulação, estimulando os atores a retornar à base. As pirâmides também podem ter variadas formatações e abordagens regulatórias (BRAITHWAITE, 2006, p. 887 e BRAITHWAITE, 2011, p. 484-485).

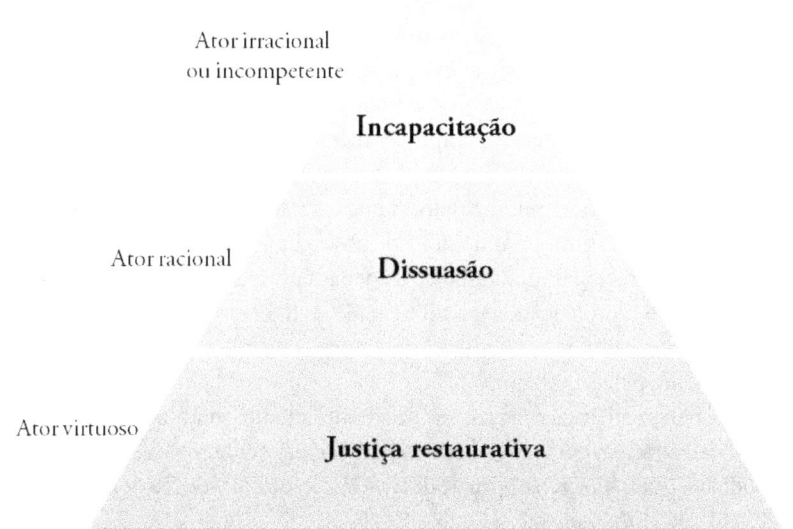

Figura 1 - Exemplo de pirâmide de estratégia regulatória (BRAITHWAITE, 2016, p. 887)

É importante ressaltar que a teoria responsiva não é imune a críticas. Para Kolieb (2015), em vez de se construir uma pirâmide, o mais adequado seria a construção de um diamante regulamentar, o que fortaleceria o modelo teórico e prático. Para o autor, o diamante representa um avanço na visualização da regulação, no qual os atores que se limitam a cumprir os padrões normativos básicos encontram-se no centro, enquanto que atores virtuosos se encontram no topo e atores irracionais na outra ponta do diamante. O autor argumenta que essa formatação refletiria a melhoria contínua que motiva a empresa reguladora e a totalidade das estratégias regulatórias possíveis para atingir os objetivos regulatórios.

Dificuldades na implementação dessa teoria também são apontadas por Gunningham (2011), e residem "na dificuldade em estabelecer suficiente e tempestiva interação entre reguladores e regulados; e na inadequação do quadro institucional para abarcar a escalada rumo à responsividade e para formular estratégias no intermediário da pirâmide" (LACERDA E THOMAS, 2019, p. 13).

Já Baldwin e Black (2008), propõe "A regulação realmente responsiva", ao agregar novas atividades à teoria e aplicá-la amplamente, de forma que os reguladores respondam não apenas às atitudes da empresa regulamentada, mas também à estruturas operacionais e cognitivas de empresas; ao ambiente institucional; às diferentes lógicas das ferramentas e estratégias regulatórias; e às mudanças cada um desses elementos. Essa abordagem buscar permear todas as diferentes tarefas de execução da atividade regulatória.

Aranha (2016), explica que uma diferença marcante entre uma abordagem de comando e controle[11] e uma abordagem regulatória responsiva em rede reside no fato de que as empresas reguladas, nesse último caso, podem não se comportar como atores racionais, mas como atores virtuosos ou irracionais. Em um ambiente regulatório que trata todas as firmas reguladas de maneira igual e uniforme, um ator virtuoso, pode ter incentivos para se comportar como racional, limitando-se a apenas cumprir os normativos básicos, de forma que a formatação reguladora pode agir contra o interesse público bloqueando os efeitos virtuosos de atores quando não são tratados adequadamente pelo regulador.

Na perspectiva dos países em desenvolvimento como o Brasil, a teoria responsiva é atrativa, em especial por considerar que nenhum governo tem todas as condições para fazer cumprir todas as leis e que essas nações tem baixa capacidade de *enforcement*.

Os Estados, em geral, correm um grande risco de captura[12] e corrupção nos negócios, e o risco é ainda maior em países onde reguladores não tem tantos recursos, por isso, Ayres e Braithwaite defendem a necessidade central do envolvimento de terceiros na supervisão vigilante da aplicação regulatória,

---

[11]"É a estratégia tradicional, vinculada à mecânica jurídica clássica, envolvendo a edição de leis e normas, restringindo comportamentos, submetidos a sanções. São medidas de força com objetivo não só de levar às condutas desejadas, mas também de afirmar simbolicamente a presença da autoridade reguladora (...)." (LOPES, 2018, p. 185).

[12] O termo remonta às décadas de 1950 a 1970, quando se encarava a captura como um problema perene nos países republicanos e democráticos, isto é, a interferência econômica privada influenciando indevidamente a esfera política pública. À época, não se utilizava o termo captura, mas sim corrupção. Explica-se que, embora a captura seja frequentemente anunciada como uma nova teoria, do ponto de vista histórico, parece mais como "vinho velho em garrafas novas". Assim, entende-se que não há tema mais antigo em discussão na tradição política e jurídica ocidental do que o destacado pela captura. Diante do problema, o William J. Novak afirma que é interminável o vigilante projeto democrático-republicano de frear a captura e corrupção perene e as coerções privadas, de forma que se deve utilizar de "todos os freios e contrapesos que a engenhosidade humana puder inventar." (NOVAK, 2013).

ABU-EL-HAJ, G. F. *Aplicação de regulação responsiva e redes de governança na regulação da segurança de barragens de rejeitos de mineração no Brasil*. **Revista de Direito Setorial e Regulatório**, Brasília, v. 6, nº 1, p. 68-98, maio 2020.

particularmente pelas Organizações Não-Governamentais (ONGs) (AYRES E BRAITHWAITE, 1992, p. 56).

A regulação é frequentemente modelada com base em uma cooperação entre dois únicos jogadores principais, o órgão regulador e as empresas reguladas, apesar de haver uma gama de diversos outros atores públicos e privados que tem seus interesses impactados. Com essa formatação simplista, de apenas dois atores atuando diretamente nos regulamentos, cada um pode escolher entre cooperar ou desertar da cooperação com o outro jogador, de forma que a deserção, para as firmas, é descumprimento de leis, e para o regulador, a aplicação de punição (AYRES E BRAITHWAITE, 1992, p. 55-56).

Assim, o que se observa é que as mesmas condições que promovem a cooperação são também as condições que promovem a captura e a corrupção, ou seja, melhora-se simultaneamente a perspectivas de cooperação produtiva e de captura contraproducente (AYRES E BRAITHWAITE, 1992, p. 55-56).

Corrupção é mais comum em agências reguladoras que tem duas características: mantém uma cooperação próxima com a indústria regulada e frequentemente aplica punições nessa indústria (BRAITHWAITE, Braithwaite et al., 1986).

Assim, o questionamento que paira sobre a aplicação de governança nodal no âmbito da regulação responsiva é como garantir as vantagens da evolução da cooperação em um mercado regulado e ao mesmo tempo evitar a evolução da captura e corrupção. A resposta a esse questionamento reside em uma forma republicana de tripartismo, orientação teórica também proposta por Ayres e Braithwaite (1992).

O tripartismo é um processo em que grupos de interesse público relevantes - GIPs, chamados de PIGs em inglês, *public interest groups*, tornam-se o terceiro ator de pleno direito no jogo da regulação. A atuação do GIP, que tem papel importante para impedir a captura e a corrupção, se daria por meio de punição direta às empresas, bem como aplicando metanormas, normas punitivas para os reguladores que não punem o descumprimento.

> "A idéia fundamental por trás do tripartismo é transcender a noção liberal superficial de que tudo o que você precisa fazer para resolver os problemas das partes mais fracas é conceder-lhes direitos legais (Handler, 1986, 1989; Unger, 1987). Além de conceder direitos, o estado pode ceder tomada de decisões reais dando poder para as partes mais fracas e pode fornecer recursos para que possam contratar consultores tecnicamente competentes para ajudá-los a usar esse poder efetivamente." (AYRES E BARITHWAITE, 1992, p. 59)

O tripartismo como política regulatória promove a participação dos GIPs de três maneiras: i) acesso a todas as informações disponíveis para o regulador aos membros do GIP; ii) assento na mesa de negociação com as empresas e o regulador quando da discussão acerca das decisões a serem implementadas; e iii) poder de processar sob o estatuto como regulador. Nessa formatação, destrava-se as salas onde a regulamentação real é realizada, permitindo que o GIP atue como um ente controlador (AYRES E BRAITHWAITE, 1992, p. 58).

Uma problemática a ser enfrentada pela teoria do tripartimos, é a questão da tutela: "quem guarda os guardiões?" (SHAPIRO, 1988). No caso específico, o questionamento seria: "quem guarda os GIPs?". Afinal, os grupos de interesses podem também ser capturados e corrompidos (AYRES E BRAITHWAITE, 1992, p. 57).

A saída para lidar com o problema da captura regulatória sugerido pelos autores é tornar a tutela contestável. Assim, para assegurar contestabilidade é preciso de uma cultura regulatória em que as informações estão disponíveis gratuitamente para todos os membros individuais de uma infinidade de GIPs. Além disso, entende-se como necessária uma democracia viva, onde os participantes dos *public interest groups* estão sempre vulneráveis a acusações de captura por concorrentes dos próprios GIPs que estão prontos para substituí-los, ocorrendo uma competição para um lugar nos assentos da mesa de negociação no setor de atuação do GIP (AYRES E BRAITHWAITE, 1992, p. 57).

No modelo proposto, um único GIP seria selecionado pelo estado para contrabalançar os atores regulados, e um representante desse GIP seria eleito para participar dessa negociação regulatória. A contestabilidade neste modelo se materializa pela competição de GIPs diferentes pelo privilégio de agir como o terceiro ator na negociação regulatória, bem como por diferentes participantes dentro de cada GIP competindo pela eleição para o papel central de negociador. Espera-se que com a aplicação dessa estratégia ocorra um atraso mínimo nas tomadas de decisões, e uma maximização das perspectivas de diálogo genuíno em torno da mesa de negociações, buscando de soluções em que todos os atores saem com saldo positivo.

Nessa visão, em vez de ter-se um regulador estatal com a capacidade limitada escalonando a intervenção estatal, ou seja, passando para punições cada vez mais intervencionistas, pode-se escalar a regulação em torno de uma rede com mais parceiros, com objetivo de pressionar a atuação da empresa regulamentada conforme o desenho regulatório mais eficiente e barato (BRAITHWAITE, 2011, p. 508).

> "Um regulador fraco em um país em desenvolvimento pode inscrever redes transnacionais ou de pequeno povoados, organizações públicas e privadas do setor, ONGs, profissionais da área, e parceiros diversos de parceiros de rede."
> (tradução livre)

A aplicação dessa sistemática em rede funciona mesmo com os reguladores de nos países desenvolvidos com bons recursos, em particular questões em locais e momentos específicos, para as quais há melhores parceiros de rede posicionados do que os reguladores para cobrar a prestação de contas de um regulado. Assim, registra-se um número crescente parceiros de rede com poder de induzir uma maior pressão sobre as empresa, diminuindo a mobilização do ente regulador e o escalonamento de punições a serem aplicadas (BRAITHWAITE, 2011, p. 508).

O papel das ONGs vai além de apenas verificar a captura do regulador, essas entidades regulam diretamente os próprios negócios, por meio de justiça restaurativa, boicotes de consumidores a empresas, trazendo a público erros e acertos (*naming & shaming*), greves e litigando em nome dos seus representados. Para a teoria, considera-se as ONGs reguladores essencialmente importantes para a efetividade regulação (BRAITHWAITE, 2006, p. 888).

Ocorre que, diferentemente dos países desenvolvidos, os países em desenvolvimento têm déficits de capacidade na atuação responsiva, em razão da sua estruturação social, política, burocrática e econômica, além de terem menor quantidade de funcionários reguladores, tem também menos experiência em lidar com uma abordagem responsiva da regulação. Há uma menor supervisão das ONGs, que detêm menos recursos para atuar ativamente, a capacidade de mobilização dos movimentos sociais é reduzida, bem como há uma menor capacidade regulatória do estado, características que dificultariam a aplicação da teoria (BRAITHWAITE, 2006, p. 889).

Acredita-se que era em que o estados reguladores são mais responsáveis pela regulação do que os reguladores privados é curta (BRAITHWAITE, 2006, p. 890). Apesar de essas redes de governança serem uma característica fundamental da ordem mundial no século XXI, são subestimadas e subutilizadas para resolver os problemas centrais da governança global (SLAUGTHER, 2004, p. 1).

Assim, ao apreciar a extensão e a natureza das redes governamentais existentes visualiza-se uma verdadeira nova ordem mundial. Descreve-se "nova ordem mundial", como um sistema governança global que institucionaliza a cooperação e contém conflitos de modo que todas as nações e seus povos possam alcançar maior paz e prosperidade, melhorando sua administração da terra, e alcançando padrões mínimos de dignidade humana. É uma ordem baseada em uma intrincada rede tridimensional de links entre instituições estatais desagregadas (SLAUGTHER, 2004, p. 15).

> "Estes incluem redes horizontais e verticais; redes para coletar e compartilhar informações de todos os tipos, para coordenação de políticas, cooperação para a fiscalização, assistência técnica e treinamento, talvez, em última instância, para a elaboração de regras. Seriam bilaterais, plurilaterais,

regionais ou globais. Em conjunto, eles forneceriam o esqueleto ou a infraestrutura para a governança global." (tradução livre)

Considerando que vivemos em uma era de rede governança em um estado pós-regulador[13], os países em desenvolvimento deveriam pular a era do estado regulador e passar direto para era da sociedade reguladora da governança em rede. Para enfrentar os déficits de capacidade estrutural de se tornarem reguladores responsivos, os países deveriam escalar menos em termos intervenção estatal e mais em cooperação com reguladores não estatais. Assim, a rede de governança responsiva é um caminho para solucionar o problema de *enforcement* de economias em desenvolvimento. (BRAITHWAITE, 2006, p. 890-891).

A construção de uma pirâmide de estratégia reguladora responsiva é flexível e pode ser elaborada para o escalonamento em rede de nós de governança, conforme exemplificado na Figura 2.

---

[13] O estado pós-regulador identifica nas variedades de processos de controle que invocam outras bases de controle além da hierarquia do estado e da lei, como as normas e práticas da sociedade ou de comunidades; a tendência para rivalidade ou competição em ambientes organizacionais; e a capacidade de design para controlar o comportamento. Em cada caso, estruturas hierárquicas ou as leis podem ter um papel parcial no sistema de controle, mas não um controle total. (SCOTT, 2004, p. 5).

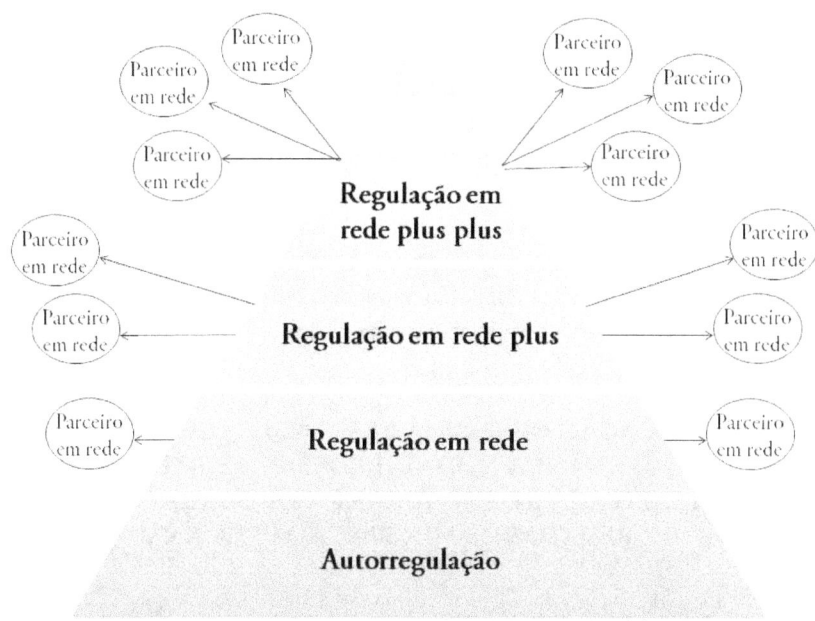

Figura 2 - Exemplo de escalonamento da rede de governança de pirâmide regulatória responsiva para um país em desenvolvimento (BRAITHWAITE, 2006, p. 890)

Assim, na base da pirâmide tem-se a autorregulação[14], e quando esta falha, passa-se à conexão com outros dois reguladores não-estatais, quando estes falham, criam-se mais duas redes, e assim por diante (BRAITHWAITE, 2006, p. 890).

As redes de governança envolvendo a sociedade civil organizada, os movimentos sociais e as ONGs dos países em desenvolvimento têm menos recursos, poderes e capacidade de influenciar nas políticas regulatórias do que as redes de governança que giram em torno dos poderes corporativos.

---

[14]"Estratégias consensuais envolvem a autorregulação e outras formas de colaboração entre autoridades reguladoras e agentes regulados. A sua força não advém necessariamente de instituições legais coercitivas, mas de consensos voluntários formados dentre das comunidades envolvidas.
Uma das formas mais comuns de estratégia consensual é autorregulação com diferentes graus de institucionalização. É muito frequente em âmbitos em que haja alto grau de especialização e saberes técnicos. A sua institucionalização em geral dá-se por meio de associações representativas que estabelecem padrões comuns de condutas em atividades especializadas. No Brasil, são modelos institucionalizados de autorregulação os conselhos profissionais, que, inclusive, detêm poder de polícia." (LOPES, 2018, p. 191-192).

A forma de contornar essa problemática é justamente atuar em rede (to network): "atores mais fracos podem se fortalecer com o trabalho em rede com outros atores mais fracos". O risco desse desenho regulatório em economias em desenvolvimento é que grandes empresas organizadas em rede regidas por grupos familiares dominam um consenso anti-regulação lubrificado por suborno e extorsão (BRAITHWAITE, 2006, p. 892).

Após a compreensão da teoria e de sua potencial aplicabilidade nos países em desenvolvimento, passa-se à interlocução desse viés teórico responsivo e sua possível utilização na modelagem do sistema de regulação de segurança de barragens de rejeitos de mineração.

A APLICAÇÃO DE TEORIA RESPONSIVA COM BASE EM GOVERNANÇA NODAL (REDES) NO SISTEMA DE FISCALIZAÇÃO DE SEGURANÇA DE BARRAGENS DE REJEITOS DE MINERAÇÃO PELA ANM

Quando a perda de vidas e os impactos ao meio ambiente assustam toda uma nação e põem em cheque a forma de atuação de um mercado, como ocorreu no setor de mineração do Brasil, reflexões de possíveis melhorias na formatação regulatória devem ser encorajadas e perseguidas.

A Política Nacional de Segurança de Barragens, de 2010, impõe a atenção à participação popular e ao controle social na gestão da segurança aos responsáveis legais e reguladores. Dessa forma, verifica-se abertura para a aplicação da teoria responsiva, ancorada em redes de governança, com o objetivo de aprimorar o desenho regulatório instituído pela Agência.

Na modelagem atual, dois atores principais têm envolvimento direto com a regulação, as empresas mineradoras e a agência reguladora. O que se verificou na prática com esse modelo é que há uma assimetria de informações tanto para os grupos interessados, como para o ente regulador, ocasionando um risco real de ausência de prestação de contas essenciais para a adequada ação da entidade reguladora e do controle popular.

Ocorre que a compliance é mais provável de se alcançar quando a resposta regulatória for escalonada, e quando os governos perceberem que uma maneira de fazer o melhor uso de recursos escassos de fiscalização seria corresponder o nível de intervenção regulatória para cada risco proporcional ao grau de boa fé demonstrado pela indústria em promover a compliance em relação a esse risco (BRAITHWAITE, 1989, p. 182).

Além disso, a regulação responsiva como estratégia para os países em desenvolvimento como tem o potencial de mobilizar formas mais baratas de controle social do que a regulação baseada em comando e controle (BRAITWAITE, 2006, p. 884).

A regulação funciona melhor se o regulador se valer de uma mistura de estratégias de enforcement e punitivas. (BRAITHWAITE, 1989, p. 147). Com uma atuação regulatória mais próxima e estruturada dos nós de governança, diminui-se os custos e esforços fiscalizatórios por parte dos reguladores, bem como mitiga-se o impacto do déficit na capacidade operacional da ANM.

Faz-se relevante o apontamento de Trindade (2019), de que os vários estágios do chamado "ciclo mineral" poderão ser objeto de regulações emanadas de entes reguladores distintos, situação exemplificada pela regulação de entes que traçarão a regulação aplicável a empreendimentos que consumam recursos ambientais e que tenham potencial poluidor, como é o caso do sistema de fiscalização de segurança de barragens de rejeitos.

A rede de governança envolvida na regulação da gestão da segurança de barragens de rejeitos de mineração, além da ANM e dos empreendedores é composta dos seguintes atores: defesas civis no âmbito do Sistema Nacional de Defesa Civil - Sinpdec[15], órgãos ambientais integrantes do Sistema Nacional do Meio Ambiente - Sisnama16, o Ministério de Minas Energia - MME, o Conselho Nacional de Recursos Hídricos – CNRH, Conselho Federal de Engenharia, Arquitetura e Agronomia - Confea / Conselho Regional de Engenharia, Arquitetura e Agronomia - Crea, Comitê Brasileiro de Barragens – CBDB, ONGs defensoras do meio ambiente e direitos humanos, prefeituras, governos estaduais, empregados da empresa mineradora e população atingida. Além desses, o corpo de bombeiros e as polícias militares e civis são atores relevantes em caso de rompimento.

O CNRH estabelece os critérios gerais de categorias das barragens em geral, e tem o papel aglutinador e coordenador da PNSB, de forma que a atenção desse órgão às necessidades e dificuldades dos entes públicos na fiscalização da gestão da segurança das barragens, e de promoção da articulação entre os atores públicos são importantes para a consagração dos objetivos da Política (art. 7º).

O Conselho emitiu a Resolução CNRH no 144/2012, na qual se estabeleceu como diretriz para implementação da PNSB, em seu inciso IV, art.

---

[15]Art. 10, Lei no 12.608/2012: O SINPDEC é constituído pelos órgãos e entidades da administração pública federal, estadual e municipal, bem como pelas entidades públicas e privadas de atuação significativa na área de proteção e defesa civil. O SINPDEC tem por finalidade contribuir no processo de planejamento, articulação, coordenação e execução dos programas, projetos e ações de proteção e defesa civil.

[16]Art. 6º, Lei no 6.938/1981: O Sisnama é constituído pelos órgãos e entidades da União, dos Estados, do Distrito Federal, dos Municípios e pelas Fundações instituídas pelo Poder Público, responsáveis pela proteção e melhoria da qualidade ambiental.

3º, a divulgação das informações relacionadas à segurança de barragens associadas a promoção de ações para esclarecimento da população.

Destaca-se ainda o papel da defesa civil para a adequada implementação da PNSB. Em seu art. 12, a lei estabelece que o Plano de Ação Emergencial deve ser encaminhado aos organismos de defesa civil. Esses organismos atuam na prevenção de acidentes e em ações recuperativas destinadas a evitar desastres e minimizar seus impactos para a população, e fazem a ponte na comunicação das ações de emergência descritas nos PAEs, entre as empresas, ANM e a população atingida.

Após dois acidentes graves em um curto período de tempo, a comunidade que habita ao redor dessas estruturas possivelmente pode não estar aberta a dialogar com os mineradores, bem como a confiança nas informações prestadas tende a cair. Uma atuação mais presente da defesa civil traria, portanto, contribuição na efetividade dessa interlocução.

Outro aspecto relevante é a forma de comunicação. Os termos, conceitos e dados relacionados à segurança de barragens não tem assimilação fácil para leigos, de forma que se demonstra essencial a filtragem e transcrição didática dessas informações por órgãos estatais responsáveis, empresas e representantes da própria comunidade atingida, com a preocupação necessária com o nível de gravidade da repercussão das informações sobre possíveis acidentes. A proposta deste artigo seria se utilizar do conceito de GIP, no tripartismo da teoria responsiva proposta por Ayres e Braithwaite (1992), com a inclusão de um representante da população atingida para a mesa de negociações.

As três condições para a participação do GIP no processo regulatório são 1) ter acesso a todas as informações que o ente regulador possui, 2) participar das negociações conduzidas pela agência reguladora e 3) garantir a possibilidade de responsabilizar tanto os regulados como os reguladores. (LOPES, 2018, p. 183).

A efetividade da regulação responsiva depende do desenho normativo direcionado ao cumprimento das regras voluntário dos regulados, havendo uma interação constante entre regulador e regulado na construção de um ótimo regulatório de incentivos para a persuasão dos regulados no cumprimento das normas. (ARANHA, 2018, posição 978 de 5395).

As falhas regulatórias identificadas no acidente de Brumadinho, como a inconsistência das informações prestadas, a falta de transparência, a intempestividade na resolução das recomendações exaradas em inspeções in loco e as dificuldades em controlar a execução e os resultados dos trabalhos das auditorias externas, atualmente apenas controladas pela ANM via SIGBM, poderão ser objeto de controle da população atingida.

Para que esse controle seja realizado, deve-se construir, de forma gradativa, uma cultura de abertura de dados sobre a gestão das barragens. Assim, em um primeiro momento, seria necessário estimular a transparência, educação e comunicação das empresas com os órgãos da defesa civil, com a prefeitura e com a população atingida, indo ao encontro da promoção de uma cultura de segurança de barragens ainda incipiente no país.

A regulamentação pela ANM da exigência de um Plano de Comunicação ou Plano de Engajamento das Partes Interessadas[17] das empresas com a população e organismos estatais e privados interessados, tendo em vista que para a materialização da governança nodal deve haver obrigatoriamente a transparência, comunicação e abertura de dados.

Após esse momento inicial, seria oportuno criar mecanismos diretos e indiretos de participação popular, por meio das redes de governança. No Brasil, existe um movimento social articulado, o Movimento dos Atingidos por Barragens (MAB)[18], bem como diversas ONGs nacional atuantes no âmbito dos direitos humanos e meio ambiente. Para a teoria responsiva, a instituição mecanismos de participação dos GIP como o terceiro ente regulador seria uma estratégia coerente.

> "O cidadão do Estado Regulador é uma engrenagem essencial e uma força motriz necessária à implementação do interesse público, mediante coparticipação na prestação de atividades socialmente relevantes." (ARANHA, 2018, posição 1016 de 5395).

Assim, esses grupos organizados populares, como o MAB, teriam o papel de reforçar o *enforcement* e a *compliance* da gestão dos empreendimentos, ao acompanhar e cobrar a implementação de recomendações de manutenção das estruturas, apontar falhas (*naming & shaming*), e exigir das empresas a abertura das informações sobre as inspeções realizadas nas barragens.

Esses GIPs teriam o papel ainda de fazer a interlocução com o ente regulador sobre as informações coletadas nesse processo fiscalizatório. Como,

---

[17] "PRINCÍPIO 17: Fornecer ao público acesso a informações sobre decisões relacionadas a estruturas de rejeito, riscos e impactos, planos de gestão e mitigação e monitoramento de desempenho. 35 (...) As atividades de divulgação relevantes para as estruturas de rejeito podem ser incluídas em um Plano de Comunicação ou Plano de Engajamento das Partes Interessadas para todo o local." (Padrão Global de Rejeitos, versão preliminar para consulta pública, Novembro de 2019).

[18] O Movimento dos Atingidos por Barragens é um movimento popular nacional, autônomo, criado na década de 70, formado por grupos de base de todas as famílias ameaçadas ou atingidas direta e indiretamente por barragens. Além dos grupos de base, formados pelas famílias atingidas, existem as coordenações a nível local, estadual e nacional.

no caso brasileiro, a ANM tem déficits institucionais, outros olhares em torno dessas estruturas seriam benéficos para auxiliá-la na cobrança das obrigações legais aos empreendedores, provendo-a de informações adicionais qualificadas que não chegariam até ela para o planejamento de suas inspeções in loco.

Entretanto, é preciso atentar-se ao risco do surgimento de um grande número de informações que demandariam uma atuação da Agência, e que possivelmente esta não estaria preparada, devido aos seus déficits de capacidade. Dessa forma, o GIP escolhido para sentar-se à mesa de negociações e atuar como ente regulador teria de filtrar e selecionar com critérios técnicos de segurança de barragens os reportes a serem encaminhados ao regulador.

Outra atribuição interessante para o GIP seria fazer a interlocução entre a defesa civil e as empresas, situação que perpassa a necessidade basilar para o sucesso desse sistema, o fortalecimento das defesas civis e do Sinpdec.

A busca em aprimorar o sistema pela articulação entre os nós de governança internos com os nós de governança de segurança de barragens transnacionais, considerando a existência "nova ordem mundial" proposta por Slaughter (2004), seria essencial no caso da regulação da mineração no Brasil, tendo em vista que as mineradoras com barragens com DPA e risco altos são compostas de grupos de corporações globais detentoras de um grande poder econômico e político que ultrapassam as fronteiras da nação.

> "A rede de influência social sobre a política pública ampliou-se em complexidade e extensão, gerando novas exigências de estruturação do Estado e da sociedade. Com a aproximação dos interesses internacionais das fronteiras estatais, o foro de discussão da legislação setorial foi, em parte, deslocado para organismos internacionais e acordos bilaterais." (ARANHA, 2018, posição 1213 de 5395).

Por fim, a construção de uma pirâmide responsiva de escalonamento dos nós de governança (Figura 2) para segurança de barragens de rejeitos de mineração no Brasil carece de um debate mais maduro e somente seria possível de ser aplicada em um momento posterior ao desenvolvimento de uma cultura de educação, comunicação, transparência e participação social, necessários e prévios para que de fato se aplique a responsividade como ideal regulatório.

CONCLUSÃO

Neste artigo, foi retratada a atuação e as dificuldades operacionais da Agência Nacional de Mineração na fiscalização da segurança de barragens de rejeitos de mineração, bem como as falhas regulatórias verificadas pela ANM no caso do acidente provocado pela Vale S/A em Brumadinho/MG. Nesse sentido, apontou-se para existência de desafios complexos para o regulador na solução dessas falhas e no aprimoramento do sistema, o qual, na visão desta autora, necessita de reflexões acerca da abordagem regulatória a ser escolhida para a salvaguarda de vidas e do meio ambiente.

De acordo com a percepção deste trabalho, o desenvolvimento de estratégias de regulação em segurança de barragens pela ANM é terreno fértil para a aplicação de conceitos da teoria responsiva da regulação, especialmente no que tange a possibilidade do desenvolvimento das bases principiológicas para a futura construção de uma pirâmide de estratégias regulatórias em rede, em razão dos déficits de capacidade de fiscalização da Agência e do direcionamento normativo estabelecido pela Política Nacional de Segurança de Barragens.

Indicou-se, portanto, que a teoria do tripartismo, por meio da articulação sinérgica e contestável entre empresas, regulador e grupos de interesse público, tem o potencial de apresentar contribuições significativas para o aperfeiçoamento e a eficiência da atuação da ANM, embora careça de amadurecimento e da evolução de uma cultura de informação e participação em segurança de barragens.

Neste caso, um dos maiores desafios para o regulador é persuadir as empresas a prestarem informações de forma idônea e clara tanto para o regulador como para a população atingida, de forma a estimular os agentes regulados para o *compliance*. Outro desafio é a falta de maturidade do setor de mineração para a aceitação da participação popular organizada, que pela teoria, se daria por meio do GIP escolhido para sentar-se às mesas de negociações.

Foi possível constatar que, apesar de diversos dispositivos legais sobre o tema imporem o controle social e a participação popular, não foram verificados, na prática, mecanismos regulatórios nessa direção. Além disso, os requisitos iniciais para uma regulação em rede também não foram encontrados, como a divulgação total de informações e o diálogo com a sociedade, pelo contrário, o que se observou foi a falta de transparência e de comunicação entre as partes interessadas, verificou-se ainda que houve inconsistência das informações prestadas pelas empresas ao regulador, o que pode ter custado centenas de vidas e a contaminação de rios importantes para o país. Para que o *enforcement* seja estimulado e os déficits de capacidade de fiscalização da ANM sejam mitigados, mostra-se necessário, primeiramente, um direcionamento regulatório para a articulação e a abertura para comunicação entre empresas e população atingida, intermediada por entes estatais.

Assim, não foi possível verificar o emprego de governança nodal na regulação da ANM, por meio do engajamento e articulação de outros agentes privados no processo regulatório e de fiscalização, o que auxiliaria na escalada piramidal em rede. Diante do exposto, é possível afirmar que a atuação da ANM, não tem sido orientada pela teoria do tripartismo e responsiva, proposta por Ayres e Braithwaite (1992).

REFERÊNCIAS BIBLIOGRÁFICAS

ARANHA, M. I. *Telecommunications Regulatory Design in Brazil: Networking around State Capacity Deficits.* Economia Pubblica, v. 25, p. 83-105, 2016.

ARANHA, M. I. *Manual de Direito Regulatório.* Londres: Laccademia Publishing, 2019.

AYRES, I.; BRAITHWAITE, J. *Responsive Regulation: Transcending the Deregulation Debate.* Oxford: Oxford University Press, 1992.

BALDWIN, R.; BLACK, J. Really Responsive Regulation. *The Modern Law Review*, v. 71, n. 1, p. 59-64, 2008.

BENEDETTI, J. C. A justiça restaurativa de John Braithwaite: vergonha reintegrativa e regulação responsiva. *Revista DireitoGv*, p. 209-216, Jun-Dez 2005.

BRAITHWAITE, J. *To Punish or Persuade: Enforcement of Coal Mine Safety.* Albany: State University of New York Press, 1985.

BRAITHWAITE, J. Responsive regulation and developing economies. *World Development*, p. 884-898, 2006.

BRAITHWAITE, J. The Essence of Responsive Regulation. *UBC Law Review*, Vancouver, v. 44, p. 475-520, março 2011.

GUNNINGHAM, N. Strategizing Compliance and Enforcement: Responsive Regulation and Beyond. In: PARKER C, N. V. *Explaining Compliance: Business Responses to Regulation.* Cheltenham: Edward Elgar Publishing, 2011.

ICMM, INTERNATIONAL COUNCIL ON MINING AND METALS; UNEP, UNITED NATIONS ENVIRONMENT PROGRAMME; PRI, PRINCIPLES FOR RESPONSIBLE INVESTMENT. *Establishing an International Standard for the Safer Management of Tailings Storage Facilities.* Global Tailing Review. Londres. 2019.

KOLIEB, J. When to Punish, When to Persuade and When to Reward: Strengthening Responsive Regulation with the Regulatory Diamond. **Monash University Law Review**, p. 136-162, 2015.

LACERDA, N. D. M.; THOMAS, T. P. Teoria Responsiva de Regulação em Situações de Crises Hídricas: Uma Análise a partir da Atuação da Agência Nacional de Águas na Crise do Rio Pardo. **Revista de Direito Setorial e Regulatório**, v. 5, n. 2, p. 1-26, 2019.

LOPES, O. D. A. **Fundamentos da Regulação**. [S.l.]: Processo, 2018.

NOVAK, W. J. A RevisionistHistory of Regulatory Capture. In: CARPENTER, D.; MOSS, D. A. **Preventing Regulatory Capture: Special Interest Influence and How to Limit It.** New York: Cambridge University Press, 2014. p. 25-48.

SCOTT, C. Regulation in the Age of Governance: The Rise of the Post Regulatory State. In: J. JORDANA, &. D. L.-F. (.). **The politics of regulation: Institutions and regulatory reforms for the age of governance.** Cheltenham: Edward Elgar Publishing, 2004.

SHAPIRO, M. **Who Guards the Guardians? Judicial Control of Administration.** Athens: University of Georgia Press, 1988.

SLAUGHTER, A.-M. **A New World Order.** Princeton: Princeton University Press, 2004.

TRINDADE, A. D. C. A Teoria da Regulação Econômica Aplicada ao Setor Mineral Brasileiro. **Revista de Direito Setorial e Regulatório**, v. 5, n. 2, p. 53-78, 2019.

Normas e Julgados

BRASIL, AGÊNCIA NACIONAL DE MINERAÇÃO, Portaria n° 70.389, de 17 de maio de 2017, cria o Cadastro Nacional de Barragens de Mineração, o Sistema Integrado de Gestão em Segurança de Barragens de Mineração e estabelece a periodicidade de execução ou atualização, a qualificação dos responsáveis técnicos, o conteúdo mínimo e o nível de detalhamento do Plano de Segurança da Barragem, das Inspeções de Segurança Regular e Especial, da Revisão Periódica de Segurança de Barragem e do Plano de Ação de Emergência para Barragens de Mineração.

BRASIL, CONSELHO NACIONAL DE RECURSOS HÍDRICOS. Resolução nº 144, de 10 de julho de 2012, estabelece diretrizes para implementação da Política Nacional de Segurança de Barragens.

BRASIL, Lei nº 12.334, de 20 de setembro de 2010, estabelece a Política Nacional de Segurança de Barragens.

BRASIL, TRIBUNAL DE CONTAS DA UNIÃO. Acórdão 3.004/2011-TCU-Plenário.

_____, Acórdão 657/2012-TCU-Plenário.

_____, Acórdão 2.440/2016-TCU-Plenário.

_____, Acórdão 513/2018-TCU- Plenário.

_____, Acórdão 2.604/2018-TCU- Plenário.

REGULAÇÃO DE NOVOS MERCADOS E INOVAÇÃO: UMA ABORDAGEM A PARTIR DO ESTADO EMPREENDEDOR E DO INTERESSE PÚBLICO
Regulation of new markets and innovation: a study based on entrepreneurial state and public interest

Submetido(*submitted*): 05/12/2019
Parecer(*revised*): 16/12/2019
Aceito(*accepted*): 26/01/2020

Lucas Sena[*]

Abstract

Purpose – The purpose of this study is to generate contributions to the field of economic regulation, especially to bring the regulatory state closer to functions beyond the mere correction of market failures.

Methodology/approach/design – The starting point considers the market as a social arena whose interaction among its agents can result in the creation of new niches and specialize the economic arenas. In this sense, some concepts such as regulatory capitalism, resignified by John Braithwaite, and the regulatory state and entrepreneurial state are addressed to understand how innovation can be attributed to the public interest. About the methodology and research techniques, the bibliographic review and documentary analysis are used to construct this theoretical analysis.

Findings – This study aims to outline a theoretical discussion on how the regulation of new markets can be influenced by approaches related to the entrepreneurial state and the notion of public interest. Finally, possibilities of future paths for the continuity of this research are suggested.

Keywords: New markets. Innovation. Public interest. Regulatory state.

Resumo

Propósito – O propósito deste estudo é gerar contribuições para o campo da regulação econômica, sobretudo na tentativa de aproximar o Estado regulador de funções para além da mera correção de falhas do mercado.

Metodologia/abordagem/design – O ponto de partida considera o mercado como uma arena social cuja interação entre seus agentes pode resultar na criação de novos nichos e especializar as arenas econômicas. Neste sentido, abordam-se conceitos tais quais o capitalismo regulatório, ressignificado por John Braithwaite, e Estado regulador e empreendedor para se compreender como a inovação pode ser atribuída ao interesse público. No que concerne à metodologia e às técnicas de pesquisa, utilizam-se a revisão bibliográfica e a análise documental para uma construção analítico-teórico deste trabalho.

---

[*]Mestrando em Direito, Estado e Constituição pela Faculdade de Direito da UnB (PPGD-FD-UnB). Cientista Político pela UnB. Pesquisador do GEOPP. E-mail: lucassena21@gmail.com.

Resultados – Este estudo objetiva traçar uma discussão teórica sobre como a regulação de novos mercados pode ser influenciada pelas abordagens relacionadas ao Estado empreendedor e ao interesse público na regulação. Por fim, sugerem-se possibilidades de caminhos futuros para a continuidade desta pesquisa.

Palavras-chave: Novos mercados. Inovação. Interesse público. Estado regulador.

INTRODUÇÃO

O debate acerca da intervenção no mercado como política regulatória começou na década de 1930, nos EUA, como uma estratégia de correção de falhas do mercado. Em termos gerais, o objetivo era promover o bem-estar econômico da população por meio da proteção do interesse público. Nesse sentido, a teoria do interesse público afirmava que, se deixados à própria sorte, os mercados eram frágeis e, portanto, precisavam da regulação governamental para sobreviverem (POSNER, 2004, p. 50).

De certa maneira, a intervenção na economia tinha objetivos considerados nobres, tais como impedir que houvesse monopolização dos mercados, e contribuía para que regiões desfavorecidas tivessem suas economias fomentadas e estimuladas (POSNER, 2004). No entanto, por causa das críticas, sobretudo da escola de Chicago, de que esse modelo de intervenção resultava em mais gastos do que incentivos e que essas políticas regulatórias tinham como fim não a correção de falhas do mercado, mas, de fato, a proteção de interesses da indústria, esse modelo começou a ter declínio a partir da década de 1980, sobretudo com o crescimento das políticas econômicas neoliberais (DA SILVA, 2014; BRAITHWAITE, 2008).

Diante das dificuldades elencadas para se manter esse tipo de política regulatória, esse modelo passou a ser conhecido como Estado regulador e sofreu algumas modificações. Sendo assim, o intuito deste estudo visa abordar a função do Estado regulador para o estímulo a novos mercados. Para isso, utilizam-se como base teórica as discussões a respeito do interesse público, do Estado empreendedor e capitalismo regulatório para se refletir acerca da inovação como elemento interligado à função de fomento do Estado.

Para tanto, este estudo estrutura-se em cinco partes, a saber: (i) Mercado, nichos e dinamicidade; (ii) Regulação e Interesse público; (iii) Capitalismo regulatório, regulação responsiva e Estado empreendedor no processo de formação de novos mercados; (iv) Estado regulador e Inovação como ferramenta regulatória para os novos mercados; e (v) considerações finais e perspectivas futuras. No que concerne à metodologia e às técnicas de pesquisa, utilizam-se a revisão bibliográfica e a análise documental para a construção deste estudo analítico-teórico.

MERCADO, NICHOS E DINAMICIDADE

A sociologia dos mercados tende a descrevê-los como arenas sociais nas quais há diversos atores em constante interação (GRANOVETTER, 1985; BECKERT, 2007; FLIGSTEIN, DAUTER, 2012). A partir desse prisma, de maneira geral, há três correntes teóricas que ajudam a entender seu surgimento. Na tradição de *redes*, observam-se os laços tradicionais existentes entre os atores e a estrutura social. A corrente *institucionalista*, por outro lado, analisa as regras e contextos relacionados ao poder e às normas que contextualizam a ação dos mercados. Por último, os estudos de *performatividade* se debruçam sobre os processos tecnológicos e artefatos da ação econômica, que são entendidos por meio de processos de cálculos. (FLIGSTEIN, DAUTER, 2012)

Além dessas correntes, a economia política também se revela uma importante abordagem teórica para uma definição de mercado. Por meio da economia política, os mercados são entendidos em relação aos Estados, as legislações que neles operam e os sistemas de governança existentes. Para a visão neoclássica, por exemplo, os mercados podem ser traduzidos em trocas passageiras de bens e serviços entre atores. A troca é determinada pela oferta e demanda do produto; assim como o preço representa o seu meio de troca. Contudo, a troca já não se determina por meio do câmbio de bens equivalentes. Hoje, a atividade mercantil, além de ser o meio pelo qual as trocas são realizadas, necessita de mecanismos formais e informais que garantam o funcionamento dos mercados. (FLIGSTEIN, DAUTER, 2012)

Ao passo que o elo entre comprador e vendedor evolui, a competitividade entre os produtos também aumenta. Para controlar e estimular a concorrência, o Estado cria estratégias regulatórias que são usadas à medida que os agentes atuam. Dauter e Fligtein (2012) argumentam que, para impulsionar a concorrência, um dos principais mecanismos utilizados é o estímulo à competição. Com ele, a capacidade de criação de novos nichos tende a se intensificar. Essa interpretação diz respeito à abordagem da ecologia populacional sobre os mercados (DURAND, KHAIRE, 2017).

Para a corrente da ecologia populacional, os mercados são produzidos como consequência direta dos efeitos da competição. No estudo *Where do Markets Come From?* Harrison C. White (1981) afirma que os mercados são estruturas capazes de, por meio do controle do preço e da diferenciação dos produtos, se reproduzirem. No raciocínio do autor, os arranjos econômicos podem diferenciar produtos e, por consequência, se distinguirem a tal ponto que o nicho pode ser dividido, ou resultar na criação de novos mercados. Isso implica dizer que a diversificação se tornou uma estratégia não só para criar artimanhas à concorrência, mas também para gerar novos nichos.

Na visão de White (2002), os mercados não são apenas definidos por um conjunto de compradores ou vendedores; para ele, são estruturas sociais que agem por meio de *expectativas racionais*, a partir das quais as empresas observam a concorrência e o comportamento de outros atores. Nesse processo de observação, as expectativas são confirmadas ou negadas e os custos para a atuação nem sempre são tangíveis, pois podem variar conforme os atributos afetam as estruturas. Desse modo, White (1981, p. 521) relata que as empresas podem se diferenciar em termos de estrutura de custos e, ainda, de valorização de seus produtos pelos compradores.

Por conseguinte, a formação de novos nichos se explicaria pelo fato de que *"firms seek niches in a market in much the same way as organisms seek niches in an ecology"* (WHITE, 1981, p. 520). A interpretação que se pode ter da afirmação anterior denota que a formação de nichos no mercado faz parte de uma ação natural para a sobrevivência das relações entre compradores exigentes e produtores dispostos a acompanhar essa exigência.

O desenvolvimento do mercado, portanto, é influenciado pela construção de novos nichos, isto é, conforme os agentes econômicos buscam inovar em relação ao produto, maior se torna a segmentação do mercado. Por sua vez, a segmentação e a criação de nichos são estratégias para *(i)* ampliar o consumo de determinados produtos em função do atendimento de demandas específicas do consumidor; *(ii)* atender a concorrência de um mercado específico; e *(iii)* eliminar o problema da informação incompleta sobre o consumidor (AZEVEDO, 2000, p. 71).

Além das três estratégias citadas acima, a diferenciação e a diversificação são elementos-chave para o funcionamento do mercado e para a competitividade. A diferenciação significa o processo que busca distinguir o produto de uma empresa das demais concorrentes; já a diversificação, por seu turno, diz respeito à expansão do leque de bens ou serviços que são oferecidos pelas empresas. (AZEVEDO, 2000, pp. 74-75)

REGULAÇÃO E INTERESSE PÚBLICO

A correlação que se dá entre direito e regulação fundamenta-se à medida que o Estado passa a ter como funções a mediação, o controle, a fiscalização e a regulação das relações econômicas e sociais. Posto isso, a regulação é um mecanismo de controle estatal, cujo conceito é político-econômico (OGUS, 2004). Dessa forma, Anthony Ogus explica que a regulação é uma ação coercitiva do Estado no sentido de prover regulação social (*social regulation*) e regulação econômica (*economic regulation*).

Para Ogus, existe uma dicotomia entre "razões econômicas" e "razões não econômicas" para a regulação. Diante disso, a regulação social refere-se a um conjunto de normas jurídicas que são formuladas para disciplinar as ações em coletividade, gerar bem-estar social e, se for o caso, distribuir renda; já a regulação econômica está relacionada ao controle e intervenção estatal na economia, de modo a determinar regras jurídicas para o funcionamento do mercado (OGUS, 2004). Posner (apud DA SILVA, 2014, p. 1202) afirma que a regulação econômica ocorre também por meio de sanções econômicas, regras e controles impostos pelo Estado para restringir o comportamento econômico e corrigir falhas.

Em certa medida, a regulação traçada pelo interesse público justifica-se pelo incentivo governamental aos serviços públicos, o que gera uma competência do Estado para com a prestação desses serviços (GROTTI, 2002; GARCIA, 2003; JUSTEN FILHO, 2006; CARVALHO, 2007; FEINTUCK, 2010; DI PIETRO, 2010). Com base nisso, Carlos Carvalho (2007) direciona o entendimento sobre a prestação de serviços públicos pelo Poder Público como um instrumento de realização da justiça social. Neste seguimento, a justiça social a que se refere o interesse público trata-se da ampliação da cobertura social e da universalização dos serviços.

Entretanto, definir o que seria a regulação em face do interesse público tem sido uma matéria de difícil resolução. Garcia, porém, (2003) utiliza o conceito de regulação como elemento que assegura a prestação de serviços essenciais. As noções de regulação são amplas e passeiam por definições que podem levar em conta a regulação civil ou institucional, a regulação social e a regulação econômica (GARCIA, 2003, p. 6-8).

O viés institucional da regulação diz respeito ao Estado prover condições necessárias para o desenvolvimento da liberdade individual. Em contrapartida, o social esforça-se para conciliar o desenvolvimento da atividade individual com as exigências do interesse público. Além disso, a interface econômica parte do pressuposto de que os mercados estão sujeitos a conflitos internos que demandam intervenção governamental sobre a atuação de um setor específico, seja para se fazer cumprir ou resolver problemas (GARCIA, 2003, p. 6-8).

Como consequência direta da regulação econômica, os agentes privados têm a sua atuação limitada ou restringida. O objetivo da restrição da atuação econômica nem sempre significa limitar as possibilidades de escolha de seus agentes, mas, de fato, criar condições para que a atividade econômica possa ser desenvolvida e plenamente estimulada (GARCIA, 2003; IÓRIO, 2018; LOPES, 2018).

Nesse ínterim, os sistemas regulatórios podem adotar dois modelos. O primeiro trata-se de *medidas estruturais* que são capazes de evitar condutas indesejáveis; as medidas estruturais tendem a ser adotadas por intermédio de restrições ou barreiras específicas. O segundo, por seu turno, exibe modelos que podem determinar *medidas de conduta*, as quais incidem sobre a forma de se realizar determinada atividade. (GARCIA, 2003, pp. 8-9)

Contudo, a eficácia de um modelo não pode se basear apenas em restrições ou limitações para seus agentes. Segundo o professor Othon de Azevedo Lopes (2018, p. 184), a regulação proporciona um espaço compartilhado que se denomina *arena regulatória*. Nela, atores de diferentes participações articulam-se por meio de práticas, rotinas e temas comuns para fornecer produtos. Portanto, devido à complexidade organizacional do espaço regulatório, condições para a aplicação de padrões de constrangimentos coercitivos, mais conhecidos como mecanismos de *enforcement*, são desenhados em conjunto com o modelo regulatório (LOPES, 2018, p. 184).

Avançando-se nesse ponto, os desenhos regulatórios dialogam com o contexto e os valores constitucionais de um país (FEINTUCK, 2010). A busca para se correlacionar interesse público e regulação revela-se tarefa árdua para os aplicadores do direito. Os aspectos econômicos e sociais presentes nas diretrizes constitucionais instauram a discussão a respeito de como seria possível encontrar uma agenda factível de interesse público.

A função do direito, *grosso modo*, deve ser a de perquirir caminhos que garantam à sociedade operar como sociedade (FEINTUCK, 2010). Embora essa afirmação seja ampla, a regulação baseada no interesse público surge como uma perspectiva que arrisca observar elementos para além dos aspectos econômicos (CESETTI, 2018).

Mike Feintuck (2010) indica que a definição de interesse público é vista quase imediatamente em relação aos aspectos econômicos:

> "Massive problems remain with identifying a unifying construct of public interest to inform regulation by way counterpoint to dominant accounts informed by the economics of private interest. What has been suggested, however, is that there are concepts currently in play which can be found to have strong claims of legitimacy and which pursue objectives which clearly extend beyond, and will often conflict directly with, the dominant values of the market." (FEINTUCK, 2010, p. 57)

A divergência de significados de interesse público leva à compreensão quase essencialmente econômica dos indivíduos. Segundo o autor, há conceitos em jogo que reivindicam a mesma legitimidade dos valores dominantes do mercado na construção de um desenho regulatório. Nesse sentido, a construção do conceito de interesse público deve ampliar a visão sobre o cidadão para ele não seja apenas um consumidor, mas que possa ser reconhecido efetivamente como cidadão (FEINTUCK, 2010, p. 59).

Diante disso, a ampliação do conceito de interesse público advém da importância de se determinar prioridades que, embora possam se chocar com interesses econômicos, devem capturar o conjunto de valores fundamentais do exercício da cidadania (FEINTUCK, 2010). Com base nessa colocação, arrisco a resumir o conceito de interesse público de Feintuck (2008) na seguinte equação:

Interesse público = expectativas de cidadania + valores fundamentais

A representação equacional acima pode ser melhor compreendida definindo-se que as *expectativas de cidadania* devem estar somadas aos valores para se atribuir o interesse público. Logo, o *interesse público* seria a função que resulta do somatório entre *expectativas de cidadania e valores fundamentais*. No mesmo entendimento, o conjunto ideológico e político oriundo da maneira pela qual a regulação captura os interesses sociais e econômicos tem de dialogar com os valores fundamentais e democráticos, os quais não se limitam em interesses econômicos.

Maria Sylvia Zanella Di Pietro (2010) também crê na potencialidade de amplificação do significado do interesse público. Para ela, o conceito de interesse público foi se desenvolvendo ao longo do tempo. Nos primórdios do Estado liberal, o direito administrativo enxergava pela ótica do individualismo. A ideia centrada no individualismo dificultava a determinação de um conceito comum para os cidadãos, pois a base individualista do Estado liberal enfocava em diretrizes privadas. A inobservância das mazelas das desigualdades, no entanto, diminuiu quando do período do Estado Social de Direito (DI PIETRO, 2010, p. 92).

É com a percepção de que as desigualdades sociais deveriam ser corrigidas que o Estado Social de Direito foi demandado a utilizar de seu poder público para prover atividades de prestação de serviços públicos essenciais. Então, o Estado de natureza jurídica individualista passa a ser Estado prestador de serviços e, com isso, nasce o princípio da supremacia do interesse público (DI PIETRO, 2010, p. 92).

Além desse aspecto, Di Pietro (2010) examina uma dicotomia no nascimento do direito administrativo: *proteção aos direitos individuais e satisfação de interesses públicos* se contrastam. A proteção aos direitos individuais é fundamento *sine qua non* para o princípio da legalidade, o qual é elemento constituinte do Estado de Direito. Por meio dele, a Administração Pública está sujeita a exercer a sua função somente em conformidade com a lei.

Não apenas a Administração Pública, mas todos os cidadãos devem se basear na legalidade para exercerem suas atividades da vida. Nesse ponto, a liberdade do indivíduo está condicionada à conformidade com os ditames da lei. Sendo assim, o poder público, ao exercer o seu poder legalmente conferido, limita e restringe as liberdades individuais. Muitas vezes, essa limitação advém para a realização e satisfação de interesses públicos. (DI PIETRO, 2010)

Entretanto, a ponderação de Di Pietro (2010) não interfere em sua colocação sobre a importância do princípio do interesse público para o nascimento de direitos sociais e econômicos. O binômio autoridade-liberdade, elemento definidor do direito administrativo, reverbera na defesa de interesses difusos do Estado Democrático e de Direito. No que toca à regulação, a proteção do interesse público transita entre regulação econômica e social. Desse modo, infere-se o interesse público não somente como a soma de vários interesses individuais, mas, de fato, como função estatal que busca, reconhece e promove proteções e garantias relacionadas aos interesses coletivos. Acima disso, a própria noção de democracia está fundada na construção de preceitos baseados em interesses coletivos, os quais são representados por valores comuns (COHEN, 1997; GOMES, 2018).

Posto isso, a base do princípio do interesse público não está somente na função administrativa do poder público. Na seara do direito administrativo, a supremacia desse princípio está presente na determinação do conceito de *função administrativa* do Estado, que se desdobra no provimento de *serviço público, fomento, intervenção e polícia administrativa* (DI PIETRO, 2010, p. 95).

Especificamente, a atividade de fomento do Estado se resguarda no princípio do interesse público porque se relaciona com o atendimento às demandas coletivas (DI PIETRO, 2010, p. 96). Fomentar, subsidiar e incentivar a iniciativa privada contribui não só em realizar uma função administrativa do Estado, mas exerce consequência direta nas esferas social e econômica.

A atividade de fomento é necessária para a consolidação de novos arranjos econômicos. Para fortalecer essa afirmação, argumenta-se a seguir que o interesse público auxilia também no incentivo à inovação. Os exemplos do Estado empreendedor e do capitalismo regulatório são usados como mecanismos que promovem atenção regulatória no processo de formação de novos mercados.

CAPITALISMO REGULATÓRIO, REGULAÇÃO RESPONSIVA E ESTADO EMPREENDEDOR NO PROCESSO DE FORMAÇÃO DE NOVOS MERCADOS

Como aponta Braithwaite (2008), capitalismo regulatório não é o mesmo que apostar em aspectos neoliberais. Para o professor australiano, o neoliberalismo nada em corrente contrária à regulação. Em sentido explicativo, a visão neoliberal enfoca em aspectos como a privatização, a desregulação e a diminuição da esfera pública como estratégias para dinamizar a economia.

Desde o neoliberalismo de Thatcher, em 1979, no Reino Unido, e de Reagan, em 1980, nos EUA, as políticas econômicas de vários países foram influenciadas a seguir os caminhos da desregulação, da privatização e da diminuição da presença estatal. Para a corrente neoliberal, a busca pela diminuição da presença do Estado se fazia necessária por causa das conjunturas política e econômica presenciadas ao longo do século XX (BRAITHWAITE, 2008).

As estratégias de privatização utilizadas por Thatcher e Reagan em áreas específicas, tais quais as telecomunicações e o setor financeiro, deram vazão para que agências fossem criadas para traçar desenhos regulatórios para esses setores. Nesse sentido, Braithwaite (2008, pp. 8-12) interpreta a desregulação como um mito criado para a atuação mais facilitada das corporações em mercados internacionais, mas não para os mercados internos. A título demonstrativo, no mercado interno de pequenas empresas, nos EUA da década de 1980, o governo estadunidense, por meio do *Small Business Innovation Development Act*, criou uma série de mecanismos regulatórios para estimular que agências governamentais concedessem recursos orçamentários e financeiros para que pequenas empresas realizassem estudos e pudessem traçar vias de estabilização no mercado (MAZZUCATO, 2008, p. 57).

Para Braithwaite (2008), o Estado regulador está relacionado a uma interação recíproca entre regular e criar corporações. Sobre essa relação, o autor aponta como exemplos a regulação antitruste e o fato de que megacorporações fomentam o capitalismo regulatório. O argumento do autor utiliza, ainda, a criação de um mercado privado de segurança, sobretudo no que concerne ao caso da privatização das prisões na Austrália e nos EUA, e no incentivo regulatório para que as companhias privadas ofereçam um mercado de segurança para os cidadãos. Dessa forma, nos EUA, no Reino Unido e na Austrália, o aumento da privatização de alguns mercados fez com que se gerasse maior necessidade de agências reguladoras (BRAITHWAITE, 2008, p. 9).

O ponto-chave da abordagem de Braithwaite (2008) acerca do capitalismo regulatório debruça-se no fato de que os mercados não são naturais e demandam aspectos regulatórios para o seu pleno funcionamento. A criação de técnicas específicas que ajudem no processo regulatório é um eixo determinante. Em certa medida, essa afirmação dialoga com elementos mais avançados da regulação responsiva, defendida pelo autor em obras como *Responsive Regulation and Developing Countries* e *The Essence of Responsive Regulation* (BRAITHWAITE, 2006; 2011).

Por esse ângulo, a regulação responsiva tem como ideia central a noção de pirâmides de apoios e sanções que podem ser traduzidas como estratégias regulatórias cujas camadas possuem dimensões específicas a depender do contexto. As estratégias responsivas são contextuais, integradas e unidas, de modo que a sua aplicação depende de um conjunto simples de heurísticas que precisa ser considerado no decorrer do processo regulatório responsivo (BRAITHWAITE, 2011).

No livro em coautoria com Ian Ayres, *Responsive Regulation*, os autores demonstraram que mercados privados totalmente desregulados tendem a apresentar menor competitividade se comparados aos mercados que possuem o Estado participando estrategicamente da dinâmica econômica (BRAITHWAITE; AYRES, 1992). Dado isso, a teoria da regulação responsiva indica que os contextos devem ser observados para a aplicação da melhor técnica regulatória. Pensar o contexto é a primeira heurística que fomenta as ideias centrais da regulação piramidal[1]. Além dessa, existem ainda mais oito princípios auxiliadores da regulação responsiva (BRAITHWAITE, 2011).

---

[1] Ao total, John Braithwaite (2011) apresenta nove heurísticas que precisam ser percebidas no processo regulatório responsivo. São elas: "1. Think in context; don't impose a preconceived theory. 2. Listen actively; structure dialogue that: * gives voice to stakeholders; * settles agreed outcomes and how to monitor them; * builds commitment by helping actors find their own motivation to improve; * communicates firm resolve to stick with a problem until it is fixed. 3. Engage those who resist with fairness; show them respect by construing their resistance as an opportunity to learn how to improve regulatory design. 4. Praise those who show commitment: * support their innovation; * nurture motivation to continuously improve; * help leaders pull laggards up through new ceilings of excellence. 5. Signal that you prefer to achieve outcomes by support and education to build capacity. 6. Signal, but do not threaten, a range of sanctions to which you can escalate; signal that the ultimate sanctions are formidable and are used when necessary, though only as a last resort. 7. Network pyramidal governance by engaging wider networks of partners as you move up a pyramid. 8. Elicit active responsibility (responsibility for making outcomes better in the future), resorting to passive responsibility (holding actors responsible for past actions) when active responsibility fails. 9. Learn; evaluate how well and at what cost outcomes have been achieved; communicate lessons learned" (BRAITHWAITE, 2011, p. 476).

Em se tratando de pensar o contexto, a regulação responsiva sugere que os reguladores não sejam dogmáticos, isto é, nenhuma teoria regulatória pode ser levada a estrito senso sem que se denote o contexto no qual a regulação será exercida. Sobre isso, Brathwaite relata:

> "In different contexts from 2008, privatizing firms or whole markets that had previously been public could be what is commended by thinking responsively about that market during that period of history. In some contexts, abolition of the entire industry is the best regulatory response, as with some large industries such as the nuclear and chemical weapons industries, the land mines industry, the gambling and casino industry, the global pedophilia trade, the market in slaves, and the market in certain illicit drugs. In other contexts, creation of an industry that did not really exist before is cleverly responsive to context, as was the case with the Australian Trade Practices Commission of the 1980s and 90s showing the lead toward creating a new corporate compliance consulting industry in Australia. In some contexts, writing rules about (for example) carbon emissions may be less central as a regulatory strategy than putting a price on carbon." (BRAITHWAITE, 2011, p. 492)

Logo, o contexto deve ser observado a partir de elementos da história e do momento. Ou seja, a regulação responsiva sugere que os reguladores utilizem como ferramenta uma espécie de *"think in a stream of time"*, que, em tradução literal, corresponde a "pensar em um fluxo de tempo". Diante dessa observação, questões importantes devem ser administradas para se pensar o contexto, são elas: *o que, quem, como, quando, onde, por qual linha de tempo da história* (BRAITHWAITE, 2011, p. 492). As perguntas citadas servem para se conhecer o contexto no qual haverá a necessidade de regulação, assim, elas são caminhos que podem ser usados para se refletir acerca da regulação de novos mercados e como seria possível traçar desenhos regulatórios para eles.

No que se refere ao desenvolvimento de novos mercados, a abordagem do Estado empreendedor dialoga com a heurística de se pensar o contexto. Foi pensando o contexto de incentivos à inovação e à tecnologia que Mariana Mazzucato (2011) observou que o mercado de inovações anseia incentivos governamentais para se tornar bem-sucedido. Em termos econômicos, os incentivos regulatórios envolvem financiamento e estabelecem novas possibilidades para o uso comercial das inovações.

O Estado empreendedor pensado por Mazzucato (2011) tenta romper as barreiras dicotômicas entre quais de fato seriam os papeis público e privado na dinâmica entre desenvolvimento de novas tecnologias e governo. Dessa maneira, o Estado possui um caráter inovador e dinâmico que ultrapassa a função de corretor de falhas de mercado. Por causa disso, apoiado no papel estimulador do Estado, a intervenção na economia se amplia, se dinamiza e fundamenta o impulsionamento de novas tecnologias. Em certa medida, a regulação por meio do Estado empreendedor entende o Estado como agente vivo, empreendedor e que assume investimentos de risco (MAZZUCATO, 2011).

Por suposto, o comportamento estatal sistemático em prol do empreendedorismo estatal tende a suprir uma lacuna na inovação, na ciência e na tecnologia que os agentes privados da economia, geralmente, não estão dispostos a arcar, haja vista a existência de investimentos que não são factíveis para o ambiente privado. Mazzucato (2014) identifica que, majoritariamente, os empresários não estão dispostos a lidar com os ônus dos investimentos de risco no desenvolvimento da inovação e da tecnologia. Segundo a autora,

> "A história mostra que essas áreas do cenário de risco (dentro dos setores, em qualquer momento; e no início, quando novos setores estão surgindo), que são definidas pelo grande investimento financeiro, alto nível tecnológico e grande risco mercadológico, tendem a ser evitadas pelo setor privado e têm exigido grandes montantes de financiamento (de diferentes tipos) do setor público, assim como a visão e o espírito de liderança do setor público para decolar. O Estado está por trás da maioria das revoluções tecnológicas e longos períodos de crescimento. É por isso que um "Estado empreendedor" é necessário para assumir o risco e a criação de uma nova visão, em vez de apenas corrigir as falhas do mercado." (MAZZUCATO, 2011, pp. 25-26)

Os exemplos citados por Mazzucato (2011) passeiam pelas indústrias farmacêutica, de computadores, da internet e de tecnologia verde em países como o Brasil e os Estados Unidos. Para ela, a presença do Estado como criador de oportunidades permitiu que se formasse uma rede descentralizada de pesquisa e inovação e, em seguida, de desenvolvimento tecnológico e comercialização (MAZZUCATO, 2011, pp. 24-25). Portanto, esse seria um dos influxos que o Estado empreendedor segue para fomentar a inovação e estimular a formação de novos arranjos comerciais.

ESTADO REGULADOR E INOVAÇÃO COMO FERRAMENTA REGULATÓRIA PARA OS NOVOS MERCADOS

O significado etimológico de *regulação*, quando pensado a partir do olhar jurídico, diz respeito ao estabelecimento de regras e normas e, em outro sentido, à manutenção equilibrada do funcionamento de um sistema (OLIVEIRA, 2014, p. 1201). Desses significados, extrai-se que regulação pode ser entendida por duas interpretações principais: primeiro, como um mecanismo de imposição de normas e regras, uma vez que o direito regularia a sociedade e, por conseguinte, a regulação se aproximaria de regulamentação (BALDWIN *et al*, 2012); segundo, se observada em relação ao funcionamento de um sistema, seria entendida como essencial para a sua manutenção e organização (BARROSO, 2014).

O Estado empreendedor pode ser mais bem abordado a partir do aprofundamento da compreensão de seu conceito. Para isso, o exercício teórico que se faz é perquirir sua metalinguagem. A metalinguagem significa a percepção dos pontos-de-partida de uma ideia ou concepção, ainda que não presentes explicitamente no discurso (ANJOS, 2016, p. 298).

Anjos (2016) mapeou duas premissas do Estado empreendedor, são elas: *(i) intervencionismo do Estado na economia, nos mercados, na sociedade* e *(ii) os mercados são compreendidos como ambientes institucionalmente criados e regulados pelo Estado*. A começar pela segunda premissa, a noção de se entender os mercados como não naturais também está presente nas concepções advindas do conceito de capitalismo regulatório, como abordado na seção anterior.

Em segundo lugar, a intervenção do Estado na economia, nos ambientes comerciais e na sociedade remete ao fato de que o Estado empreendedor é também dirigista (ANJOS, 2016). Por sua vez, ser dirigista está atrelado ao Estado Regulador. O Estado regulador define-se por meio da coordenação entre intervenção indireta e gerenciamento estatais no mercado, de modo a regular e facilitar o desenvolvimento econômico e social. O ponto diferencial era que, ao invés da interferência direta, a intervenção passou a ser indireta e a relação entre mercado e Estado tornou-se interdependente (BALDWIN *et al*, 2012; D'ALBUQUERQUE, 2012).

É por meio do Estado Regulador que outros mecanismos podem ser estimulados. A complexidade do mercado, suas pressões socioeconômicas e os mecanismos jurídicos e políticos existentes exigem que a função regulatória do Estado seja mais do que corrigir pequenas falhas (TEUBNER, 1986; ANJOS, 2016; LOPES, 2018).

> Ao direito, como sistema regulador abrangente de toda a sociedade, referindo-se ao mundo da vida, ao sistema econômico e ao poder político-burocrático, cabem operações reflexivas que abranjam não apenas a sua função e performance, mas também a de outros sistemas, numa configuração coordenadora para preservação da integração social. É isso que se pode chamar de Estado Regulador, em que o poder político-burocrático assume a configuração de um "sistema administrativo protegido diante de partidos e do público", configurando um planejamento compreensivo e apresentando-se como "uma autoridade responsável pela expansão do horizonte de possibilidades", em que se fundem ciência e administração e que se vale de um direito como meio sobrecarregado por estabilizações cognitivas e imperativos pragmáticos. (LOPES, 2018, p. 113)

Justen Filho (*apud* D'ALBUQUERQUE, 2012, p. 20) relata que são três os principais elementos que destacam o Estado regulador na atividade econômica: *(i)* a transferência para a iniciativa privada de atividades desenvolvidas pelo Estado, isto é, a permissão do Estado para que o mercado administre, desde que sob enfoque na racionalidade econômica, atividades que eram exclusivamente estatais e *(ii)* inversão da relevância do instrumento interventivo, ou seja, o Estado passa a fazer parte do domínio econômico, mas não exerce diretamente as atividades; *(iii)* a ação regulatória do Estado será de ordem política ou social e não mais para corrigir as falhas do mercado.

Sendo assim, é com a inserção do Estado regulador que novos personagens da organização burocrática surgem, ou melhor, criam-se agências reguladoras que passam a ser responsáveis por disciplinar e regular a prestação de serviços públicos e outros serviços por particulares. No contexto brasileiro, a Constituição Federal de 1988 positiva o Estado regulador brasileiro nos artigos 170 e 174, os quais, respectivamente, dispõem sobre os fundamentos da ordem econômica e das ações de fiscalização, incentivo, regulação e planejamento, que devem ser funções do Estado.

A Carta Política brasileira de 1988 determina que a regulação seja exercida com planejamento e gerenciamento. Segundo o texto constitucional, a função do legislador, ademais de ser acompanhar continuamente os setores regulados, deve basear-se no gerenciamento normativo da realidade. A regulação do Estado se explica de maneira mais fidedigna a sua intervenção na economia e nos mercados. Muitas vezes, sua atuação se fundamenta em elementos de controle concorrencial (ARANHA, 2018).

Regular a concorrência requer estímulos à participação das empresas no processo de desenvolvimento dos mercados. A inovação advém, dessa forma, como um resultado que merece atenção do regulador. Portanto, a infraestrutura dos mercados tem se tornado cada vez mais especializada e as preferências dos consumidores mais específicas. No México, o Estado regulador tem operado no sentido de elaborar estratégias que promovam a equidade concorrencial entre os produtos do setor do agronegócio. No setor do agronegócio mexicano, o oferecimento de empréstimos para que os produtores de amendoim elaborem sua produção, façam estudos sobre o mercado e invistam em crescimento é uma maneira de fomentar a inovação em novos nichos de mercado (HELLIN *et al*, 2013, p. 325).

CONCLUSÃO

O desenvolvimento econômico está atrelado à construção de novos mercados, os quais são fortemente influenciados por aspectos regulatórios que servem para estimular a ciência, a tecnologia e a inovação e fortalecer variáveis comerciais, econômicas e sociais. Nesse seguimento, cada vez mais, a inovação tem sido peça fundamental para o desenvolvimento econômico (ARBIX *et al*, 2010).

No cenário internacional, a inovação tem estimulado o avanço tecnológico, gerado crescimento econômico e inserido mercados de produtos na dinâmica competitiva e concorrencial, além de ter ainda elevado o nível social, pois auxilia no processo de educação dos cidadãos (ABRIX *et al*, 2010; ANJOS, 2016).

O incentivo à inovação pode ocorrer por meio de políticas públicas que fomentem aspectos concorrenciais de determinado nicho de mercado. Os incentivos regulatórios podem incorrer de políticas públicas de concessão de empréstimo para pequenos e médios empresários investirem em seus negócios e até mesmo prover a elaboração de um plano de ação para mercados empreendedores.

Nessa perspectiva, é possível traçar uma relação entre o interesse público e o Estado empreendedor. Ao passo que a função de o Estado empreender as relações comerciais e a concorrência proporciona a formação de novos arranjos econômicos, o interesse público, sobretudo baseado na função de fomentar a economia e a sociedade, se realiza. Estudos como a de Mazzucato (2014) e Braithwaite (2008) demonstram que os mercados não são arranjos naturais e, por conta disso, demandam regulações específicas para o seu pleno funcionamento. As consequências da regulação empreendedora governamental e do capitalismo regulatório vão no sentido de gerar benefícios que ultrapassam a seara privada e fazem com que a inovação se assegure como um princípio basilar do interesse público na regulação.

Como sugestão de pesquisa futura, pretende-se dar continuidade ao estudo aqui desenvolvido para se pensar análises empíricas, estatísticas e normativas acerca de como o Estado regulador, baseado no empreendedorismo de mercado e no capitalismo regulatório, se correlaciona com a atuação altiva do Poder Público para fomentar a inovação e, consequentemente, efetivar aspectos do interesse público. No mesmo sentido, o estímulo à Ciência, Tecnologia e Inovação também poderá vir a ser alvo futuro, especialmente no processo de formação de mercados especializados.

REFERÊNCIAS BIBLIOGRÁFICAS

ANJOS, Edmundo Berlamino Ribeiro dos. Pressupostos Conceituais do Estado Empreendedor na Constituição Federal de 1988. ***Revista de Direito Setorial e Regulatório, Brasília***, v. 2, n. 1, p. 289-322, maio 2016.

ARANHA, M. I. *Manual de Direito Regulatório*. 4. ed. Londres: Laccademia, 2018.

ARBIX, G. et al (Orgs). Inovação: Estratégia de sete países. *Série Cadernos da Indústria ABDI*. v. XV, Brasília: Agência Brasileira de Desenvolvimento Industrial, 2010.

AYRES, Ian; BRAITHWAITE, John. *Responsive Regulation: Transcending the Deregulation Debate*. Oxford: Oxford University Press, 1992.

AZEVEDO, Paulo Furquim. Concorrência no agribusiness. In: ZYLBERSZTAJN, Décio; NEVES, Marcos Fava (orgs). *Economia & gestão dos negócios agroalimentares*. São Paulo: Pioneira, 2000.

BALDWIN, Robert; CAVE, Martin; LODGE, Martin. *Understanding regulation: theory, strategy and practice*. New York: Oxford University, 2012.

BECKERT, Jens. *The Social Order of Markets. MPIfG Discussion Paper 07/15*. Max-Planck-Institut für Gesellschaftsforschung, Köln Max Planck Institute for the Study of Societies, Cologne, 2007.

BRAITHWAITE, Jhon. *Regulatory Capitalism: How it Works, Ideas for Making it Work Better*. Cheltenham, Edward Elgar, 2008.

CESETTI, C. V. A aplicação da Teoria do Interesse Público proposta por Mike Feintuck como uma forma de aprimoramento do cumprimento dos objetivos ambientais sobre a atividade da pesca. *Revista de Direito Setorial e Regulatório*, Brasília, v. 4, n. 2, p. 151-170, outubro 2018.

COHEN, J. Deliberation and Democratic Legitimacy. In: BOHMAN, A.; REHG, W. *Deliberative Democracy: Essays on Reason and Politics*. Cambridge: MIT Press, 1997.

CROLEY, Steven P. *Regulation and Public Interests*. Princeton: Princeton University Press, 2008, p. 1-25; 239-257; 304-306.

D'ALBUQUERQUE, Daniel Martins. *As agências reguladoras e a formulação de políticas públicas: uma abordagem a partir da universalização das telecomunicações por meio do Fust*. Daniel Martins D'Albuquerque. Brasília, 2012.

DA SILVA, Juliano Domingues. Políticas Públicas e Teoria da Regulação: ferramentas teóricas e conceituais para análise de Políticas de Comunicação. Intercom–Sociedade Brasileira de Estudos Interdisciplinares da Comunicação. *XVI Congresso de Ciências da Comunicação na Região Nordeste*, João Pessoa, 2014.

DI PIETRO, Maria Sylvia Zanella. O princípio da supremacia do interesse público: sobrevivência diante do ideais do neoliberalismo. In: DI PIETRO, Maria Sylvia Zanella & RIBEIRO, Carlos Vinicius Alves. ***Supremacia do interesse público e outros temas relevantes do Direito Administrativo.*** São Paulo: Editora Atlas, 2010, p. 85-102.

DURAND, Rodolphe; KHAIRE, Mukti. Where Do Market Categories Come From and How? Distinguishing Category Creation From Category Emergence. ***Journal of Management***. Vol. 43 No. 1, January 2017, pp. 87– 110

FEINTUCK, Mike. Regulatory Rationales Beyond the Economic: In Search of the Public Interest. In: BALDWIN, Robert; CAVE, Martin; LODGE, Martin (org.). ***The Oxford Handbook of Regulation***. Oxford: Oxford University Press, 2010, p. 39-63.

FLIGSTEIN, Neil; DAUTER, Luke. A Sociologia dos Mercados. ***Caderno CRH***, vol. 25, núm. 66, septiembre-diciembre, 2012, pp. 481-504

GARCÍA, Miguel Ángel Sendín. Regulación y servicios públicos. Granada: ***Editorial Comares***, 2003, p. 5-37.

GOMES, M. C. Regulação deliberativa: em busca do interesse público na regulação de contratos de concessão de longo prazo. ***Revista de Direito Setorial e Regulatório***, Brasília, v.4, n. 1,p. 79-110, maio 2018

GRANOVETTER, Mark. Economic Action and Social Structure: The Problem of Embeddedness. ***American Journal of Sociology***, Vol. 91, Issue 3, Nov. 1985, pp. 481-510

GROTTI, Dinorá Adelaide Musetti. Teoria dos serviços públicos e sua transformação. In: SUNDFELD, Carlos Ari. ***Direito Administrativo Econômico.*** São Paulo: Malheiros, 2002, p. 39-71.

HELLIN, Jon; KELEMAN, Alder; LÓPEZ, Damaris; DONNET, Laura; FLORES, Dagoberto. La importancia de los nichos de mercado. Un Estudio de caso del maíz azul y del pozole em México. ***Rev. Fitotec***. México. Vol. 36 Especial 6: 315 - 328, 2013

JUSTEN FILHO, Marçal. Serviço Público no Direito Brasileiro. In: CARDOZO, José Eduardo Martins. ***Curso de Direito Administrativo Econômico.*** São Paulo: Malheiros, 2006, p. 375-407.

LOPES, Othon de Azevedo Lopes. ***Fundamentos da Regulação***. Rio de Janeiro: Processo, 2018, p. 119-154.

MAZZUCATO, Mariana. ***O estado empreendedor: desmascarando o mito do setor público x setor privado***. São Paulo: Portfolio-Penguin, 2014.

OGUS, Anthony I. **Regulation: Legal Form and Economic Theory**. Oxford: Hart Publishing, 2004.

OLIVEIRA, A. C. B. de. As agências reguladoras e o modelo constitucional brasileiro. **Journal of Law and Regulation**, v. 4, n. 1, p. 131-150, 15 maio 2018.

OLIVEIRA, Ramon R. N. de. Notas acerca da atuação do Estado Regulador brasileiro sobre o setor educacional no âmbito dos cursos jurídicos: impasses e ajustes no sistema avaliativo como técnica de controle. **Revista de Direito Setorial e Regulatório**, Brasília, v. 2, n. 2, p. 277-304, outubro 2016.

OLIVEIRA, Robson Rocha de. Dos conceitos de regulação às suas possibilidades. **Saude soc.**, São Paulo, v. 23, n. 4, p. 1198-1208, Dec. 2014

POSNER, R. Theories of Economic Regulation. **The Bell Journal of Economics and Management Science**, v. 5, n. 2, p. 335-358, Autumn 1974.

_____, Richard A. Teorias da regulação econômica. In: MATTOS, Paulo Todescan Lessa; PRADO, Maria Mota; da Rocha, Jean Paul Cabral Veiga; COUTINHO, Diogo R.; OLIVA, Rafael (orgs.), **Regulação econômica e democracia: o debate norte-americano**. São Paulo: Editora 34, 2004.

SARFATI, Gilberto. **Empreendedorismo e Desenvolvimento Econômico**. 2011. Disponível em: <http://bibliotecadigital.fgv.br/ojs/index.php/apgvpesquisa/article/download/58458/56940> Acesso em novembro de 2019.

TEUBNER, Gunther. After legal instrumentalism: Strategic models of post-regulatory law. In: **Dilemmas of law in the welfare state**. Berlin: Walter de Gruyter, 1986, p. 299-326.

VIEIRA DE CARVALHO, Carlos Eduardo. **Regulação de serviços públicos**. Belo Horizonte: Del Rey, 2007, p.34-70.

WHITE, Harrison C. Where Do Markets Come From?. **American Journal of Sociology**. Vol. 87, No. 3, pp. 517-547, 1981.

A REGULAÇÃO BASEADA EM GESTÃO DO PROGRAMA DE INTEGRIDADE NO DISTRITO FEDERAL: HOUVE CESSÃO DO DEVER CONSTITUCIONAL DE MORALIDADE AO AGENTE ECONÔMICO PRIVADO?

The Management-based Regulation of the Integrity Program in the Federal District: Has the constitutional duty of morality been assigned to the private economic agent?

Submetido(submitted): 18/11/2019
Parecer(revised): 14/01/2020
Aceito(accepted): 26/01/2020

Victor Gabriel Rodrigues Viana de Oliveira*

Abstract

Purpose – *To analyze the presuppositions of the regulation established by the District Law no. 6,308 / 2019 and to discuss the critique addressed to the legislation concerning the alleged transfer of the constitutionally delimited duty of morality, from the Public Administration to the private economic agent.*

Methodology/approach/design – *The research makes a bibliographical analysis of the roles of the State and the private agent within the Integrity Program, under the focus of the defense of administrative morality, having as guidelines the management-based regulation to explain the regulatory modeling of the legislation, to be implemented in 2020, and confirm its lessons as solutions found by the Federal District in the new anti-corruption conjuncture.*

Findings – *The regulatory design built in the context of the law fosters a sharing of social obligations for fairness, transparency and especially morality in the public contracts, giving the private agent a more active role in this scenario, but without excluding the State from the constitutional duty of protecting the public interest against possible attacks on administrative probity.*

Originality/value – *At the district level, the regulation on the Integrity Program innovated in the Brazilian legal system by focusing on the management of the private economic agent and not on the public sectors, as Decree no. 9,203 / 2017 at the federal level, thus raising debates concerning of the State in the administration of companies and a possible assignment of constitutional duties imposed on the Public Administration for the private agent.*

Keywords: *Integrity. Regulation. Management. Contract. Morality.*

---

*Assessor da Casa Militar do Governo do Distrito Federal. Oficial da Polícia Militar do Distrito Federal. Bacharel em Direito. Graduado em Ciências Policiais. Especialista em Direito Público com ênfase em licitações e contratos. Especialista em Segurança Pública. Exerce a função de piloto de helicóptero do Governador do Distrito Federal. E-mail: victorgrvo@gmail.com.

Resumo

Propósito – Analisar os pressupostos da regulação instituída pela Lei Distrital nº 6.308/2019 e discutir a crítica à legislação sobre a alegada transferência do dever de moralidade, constitucionalmente delimitado, da Administração Pública ao agente econômico privado.

Metodologia/abordagem/design – A pesquisa faz uma análise bibliográfica dos papéis do Estado e do agente privado no âmbito do Programa de Integridade, sob o enfoque da defesa da moralidade administrativa, tendo como linha estruturante a regulação baseada em gestão para explicar a modelagem regulatória da legislação, a ser implementada em 2020, e confirmar suas lições como soluções encontradas pelo Distrito Federal na nova conjuntura de combate à corrupção.

Resultados – O desenho regulatório construído no contexto da citada lei fomenta um compartilhamento das responsabilidades sociais em prol da lisura, da transparência e sobretudo da moralidade nos contratos públicos, dando ao agente privado um papel mais ativo nesse panorama, porém sem excluir o Estado do dever constitucional de proteger o interesse público contra eventuais atentados à probidade administrativa.

Originalidade/relevância do texto – Na esfera distrital, a regulação acerca do Programa de Integridade inovou no ordenamento jurídico brasileiro ao incidir sobre a gestão do agente econômico privado e não sobre os setores públicos, como fez o Decreto nº 9.203/2017 em âmbito federal, suscitando assim debates concernentes à intervenção do Estado na administração das empresas e uma eventual cessão de deveres constitucionais impostos à Administração Pública para o particular.

Palavras-chave: Integridade. Regulação. Gestão. Contrato. Moralidade.

INTRODUÇÃO

Em contrapartida à eclosão dos inúmeros casos de corrução na esfera pública brasileira, bem como para dar resposta aos movimentos sociais que exigem do Poder Público instrumentos e estratégias capazes de frear esses exemplos de atentados à probidade administrativa com danos consideráveis ao erário e, por conseguinte ao interesse coletivo, o Distrito Federal editou a Lei nº 6.308, de 13 de junho de 2019. A citada legislação dispõe sobre a obrigatoriedade da implantação do Programa de Integridade em pessoas jurídicas que firmem relação contratual de qualquer natureza com a Administração Pública do Distrito Federal, em todas as esferas de poder, nas hipóteses onde o valor global da avença é igual ou superior a R$ 5.000.000,00 (cinco milhões de reais).

Ocorre que o Programa de Integridade, no contexto do Distrito Federal, já foi objeto de anterior normatização por intermédio da Lei Distrital nº 6.112, de 02 de fevereiro de 2018, cuja implementação tem sido constantemente prorrogada, seja através da Lei Distrital nº 6.176, de 16 de julho de 2018, da legislação em epígrafe do novo Governo e, mais recente, do Decreto nº 40.388 de 14 de janeiro de 2020. Desde então tem sido alvo de insistentes debates, sobretudo para diminuir o grau de abrangência da obrigatoriedade[1], uma vez que a regra em comento impõe um significativo custo de efetivação.

E é nesse diapasão que exsurge o presente artigo cujo objetivo é demonstrar a legitimidade dessa injunção administrativa, sob o aspecto das prescrições constitucionais, do atual cenário social e político brasileiro e, em especial, de como o desenho regulatório proposto, com uma abordagem baseada em gestão, arquiteta o perfil de um Estado frugal e meta-gestor em um sistema de deveres compartilhados. Nesse sistema, garante-se maior flexibilidade ao ator privado, lidimando, por fim, o impacto das novas regras sob a égide do interesse público.

O texto é então dividido em três partes. Na parte preliminar, serão apresentados o conceito e os pressupostos da regulação baseada em gestão. Nessa abordagem, o regulador intervém na fase de planejamento e de gerenciamento das empresas, tal como na legislação em estudo, de maneira que as ações internas conduzidas pela norma regulatória direcionem a uma melhor gestão privada, cujos reflexos interferem em questões com ramificações sociais (BENNEAR, 2010; COGLIANESE e LAZER, 2003), e ao distanciamento das anormalidades (LOPES, 2018), tais como eventuais atentados à probidade administrativa.

Em seguida, será delimitado o Programa de Integridade no contexto do normativo editado no Distrito Federal, a vigorar a partir de 1º de janeiro 2020, restringindo-se por hora aos contratos administrativos, e identificando também os seus impactos no âmbito das empresas, principalmente na manutenção do interesse em contratar com o Poder Público.

Por fim, na terceira parte, serão delimitados os papéis dos atores envolvidos nesse panorama regulatório, quais as suas respectivas relações na garantia da moralidade administrativa, principal paradigma da controvérsia em lide, e como a escolha regulatória baseada em gestão se configura como estratégia estatal de ordenação eficiente do ambiente regulado e de resgate da

---

[1]Na sanção em 02 fevereiro de 2018, o Programa de Integridade seria exigido para os contratos cujos valores fossem iguais ou superiores aos da licitação na modalidade tomada de preço, estimados entre R$ 80.000,00 e R$ 650.000,00. Atualmente, com a modificação da Lei Distrital nº 6.308, de 13 de junho de 2019, a obrigatoriedade atinge somente os contratos valor global é igual ou superior a R$ 5.000.000,00. Ademais, as microempresas e as empresas de pequeno porte foram liberadas de alguns dos requisitos de avaliação do programa, conforme dispõe o artigo 5º do Decreto nº 40.388/2020, garantindo o tratamento favorecido já intensificado nas licitações.

VIANA DE OLIVEIRA, V. G. R. *A Regulação baseada em Gestão do Programa de Integridade no Distrito Federal: houve cessão do dever constitucional de moralidade ao agente econômico privado?* **Revista de Direito Setorial e Regulatório**, Brasília, v. 6, nº 1, p. 117-143, maio 2020.

ordem (ARANHA, 2018). Abre-se, assim, o caminho para um juízo de compartilhamento de responsabilidades sociais e de integridades recíprocas[2] extraídas da teoria.

REGULAÇÃO BASEADA EM GESTÃO: O ESTADO INTERVINDO INDIRETAMENTE DENTRO DA EMPRESA

Na atual concepção de mercado como produto do direito e da dinâmica regulatória cuja finalidade preeminente é a proteção dos direitos fundamentais, exsurge o papel do Estado regulador, como principal criador de lógicas e soluções frente às aflições sociais, em um contexto de contínuas decodificações e adaptações, sobretudo no bojo de uma sociedade fortemente politizada.

E esse papel de regulador pode se concretizar de diversas formas, como no fomento, na regulamentação, no monitoramento, na mediação, na fiscalização, no planejamento e ordenação da economia, no gerenciamento de conflitos, dentre outros. Aranha (2018) define essas formas de regulação como *"atividades de índoles normativas e administrativas úteis e necessárias ao acompanhamento e redirecionamento de atividades econômicas em sentido amplo"* (ARANHA, 2018, p.128).

A regulação se configura então como uma irrupção de poderes para a satisfação de imperativos preliminarmente econômicos, mas com produção de utilidades de interesse público ainda mais abrangentes, onde o direito assume a importante função instrumental de coordenação e reflexão dos ditames regulatórios (LOPES, 2018).

Nessa competência reflexiva, os institutos jurídicos instrumentalizam um plano maior de administração das leis capazes de fornecer soluções complexas a fenômenos complexos (LOPES, 2018; TEUBNER, 1989), tal como se mostra a moléstia da corrupção na esfera pública, sobretudo no seio dos contratos administrativos.

Diante disso, Coglianese e Lazer (2003) ensinam que o objetivo final de toda regulação é mudar a produção de *"outputs"* sociais, aqui entendidas como as disfuncionalidades[3] ou desordens sociais atacadas pela intervenção normativa, protegendo a sociedade e garantindo, por fim, a manutenção dos princípios fundamentais.

---

[2]"A integridade infunde às circunstâncias públicas e privadas o espírito de uma e de outra, interpenetrando-as para o benefício de ambas" (DWORKIN, 2007, p. 230).
[3]"A regulação, portanto, é uma força de coerência sistêmica – de resgate da ordem – quando as contradições internas em determinado sistema social revelam uma disfuncionalidade" (ARANHA, 2018, p. 31).

Dada essa importância, a regulação pode então atingir uma (ou mais) das três etapas das atividades de uma empresa: no planejamento, na tecnologia ou na performance, conforme intervenha na gestão interna da regulada, na sua atuação ou no seu desempenho, respectivamente.

Dentre essas escolhas regulatórias, percebe-se uma preferência do regulador nas ações baseadas em tecnologias ou em desempenho, as quais Coglianese e Lazer (2003) classificam como escolhas tradicionais, onde se criam regras impositivas para tecnologias, meios ou comportamentos específicos (regulação baseada na tecnologia ou *design*) ou exigem que certos resultados sejam alcançados ou evitados (regulação baseada no desempenho).

Contudo, essas escolhas não são totalmente eficazes em um ambiente diversificado, tendo em vista que podem obrigar investimentos excessivos ou insuficientes para o alcance dos fins esperados, uma vez que não se consideram as especificidades de cada regulado e a complexidade do sistema de mercado, a qual impossibilita em alguns aspectos uma uniformização regulatória, especialmente do ponto de vista dos custos de transação e da gama de possibilidades contratuais.

Na regulação baseada em gestão[4], por sua vez, o regulador se envolve na administração e na elaboração das regras internas dos regulados, cujos esforços estão voltados à consecução de objetivos públicos[5]. Em outra ótica, pode-se explicar a regulação gerencial, como também é chamada, como um melhoramento da administração de uma empresa, promovendo objetivos privados com consequências reflexas no atingimento de um objetivo público.

O conceito subjacente dessa abordagem é alavancar no setor privado o autoconhecimento sobre suas circunstâncias particulares e envolver as empresas no desenvolvimento de procedimentos internos e práticas de monitoramento que respondam aos riscos, agregando em contrapartida valor à sociedade (COGLIANESE, 2010; CARVALHO, 2019)[6].

Desta maneira, as abordagens baseadas no gerenciamento, por intervirem no estágio de planejamento das empresas, obrigando-as a melhorar sua gestão interna de modo a aumentar o alcance das metas públicas, propiciam também certa flexibilidade ao regulado que pode, analisando suas limitações e

---

[4] "Em diferentes jurisdições e em várias áreas da política, a regulação baseada em gestão recebe outros nomes, incluindo regulação de processo, regulação baseada em sistemas, regulação *safety-case* e auto-regulação forçada" (COGLIANESE, 2010, p.159).
[5] "A sociedade como um todo pode se beneficiar desses mecanismos de incentivo se a regulamentação privada contribuir para a consecução dos objetivos públicos" (SAURWEIN, 2011, p.342).
[6] "Evidências empíricas indicam que a regulação com base na gestão pode levar as empresas a fazer mudanças comportamentais relacionadas ao risco e induzir mudança comportamental positiva na indústria" (COGLIANESE, 2010, p.159).

particularidades, desenhar uma resposta própria à regulação, como se depreende de Coglianese (2010, p.160):

> "Ao cobrar das empresas a responsabilidade de desenvolver suas próprias respostas a problemas públicos, a regulação baseada em gestão tira proveito do superior conhecimento sobre os riscos que elas geram e os métodos potenciais para reduzi-los. Como tal, os meios adotados pelas empresas em resposta aos mandatos baseados na gestão devem ser presumivelmente menos dispendiosos e mais eficazes do que os meios selecionados por um governo central regulador."

Também na visão de Ayres e Braithwaite (1992), as ações promovidas pelas empresas sob uma abordagem gerencial podem revelar custos menores se comparados aos padrões impostos pelo governo, uma vez que o regulado possui melhor capacidade de colher e organizar as informações, promovendo a estratégia mais conveniente às condições financeiras[7].

Parece um oximoro falar em regulação com flexibilidade[8], mas adotar abordagens alternativas e flexíveis, na visão de Bennear e Coglianese (2012), pode ser eficaz, minimizar custos e preservar a liberdade aspirada pelos agentes privados.

Entretanto essa flexibilidade, embora mensure interesses privados[9], deve estar adstrita ao atingimento da meta pública motivadora da regulação, conforme prelecionam Coglianese e Lazer (2003, p.694):

> "Sob as estratégias reguladoras baseadas na gestão, espera-se que as empresas produzam planos que atendam aos critérios gerais projetados para promover a meta social almejada. Critérios regulatórios para o planejamento da gestão especificam elementos que cada plano deve ter, tais como identificação de perigos, ações de mitigação de riscos, procedimentos para monitoramento e correção de problemas, políticas de treinamento de funcionários e medidas para avaliar e refinar a gestão da firma com respeito ao objetivo social declarado."

Outra vantagem que alavanca a atração pela regulação baseada em gestão é a heterogeneidade do ambiente regulado, uma vez que quanto maior a dessemelhança na população de regulados, maior o grau desejado de não

---

[7] "(...) a delegação ou subcontratação de funções reguladoras às empresas reguladas é mais barato e mais eficaz do que as formas mais tradicionais de regulação pública "integrada". Auto-regulação forçada ou não (...) é uma alternativa atraente à regulamentação governamental direta, porque o Estado simplesmente não pode se dar ao luxo de fazer um trabalho adequado por si só (...)" (AYRES e BRAITHWAITE, 1992, p.103).
[8] "O termo regulação 'flexível' tem sido usado para descrever situações em que um regulamento permite que as entidades reguladas alterem seu comportamento para atingir a meta em face de novas informações" (BENNEAR e WIENER, 2019, p.10).
[9] "(...) se o regulador for bem-sucedido em forçar a empresa a estudar o problema, a empresa então "auto-regula", implementando o plano porque seus interesses coincidem suficientemente com os do público" (COGLIANESE e LAZER, 2003, p.709).

uniformidade na regulamentação (BENNEAR, 2010; COGLIANESE, 2010; GUNNINGHAM e SINCLAIR, 2017).

Embora esse tipo de regulação represente uma intervenção dentro da organização da empresa, atingindo etapas de planejamento empresarial, o que pode aparentar uma invasão do Estado na gestão da empresa, adotar essa metodologia colaborativa causa menores impactos financeiros, respeita particularidades e permite, em regra, que o próprio regulado atualize sua metodologia sem formalismos[10] ou outras burocracias engessadas pelas abordagens tradicionais.

Saurwein (2011) aborda esse tema tratando dos novos modos de governança, onde prevalece um método aberto de coordenação, baseado em estruturas de incentivo, método de aprendizagem mútua, argumentação e marcada, sobretudo pelo envolvimento de atores não-governamentais nas alternativas de regulação.

Neste foco, em se tratando da implementação de um programa de integridade como uma estratégia regulatória do Distrito Federal para proteger o erário e a boa-fé pública, conferir autonomia às empresas para promover suas próprias ações de prevenção e articular seus regulamentos para atender ao dispositivo legal minimiza custos e favorece a aceitação das novas regras, além de fortalecer a prestação de contas e a transparência (CAFAGGI, 2004).

Por vezes, alguns autores denominam essa abordagem também de "auto-regulação forçada" (BRAITHWAITE,1982)[11], em face de alguns meios específicos que são mandatórios no âmbito da gestão do regulado, equiparando essa abordagem como uma forma de subcontratação de funções reguladoras para atores privados:

> "(...) analisamos a auto-regulação forçada como uma forma de subcontratação das funções reguladoras para atores privados. Em particular, a auto-regulação forçada afirma que, em contextos específicos, será mais eficaz para as empresas reguladas assumir algumas ou todas as funções regulatórias legislativas, executivas e judiciais." (AYRES e BRAITHWAITE, 1992, p. 103).

---

[10]Ressalvada a hipótese de envolvimento do governo na fase de planejamento, exigindo uma autorização prévia: "o regulador revisa todos os planos de gestão antecipadamente e a empresa regulada deve receber pré-aprovação de seu plano antes de implementá-lo" (COGLIANESE e LAZER, 2003, p.716).
[11]"Como auto-regulação, a regulação baseada em gestão oferece às empresas muita flexibilidade para selecionar as estratégias econômicas e inovadoras para redução de riscos (Unnevehr e Jensen, 1999). Mas ao contrário da auto-regulação propriamente dita, a regulação baseada na gestão pode ser - e é - imposta pelo governo (...). Por esse motivo, alguns estudiosos a chamam por vezes de 'auto-regulação obrigatória' (Bardach e Kagan, 1982; Rees, 1988) ou 'auto-regulação forçada' (Braithwaite, 1982) para distingui-la da pura auto-regulação" (COGLIANESE, 2010, p.166).

VIANA DE OLIVEIRA, V. G. R. *A Regulação baseada em Gestão do Programa de Integridade no Distrito Federal: houve cessão do dever constitucional de moralidade ao agente econômico privado?* **Revista de Direito Setorial e Regulatório**, Brasília, v. 6, nº 1, p. 117-143, maio 2020.

A analogia referente à subcontratação decorre da transferência ao regulado de poderes originários do regulador, cujo posicionamento traz em debate uma relevante questão na abordagem baseada em gestão: o papel coadjuvante do regulador (ou do Estado).

Diferentemente da regulação por excelência, hipótese onde a fórmula para se alcançar resultados é trazida pronta pelo Estado, em um contexto compartilhado e de meta-regulação[12], as empresas ganham maior espaço de atuação e, em contrapartida, maior responsabilidade no conjunto normativo (CAFAGGI, 2004; COGLIANESE, 2010).

O regulador, por sua vez, passa a atuar de maneira menos incisiva perpetuando um cenário de descentralização regulatória, de natureza frugal[13], respeitando deste modo a ordem e as leis naturais que regem o ambiente de mercado ou, nas palavras de Foucault (2008), a veridição de mercado.

Essa razão governamental (ou arte de governar), assinalada na concepção foucaultiana fulcrada na liberdade de mercado, aponta a vigilância como único modo de governo legítimo, estabelecendo assim uma regulação interna da racionalidade governamental (FOUCAULT, 2008).

Isso significa que o regulador transmuta seus deveres de inscrição regulatória para o mercado, mantendo diretrizes menores pautadas em mínimos legais[14], incumbindo-lhe residualmente a tarefa de fiscalizar (vigiar) o regulado, tal como ensina Foucault (2008, p.91):

> "(...) no fundo, o que deve fazer um governo? Ele deve, é claro, dar espaço a tudo o que pode ser a mecânica natural tanto dos comportamentos como da produção (...) e não deve ter sobre eles nenhuma outra forma de intervenção, pelo menos em primeira instância, a não ser a de vigilância."

O cenário de descentralização supracitado surge porque determinada atividade regulatória é exercida por pessoas distintas do Estado, o qual passa a atuar indiretamente no contexto administrativo (MELLO, 2010), demonstrando uma sutil retração da atuação estatal (SCHIRATO, 2017).

---

[12]Aranha (2018) ensina a meta-regulação como uma tecnologia de governo de sistemas sociais sediada "em mecanismos internos de controle empresarial (...), em que o Estado audita os regimes de controle interno das empresas" (ARANHA, 2018, p.34-35).

[13]"Alguém falou, no fim do século XVIII, claro, de um 'governo frugal'. Pois bem, creio que, de fato, entra-se nesse momento numa época que poderíamos chamar de época do governo frugal (...) e de que sem dúvida ainda não saímos, que vemos desenvolver-se toda uma prática governamental, ao mesmo tempo extensiva e intensiva, com os efeitos negativos, com as resistências, as revoltas, etc. que se sabe, precisamente contra essas invasões de um governo que no entanto se diz e se pretende frugal" (FOUCAULT, 2008, p.40).

[14]"Na verdade, o 'mercado livre', isento de qualquer influência governamental, não existe. Todos os mercados legais são estruturados com regras estabelecidas pelos governos" (OSBORNE e GAEBLER, 1998, p.309).

Uma administração participativa por meio da descentralização, além de ter mais condições de enfrentar os desafios da reflexividade da vida social (GUERRA, 2011), fortalece um equilíbrio de interesses, reinventando um governo não pelo que ele faz simplesmente, mas como ele funciona (OSBORNE e GAEBLER, 1998).

Evidências da escolha regulatória

Diante das conjecturas apresentadas, é possível apontar três evidências principais que justificam o desenho da legislação em estudo na escolha regulatória baseada em gestão: 1) a atuação no estágio de planejamento da organização; 2) a relativa flexibilidade na construção do plano e; 3) o comportamento frugal do regulador.

A primeira evidência é a atuação da lei na etapa de planejamento das contratadas com a Administração Pública, constituindo-se em uma regulação no seio da gestão da regulada, conforme descreve a Lei nº 6.308/2019:

> Art. 1º Fica estabelecida a obrigatoriedade de implementação do Programa de Integridade em todas as pessoas jurídicas que celebrem contrato (...) com a administração pública direta ou indireta do Distrito Federal em todas as esferas de poder, com valor global igual ou superior a R$ 5.000.000,00.

Para Coglianese e Nash (2004), uma estratégia baseada em gestão é usada por pessoas de fora de uma organização (Estado) quando querem alterar práticas e comportamentos de gestão daqueles que estão por dentro (empresa), corroborando assim a afirmativa da primeira evidência.

Já a segunda evidência revela que a legislação oportuniza flexibilidade ao regulado no momento em que este se envolve no desenvolvimento de regras e iniciativas internas compatíveis com a consecução dos objetivos regulatórios e na determinação dos meios menos onerosos para atingir esses fins:

> Art. 4º (...)
> § 2º O Programa de Integridade deve ser estruturado, aplicado e atualizado de acordo com as características e os riscos atuais das atividades da pessoa jurídica, cabendo a esta garantir o constante aprimoramento e adaptação do Programa visando à garantia da sua efetividade.

A multiplicidade de atores envolvidos no processo, bem como a expansão do poder do regulado dentro do espaço regulatório representa uma mudança de paradigma na governança de riscos (ROANE e SCHIFFINO,

2015)[15] e, ao transformar a regulação estática em adaptativa, o Estado oportuniza a flexibilidade com respostas sociais baratas e por vezes mais efetivas.

Já a terceira evidência demonstra uma retração do regulador, que passa a atuar como fiscal do objetivo regulatório[16], assegurando o cumprimento das prescrições mínimas definidas na lei:

> Art. 13. Cabe ao órgão ou entidade fiscalizadora definida em ato do chefe de poder respectivo:
>
> I - fiscalizar o Programa de Integridade quanto à sua implementação tempestiva, efetividade e conformidade legal;

Essa característica pode ser explicada pela nova concepção de governança e de administração pública gerencial[17], que se pauta por uma gestão mais eficiente com a diminuição do tamanho do Estado[18], uma vez que fornece formas flexíveis de gestão e confere autonomia aos governados.

Nota-se que ao adotar esse comportamento, a autoridade reguladora direciona sua atenção não aos resultados concretos, mas em verificar se o programa construído consegue estabelecer um sistema que realmente detecta não-conformidades e as corrige[19].

Muito embora conhecer o papel do Estado como principal regulador da sociedade e do mercado nesse panorama gerencial seja importante, sobressai no desenho regulatório a necessidade de se implementar políticas eficazes, justas, racionais e socialmente legítimas, sob pena de instituir legalismos inócuos, plenos de resistência ou meros programas de fachada (FRAZÃO e MEDEIROS, 2018).

---

[15]ROANE, Julien; SCHIFFINO, Nathalie. L'hybridité au coeur de la gouvernance contemporaine du risque. L'exemple de la sécurité de la chaîne alimentaire en Belgique. **Revue Internationale des Sciences Administratives**, v. 81, p. 193-210, jan. 2015.

[16]Com o advento do Decreto n° 40.388 de 14 de janeiro de 2020, a Controladoria-Geral do Distrito Federal (CGDF) ganha papel de destaque na análise do programa.

[17]COELHO, Daniela. Elementos essenciais ao conceito de Administração Gerencial. **Revista de Informação Legislativa**, Brasília, a. 37 n. 147, p. 257-262, jul./set. 2000 e MOREIRA NETO, Diogo F. Administração Pública Gerencial. **Rev. Direito**, Rio de Janeiro, v.2, n. 4, jul./dez. 1998.

[18]Movimento acompanhado em todo o mundo (KETTL, Donald F. A revolução global: reforma da administração do setor público. In PEREIRA, Luiz C. Bresser; SPINK, Peter K. **Reforma do Estado e Administração Pública gerencial**. 7 ed. Rio de Janeiro: FGV, 2015).

[19]E essa tarefa estatal de fiscalização, embora semelhe coadjuvante, está diretamente relacionada ao sucesso da regulação baseada na gestão, visto que essa abordagem depende substancialmente da capacidade do governo em aumentar a probabilidade de detectar não-conformidades ou conceder caráter persuasivo às consequências adversas para a não-conformidade (COGLIANESE, 2003).

VIANA DE OLIVEIRA, V. G. R. *A Regulação baseada em Gestão do Programa de Integridade no Distrito Federal: houve cessão do dever constitucional de moralidade ao agente econômico privado?* **Revista de Direito Setorial e Regulatório**, Brasília, v. 6, n° 1, p. 117-143, maio 2020.

Moore (1995) afirma que os cidadãos querem de seus governos arranjos públicos que sejam eficientes e eficazes para alcançar resultados sociais desejados, concebendo uma definição de valor público[20] abrangendo a entrada, o processo, mas também a saída e as medidas de resultado.

Ora, mas como implementar uma regulação baseada em gestão, onde não se direciona tecnicamente ao resultado[21], e atingir objetivos sociais legitimamente esperados? Pode-se esperar que a regulação baseada em gestão funcione para resolver problemas como a corrupção?

Para Coglianese e Lazer (2003), a intervenção regulatória, independente do estágio a qual se dirige, seja na gestão, na tecnologia ou no desempenho, afetará potencialmente os produtos, pois no escopo de toda regulação há um bem jurídico tutelado ou um fim público perseguido.

Embora a regulação baseada em gestão não exija um nível especificado de resultado, às vezes *"desfila sob a bandeira da regulação baseada em desempenho"* (COGLIANESE, 2017, p.535), fazendo dessa abordagem um meio-padrão com sutil repercussão nas saídas.

Logo, nesse raciocínio, é possível exigir das contratadas com a Administração Pública a preservação da moralidade e da lisura nos contratos administrativos, como resultados sociais, concedendo-as flexibilidade na construção de mecanismos de *compliance* próprios por meio da regulação baseada em gestão.

Por outro lado, essa assunção do papel protagonista pelo regulado, dada a inovação oportunizada nessa abordagem regulatória, vem também acompanhada de um acréscimo aos custos administrativos e de transação[22] decorrentes da nova situação, uma vez que estabelece prerrogativas outrora atinentes ao regulador.

Diante disso, surgem duas perguntas centrais para legitimar a regulação baseada em gestão nessa perspectiva: por que as empresas investiriam nos

---

[20]De maneira simplista, a definição de valor público, como objetivo do trabalho gerencial no setor público, perpassa pelas respostas efetivas às necessidades ou demandas coletivas que sejam politicamente desejadas (legitimidade), cujos resultados modifiquem aspectos anômalos da sociedade (MOORE, 1995).
[21]A regulação baseada em gestão não exige que as entidades reguladas efetivamente aprimorem seus resultados. Em vez disso, exige que elas se envolvam na análise, planejamento e criação de processos internos.
[22]Por custos de transação entende-se os todos os custos envolvidos na seleção e implementação de uma regra regulatória eficaz, como os relativos à pesquisa, análise, monitoramento e fiscalização (COGLIANESE e LAZER, 2003). E como todo projeto a ser implementado no âmbito de uma pessoa jurídica, a análise dos custos, sejam eles de transação ou de punição, perpassa pelo jogo onde sujeitos racionais maximizadores de utilidade selecionam as melhores alternativas no cálculo de eficiência do mercado (LOPES, 2018).

VIANA DE OLIVEIRA, V. G. R. *A Regulação baseada em Gestão do Programa de Integridade no Distrito Federal: houve cessão do dever constitucional de moralidade ao agente econômico privado?* **Revista de Direito Setorial e Regulatório**, Brasília, v. 6, nº 1, p. 117-143, maio 2020.

custos adicionais para a implementação de diretrizes de integridade? É uma mudança social positiva condizente com o comportamento econômico racional?

Esses questionamentos conduzem o estudo para uma segunda etapa da análise da inovação legislativa impulsionada no Distrito Federal, que versa sobre os incentivos de cada ator no ambiente em comento e como a eventual sobreposição de interesses públicos e privados pode ser amenizada através da estratégia regulatória escolhida (SAURWEIN, 2011), sem, no entanto, desestimular certames licitatórios ou afetar o interesse do agente privado em contratar com a Administração Pública.

Entretanto, é preciso definir preliminarmente o programa de integridade e delimitar algumas características instituídas no ordenamento regulatório para então se avaliar a legitimidade da lei, contrabalanceando os custos prescritos e os resultados esperados com a abordagem gerencial.

ENTENDENDO O PROGRAMA DE INTEGRIDADE DA LEI Nº 6.112/ 2018, ALTERADA PELA LEI Nº 6.308/2019

Inicialmente, é importante esclarecer que a integridade não é outro nome para definir honestidade ou se trata de um mero traço de personalidade, seu conceito, segundo Becker (1998), diz respeito à lealdade aos valores racionais, praticados a despeito de pressões sociais e emocionais que tentam constranger o agente à violação de um dever.

Já para Erhard e Jensen (2014) o conceito traz à luz o sentido de "honrar a palavra", que em um segmento empresarial, soaria como um grau de adesão à atitude de agir racionalmente de acordo com a própria identidade, valores ou cultura organizacional.

No presente contexto, essa "honra" se personificaria no princípio da moralidade e da ética nos mercados, além de um forte sentimento anticorrupção e de justiça desprendidos nos diversos subsetores da sociedade, sobretudo no âmbito dos contratos do Poder Público.

Um programa de integridade, por sua vez, reúne um conjunto de mecanismos e procedimentos internos alinhados em conformidades legais, éticas e outras próprias dos valores institucionais.

Estabelece-se assim uma estreita ligação entre integridade e conformidade (ou *compliance*), que nas palavras de Stigler (1974, p.56), é a *"regra de comportamento prescrito (ou proscrito) que a sociedade acredita que pode pagar"*[23], e que exige um constrangimento regulatório (ou *enforcement*) para persuadi-la à execução.

---

[23]Lopes (2018, p.197) traduz esse conceito como sendo as regras *"que a sociedade acredita ser proporcional [eficiente]"*.

Do ponto de vista público, a integridade é entendida como o conjunto de "*arranjos institucionais que visam a fazer com que a Administração Pública não se desvie de seu objetivo precípuo: entregar os resultados esperados pela população de forma adequada, imparcial e eficiente*" (CGU, 2015, p.5).

Já do ponto de vista das empresas, a integridade é a atuação dentro da legalidade, pautadas por valores e princípios éticos, "*buscando sempre defender a honestidade e impedir a ocorrência de irregularidades em seus negócios*" (SEBRAE, 2017, p.11).

A Organização para a Cooperação e Desenvolvimento Econômico ensina que a integridade é a "*pedra fundamental da boa governança*" (OCDE, 2018, p.5), considerando-a essencial não apenas para preservar a credibilidade das instituições públicas em suas decisões, mas também para assegurar um campo propício para os negócios privados.

Na busca por uma sociedade melhor, a integridade, em seu sentido amplo e puro[24], constitui-se em uma importante ferramenta visto que ela "*protege contra a parcialidade, a fraude e outras formas de corrupção oficial*" (DWORKIN, 2007, p.227).

Para a Transparência Internacional Francesa, o combate à corrupção não pode ser conduzido sem a participação das empresas, as quais precisam se engajar e promover políticas de tolerância zero em face da responsabilidade social corporativa que detém (FRANCE, 2017).

Nesse sentido, Carvalho (2015) reconhece que o combate à corrupção é eficaz quando a promoção de mecanismos de integridade é favorecida pela autorregulamentação das empresas:

> "(...) que empresas adotem programas de compliance, que deverão ter seu conteúdo criado e avaliado pelo próprio ente regulado. Com isso, pretende-se aliar o rigor da intervenção estatal aos benefícios da autorregulamentação. E (...), reconhecem que as próprias empresas têm expertise necessária para impor condutas internas de forma mais eficaz" (CARVALHO, 2015, p.40).

E essa vocação das empresas para o combate à corrupção[25] não surgiu agora com o conteúdo legislativo em análise. Para muitas, o programa de integridade já é um velho conhecido, uma vez que as regras anticorrupção estão disseminadas no contexto internacional desde a Convenção Interamericana

---

[24] A virtude da integridade na leitura de Dworkin (2007) corresponde a um compromisso de agir coerente e fundamentado em princípios, na busca de valores como justiça, equidade e (acrescenta-se) segurança jurídica.

[25] Para Rose-Ackermann (1975) existem dois tipos de corrupção: a corrupção política ou de grande porte, relacionada à adoção de leis e decisões políticas; e a corrupção burocrática, relacionada à sua aplicação. E é nessa segunda vertente que o presente estudo se dedica, uma vez que diz respeito ao abuso de poder por parte dos funcionários responsáveis pela aplicação de regulamentos e políticas públicas e encontra no campo da execução contratual um de seus principais eixos.

contra a Corrupção, da Organização dos Estados Americanos (OEA), em 1996[26].

Ressalta-se, ainda, que desde 1863 diplomas norte-americanos, a saber *The False Claims Act* (FCA)[27], o *Foreign Corrupt Pratices Act* (FCPA), em 1977, e a Lei *Sarbanes-Oxley*, em 2002, já criminalizavam atos atentatórios à probidade, os quais inspiraram essa internacionalização de medidas e princípios anticorrupção, além da importância do engajamento das empresas na integridade do mercado público.

Contudo, a palavra integridade só passou a frequentar os textos jurídicos brasileiros após a edição da lei nº 12.846, de 1º de agosto de 2013, conhecida como Lei Anticorrupção, que disciplina a responsabilização objetiva administrativa e civil de pessoas jurídicas pela prática de atos contra a Administração Pública.

Observa-se que o destinatário direto dessa lei não é o Poder Público, mas as pessoas jurídicas que com ele se relacionam, aparecendo os procedimentos internos de integridade como atenuantes em uma eventual responsabilização (*cf.* art. 7º, inc. VIII) [28].

Constrói-se aqui uma ideia de "apólice de seguro" para as empresas, onde o agente privado adota sistemas de gestão, pautados em ditames de integridade, a fim de evitar serem "atingidos" por responsabilizações governamentais (COGLIANESE e NASH, 2004).

Posteriormente, com a edição do Decreto nº 9.203, de 22 de novembro de 2017, o programa de integridade ingressou a esfera pública, restringindo-se, nesse momento, aos órgãos e as entidades da administração direta, autárquica e fundacional federal, com o objetivo de promover a adoção de medidas e ações institucionais destinadas à prevenção, à detecção, à punição e à remediação de fraudes e atos de corrupção.

Expandindo o ambiente de atuação, o programa de integridade passa a ter um conceito mais solidário, definido nesse normativo como sendo um conjunto estruturado de medidas institucionais de caráter preventivo e

---

[26]Ratificada pelo Brasil em 07 de outubro de 2002.
[27]Também chamada de Lei Lincoln, foi promulgada em 1863 cujo objetivo era responsabilizar aqueles que se utilizem de informações fraudulentas (§3279.a.1.B.), entreguem declarações falsas ao governo (§3279.a.e.) ou façam uso de registros falsos para assim diminuir ou evitar obrigações a serem pagas ou enviadas ao governo (§3279.a.1.G).
[28]"Art. 7º Serão levados em consideração na aplicação das sanções: (...)VIII - a existência de mecanismos e procedimentos internos de integridade, auditoria e incentivo à denúncia de irregularidades e a aplicação efetiva de códigos de ética e de conduta no âmbito da pessoa jurídica".

repressivo aos atentados à moral administrativa, "*em apoio à boa governança*" (*cf.* art. 2º, inciso I da Portaria nº 1.089, de 25 de abril de 2018)[29].

O programa de integridade, neste diploma[30], possui quatro eixos, todos voltados para a Administração Pública, a saber:1) o comprometimento e apoio da alta direção; 2) a instância responsável pelo plano; 3) a análise de riscos e; 4) o monitoramento contínuo (CGU, 2017).

Acompanhando a mesma tendência de normatização do programa, porém com um foco inverso, o Distrito Federal editou a lei nº 6.112, de 02 de fevereiro de 2018, alterada posteriormente pela lei nº 6.308, de 13 de junho de 2019, compactando alguns instrumentos e políticas de integridade, como a análise periódica de riscos, a adoção de procedimentos que assegurem a pronta interrupção das irregularidades, a criação de canais de denúncia, dentre outros.

O foco foi invertido porque, no Distrito Federal (DF), o programa será implementado no bojo das empresas e não nos órgãos ou entidades do Poder Executivo, trazendo desta feita o agente econômico privado para o papel protagonista na preservação da lisura nos acordos administrativos.

Surge, portanto, a necessidade de entender o porquê dessa inversão de alvos regulatórios no Distrito Federal, quando na esfera federal a mesma tarefa se concentra no Poder Público, fomentando um engajamento natural das empresas na adoção de programas de *compliance* como estratégia empresarial de ganhos sociais não-prescritivos[31].

Assim, o que era uma recomendação de boa governança transmutou em uma obrigatoriedade legal para as empresas no âmbito do Distrito Federal, gerando uma série de debates, sobretudo no tocante aos custos de transação[32]

---

[29]"Art. 2º Para os efeitos do disposto nesta Portaria, considera-se: I – Programa de Integridade: conjunto estruturado de medidas institucionais voltadas para a prevenção, detecção, punição e remediação de fraudes e atos de corrupção, em apoio à boa governança".
[30]Além disso, o programa reúne a promoção da ética e de regras de conduta, a promoção da transparência ativa e dos acessos à informação, o tratamento de conflitos de interesse e nepotismo, o tratamento de denúncias, o funcionamento do controle interno e a implementação de procedimentos de responsabilização do servidor público.
[31]Sob o ponto de vista de que o funcionamento de um programa de integridade nas empresas representa uma atenuante em hipótese de responsabilização, além de cooperar para a celebração de um acordo de leniência, conforme alude a Lei Anticorrupção, é compreensível admitir que há uma parcial distribuição dinâmica do ônus da regulação também no âmbito da União.
[32]Terminologia desenvolvida por Coase em 1937, e posteriormente por Williamsom, em 1979 e 1985, são todos aqueles gerados pela coordenação entre os agentes e pode incluir custos de pesquisa e prospecção para reunir comprador e vendedor, custos de informações e auditoria, custos de negociação, custos de execução e custos de redação. No presente contexto, definem-se como aqueles "derivados da necessidade de se adaptar, de renegociar e de fiscalizar os contratos por meio do monitoramento das cláusulas

impostos, já que a implementação de um programa de integridade acarreta um relevante impacto financeiro, haja vista inserir despesas de manutenção, de não-conformidade e de supervisão na gestão de gastos das contratadas.

Segundo Ralph (2014) os custos de transação podem incluir impactos de diversas ordens nas contratações públicas, a incluir a integridade:

> "O custo de transação comumente reconhecido inclui (...) a imposição da conformidade com os contratos (...) e a observação, quantificação e processamento das informações necessárias para executar essas atividades. (...) os custos de transação podem incluir os impactos em qualquer um dos vários objetivos de compras do governo: (...) (2) integridade."

Em outras palavras, enquanto não era uma imposição legal, mas se consubstanciava em boas práticas empresariais, o papel do regulado era passivo e focado em metas privadas[33]. Já agora, com o advento dessa regulação distrital, a contratada passa a adotar práticas de gestão diretamente responsáveis no alcance de interesses públicos, acarretando uma inversão de papéis, questionada inclusive sob os preceitos constitucionais.

Mesquita (2019) entende que um programa de integridade criado no ambiente interno de uma empresa se difere do criado num órgão público em seu conteúdo, abrangência (eficácia), objetivos e em resultados. Mas com o advento da nova regulação, o programa ganha uma nova dimensão, já que seu conteúdo é escrito pelo próprio regulado, porém obedecidas linhas dirigidas e pré-moldadas pelo regulador, configurando assim um programa de criações compartilhadas.

Outrossim, insta esclarecer que a proposta apresentada pela Lei Distrital nº 6.112/2018 não se define como um *compliance* público-privado (MESQUITA, 2019), pois a inter-relação não se estabelece no mesmo grau de incidência e complexidade, pelo contrário, há uma maior participação do agente privado e uma retração do Estado na concepção dos conteúdos regulatórios, uma vez que a legislação veda "*a interferência direta na gestão e a ingerência nas competências das pessoas jurídicas*" (*cf.* art.13, §3º)[34].

---

estabelecidas" (NUNES, Paula M. S. Estratégias de Relacionamento com Stakeholders e seus impactos sobre os custos de transação: um estudo de caso da Aracruz Celulose. **Responsabilidade social nas empresas**: a contribuição das universidades. Instituto Ethos de Empresas e Responsabilidade Social, Uniethos, Valor Econômico. São Paulo: Peirópolis, 2008, p.264).

[33]Destaca-se no *compliance* privado ou empresarial que a "opção de elaboração, implementação e execução dos programas internos é da própria empresa privada, por isso a Controladoria-Geral da União marca bem o caráter não normativo ou vinculante das suas diretrizes e firma a autonomia privada na constituição da conformidade no ambiente interno da empresa" (MESQUITA, 2019, p.163).

[34]"Art.13(...). §3º O órgão ou entidade fiscalizadora deve se ater, em relação ao Programa de Integridade, ao cumprimento do disposto nesta Lei, vedada nessa hipótese a interferência direta na gestão e a ingerência nas competências das pessoas jurídicas".

Observa-se, em contraponto, uma resistência muito grande do mercado com essa inversão, motivo pelo qual a implementação do programa de integridade no Distrito Federal se prolonga há dois anos, tendo sido alvo de diversos adiamentos, restando, por último, à Controladoria-Geral do Distrito Federal a publicação dos procedimentos e diretrizes de avaliação quanto à aplicação e efetividade do programa até julho de 2020.

Inúmeras são as razões que militam contra a regulação, dentre as quais se destacam as fundadas em um possível aumento de preços e a consequente quebra do princípio da vantajosidade; no desinteresse das empresas em contratar com o Poder Público ante ao ônus imposto; na falta de estrutura nos órgãos e entidades do Distrito Federal para promover uma fiscalização eficiente; na colaboração de retornos supercompetitivos[35] os quais elevam ainda mais o custo regulatório atribuído à sociedade em geral (ANDRADE, 2017); ou ainda, na desconsideração da vontade do constituinte no tocante à defesa da moralidade imposta à Administração Pública e não ao agente privado, em dissonância com o *caput* do artigo 37 da atual Constituição Federal, *in verbis*:

> Art. 37. A administração pública direta, indireta ou fundacional, de qualquer dos Poderes da União, dos Estados, do Distrito Federal e dos Municípios obedecerá aos princípios de legalidade, impessoalidade, moralidade, publicidade (...).

Entretanto, é importante conhecer a lógica e os significados da estratégia regulatória[36] adotada pelo Estado para conhecer verdadeiramente os objetivos públicos almejados, os interesses envolvidos e, quem sabe, legitimar a sua intervenção no bojo do mercado.

TUTELANDO A MORALIDADE NO AMBIENTE REGULATÓRIO

A partir da leitura do artigo 3º da Lei distrital nº 6.112/18[37], é possível compreender que ao buscar proteger a Administração Pública, provendo maior

---

[35] Incentivo aos "agentes de mercado a buscar rendas extraordinárias, geralmente por meio de condutas ilícitas" (ANDRADE, 2017, p.139).
[36] Na mesma linha, Edelman (1971) afirma que, por possuir um conteúdo semântico e utilitarista, a análise dos significados é o caminho para decifrar o objetivo de um regulamento.
[37] "Art. 3º O Programa de Integridade tem por objetivos: I - proteger a administração pública distrital dos atos lesivos que resultem em prejuízos materiais ou financeiros causados por irregularidades, desvios de ética e de conduta e fraudes contratuais; II - garantir a execução dos contratos e demais instrumentos em conformidade com a lei e regulamentos pertinentes a cada atividade contratada; III - reduzir os riscos inerentes aos contratos e demais instrumentos, provendo maior segurança e transparência em sua consecução; IV - obter melhores desempenhos e garantir a qualidade nas relações contratuais".

segurança e transparência, além de obter melhores desempenhos nas relações contratuais, o programa de integridade se consolida como supedâneo do bem jurídico tutelado na legislação: a moralidade administrativa.

O princípio da moralidade está previsto em diversos dispositivos normativos, em especial na Constituição Federal e na lei que rege os contratos administrativos[38], e segundo Di Pietro (2017), consubstancia-se na conformidade do conteúdo legal, moral, nos bons costumes, nas regras da boa administração, nos princípios de justiça e de equidade e na ideia comum de honestidade, exigido sobretudo dos administradores.

Ademais, na construção de uma lei de conformidade, o regulador e o regulado assumem papéis distintos, mas ao mesmo tempo é possível observar um movimento no ambiente regulatório, onde a empresa é forçada a sair de sua passividade para ser um personagem ativo no panorama da conformidade e o regulador, por sua vez, move-se inversamente, pois como meta-gestor[39] e "delimitador"[40], é quem faz penetrar as regras confiadas à custódia das empresas (COGLIANESE e LAZER, 2003; FRISON-ROCHE, 2018).

E esse balanço, sobre o prisma regulatório, é essencialmente pertinente porque diante da norma, o regulado tende a avaliar a vantajosidade do fiel cumprimento do preceito e da assunção do novo papel, aferindo os custos e as consequências de uma eventual desobediência, efetuando, por fim, uma matematização do comportamento em vistas aos interesses empresariais.

De acordo com Becker (1998), na determinação de preferências, o agente econômico reflete sobre a melhor decisão levando em consideração informações disponíveis, probabilidades de eventos e potenciais custos e benefícios da escolha racionalizada, para então, agir consistentemente a ela de modo a maximizar sua felicidade ou utilidade.

E isso não significa que a empresa é descompromissada com valores éticos e morais, ou ainda é indiferente aos atos de corrupção ou outras irregularidades no trato com agentes públicos no bojo de um contrato administrativo, por exemplo, mas que o regramento de estruturas e procedimentos, em face do encargo contíguo, pode desestimular o alcance do objetivo almejado na legislação.

---

[38]Art. 3º. (...) será processada e julgada em estrita conformidade com os princípios básicos da legalidade, da impessoalidade, da moralidade, da igualdade, da publicidade, da probidade administrativa, da vinculação ao instrumento convocatório, do julgamento objetivo e dos que lhes são correlatos (Lei nº 8.666, de 21 de junho de 1993).

[39]"Com a regulação baseada na gestão, o governo assume o papel do que pode ser considerado um 'meta-gestor', buscando orientar e motivar as empresas a ordenar sua própria atividade econômica de maneira mais alinhada com os interesses sociais" (COGLIANESE e LAZER, 2003, p.713).

[40]"(...) os reguladores públicos definem as finalidades e os reguladores privados os meios" (CAFAGGI, 2004, p.28).

Não obstante, se a legislação regulatória for vista pelo caráter estritamente prescritivo, diversas razões surgirão para turvar a implementação das novas regras, mas se, do contrário, forem compreendidas através do movimento social e institucional[41] contra a corrupção, vivenciado no atual panorama político-econômico brasileiro, podem impulsionar o mercado, quebrando paradigmas no campo econômico-social.

Por detrás de uma norma de *compliance*, em especial a voltada ao combate à corrupção, encontram-se valores éticos necessários à formação de uma sociedade íntegra, despontando o princípio da moralidade como uma espécie de deontologia exigida dos agentes públicos, porém extensível também a quaisquer indivíduos que se relacionem com a gestão da coisa pública (MOREIRA NETO, 1992).

E este compromisso em atuar de forma socialmente responsável e ética das contratadas não está vinculado a uma estratégia de posicionamento empresarial e de imagem simplesmente, mas, de forma intrínseca, à sua responsabilidade como participante de recursos públicos, comprometida também com os princípios da Administração Pública.

Muito embora os custos da implementação de sistemas de gestão não devam ser negligenciados (COGLIANESE e NASH, 2004), resta ao agente econômico privado se perguntar: *"a integridade é atraente?"* (DWORKIN, 2007, p.226).

Estudos comprovam que a adoção de um programa específico de *compliance*, acarreta custos e prejuízos inferiores se comparados aos danos à reputação empresarial, às potenciais perdas de crédito e outras consequências de difícil mensuração financeira impulsionados pelos eventuais atos de corrupção (CANDELORO et al., 2012)[42].

Assim, a integridade não é simplesmente uma questão financeira, mas uma questão de princípios, que, nesse viés, age no fortalecimento da imagem do organismo institucional no panorama social e de mercado e para tanto, não deve ser estritamente sopesado pelo dispêndio financeiro.

Por outro lado, na regulação o conhecimento recíproco desponta como atributo essencial para que a estratégia e os fins almejados abracem todo o ambiente regulado. Assim, no agir de vigilância, o Estado deve compreender

---

[41] Social ante as constantes manifestações desencadeadas desde a eclosão da Operação Lava-jato (março de 2014) e institucional, haja vista a elaboração de planos como as "10 Medidas contra a Corrupção" do Ministério Público Federal e outras em nível de Corporações engajadas em promover a lisura no ambiente público-político brasileiro.

[42] Para cada U$ 1,00 gasto, são economizados U$ 5,00 com a mitigação de processos legais, danos à reputação e perda de produtividade (COIMBRA, Marcelo de Aguiar; MANZI, Vanessa Alessi (Coord.). **Manual de Compliance**: preservando a boa governança e a integridade das organizações. São Paulo: Atlas, 2010).

também o caráter econométrico das empresas e perpetuar escalas de medições racionais, sinérgicas e que oportunizem um equilíbrio econômico-financeiro nos contratos, observando também as normas sociais gestadas no ambiente a ser regulado (MESQUITA, 2019), sob pena de contrariar a essência da cultura de negócios.

Celso Bandeira de Mello (2010) ensina que há duas ordens de interesses que devem ser consideradas na relação em apreço: o interesse público, curado pela Administração, o qual pleiteia flexibilidade suficiente para atendimento das vicissitudes e variações a que está sujeito; e o interesse particular que, por sua vez, postula por uma legítima pretensão ao lucro.

Parafraseando Lopes (2018), o Estado, em sua feição regulatória, arquiteta complexos empreendimentos dentro da lógica capitalista em busca de utilidades de interesse público, caracterizando no cenário um embate entre o sistema econômico e o sistema formado pelo poder político.

O desafio da norma reguladora é então harmonizar esses dois interesses e, superando o método impositivo, estabelecer uma cooperação entre os atores no ambiente regulatório, com fulcro na integridade dos mercados e na solidez do sistema.

Para Mesquita (2019, p.164) a dicotomia sistêmica entre interesses públicos e privados e a existência de normas centrais e sociais, justificam a necessidade de uma *"coparticipação público-privada setorial de direcionamento normativo e medida de conformidade externa à esfera pública"*, estabelecendo uma *"comunicação conformadora"*[43].

Sabe-se que quando o regulado participa da construção das regras regulatórias, embora a afirmativa não seja absoluta, decresce o nível de divergência entre interesses públicos e corporativos, fomentando um ambiente de protocooperação, onde atores públicos e privados colaboram na formulação de políticas, *"em vez de simplesmente brigarem entre si"* (SAURWEIN, 2011, p.349).

Para Selznick (1992) a capacidade de resposta aos desafios da sociedade inicia-se com o estabelecimento de um alcance e de empoderamento, tal como fomentou a abordagem baseada em gestão instituída na lei em epígrafe, ampliando a tutoria da moralidade administrativa que, embora exigida literalmente da Administração Pública, encontra na flexibilidade da auto-

---

[43] Aproveita-se dessa preleção de uma comunicação conformadora entre o campo de interesse público e o de interesse privado em um setor econômico, muito embora a autora enfoque essa perspectiva no segmento público, diferentemente do contexto exposto no presente estudo, onde o programa se insere no bojo das empresas.

regulação dirigida[44] e no acesso privilegiado às informações que detém as empresas contratadas com ela[45], melhores e mais efetivas ferramentas de assistência, investindo de poder o mercado e seus atores privados.

Nesse diapasão, a moralidade administrativa, como requisito da boa governança, *"deve ser observado não apenas pelo administrador, mas também pelo particular que se relaciona com a Administração Pública"* (DI PIETRO, 2017, p.149). Logo, ela não é exigida unilateralmente do Poder Público por força da expressividade constitucional[46], mas, alcançada sobre a ótica sistêmica de um contrato administrativo, investe também sobre a contratada cujo alcance pode ser mais efetivo na defesa de valores de probidade, razoabilidade e cooperação (MARRARA, 2016).

Com efeito, a constituição de um Estado pluriclasse, muitas vezes dividido na satisfação de interesses múltiplos, deve sustentar condutas pautadas no bem-estar coletivo, observando disciplinas que preservem e garantam a destinação finalística estabelecida na lei que erigiu, seja qual for o regime ou o interesse em jogo (MOREIRA NETO, 1992; OCDE, 2017).

Portanto, é possível determinar que embora as empresas tenham recebido um custo adicional ao negociar com o Estado (no âmbito do Distrito Federal), o desenho regulatório proposto se legitima ao passo que concede flexibilidade aos agentes privados, programados para a atenção dos interesses empresariais, apesar de pautados por diretrizes de interesse público, repercutindo por fim em um combate compartilhado em face das disfuncionalidades da corrupção tanto no ambiente público quanto no privado.

CONCLUSÃO

A lei como um instrumento regulatório deve se vestir como uma *"constituição"* que permite (e não coloniza) o mundo da vida, apresentando soluções deliberadamente mais efetivas a problemas que respondem às necessidades dos cidadãos (BRAITHWAITE, 2006).

---

[44]Diz-se auto-regulação dirigida aquela onde ocorre uma troca entre o Estado e grupos privados, os quais aceitam limitar sua liberdade de ação sob dupla condição: a não-imposição autoritária e a autonomia para fixar normas para si próprios (MEDAUAR, Odete. Regulação e Auto-regulação. **Revista de Direito Administrativo**, v. 228, p.123-128, abr. 2002).
[45]"(...) a empresa está em posição de ter informações que os outros não têm, por exemplo, sobre lavagem de dinheiro" (FRISON-ROCHE, 2018, p.4).
[46]Para Vieira (2017, p.115), "a norma constitucional está subordinada às condições naturais, técnicas, econômicas e sociais do ambiente que ela se propõe a regular", contextualizada ainda pelas condições históricas mais influentes, e portanto, não tem existência autônoma em face da realidade.

VIANA DE OLIVEIRA, V. G. R. *A Regulação baseada em Gestão do Programa de Integridade no Distrito Federal: houve cessão do dever constitucional de moralidade ao agente econômico privado?* **Revista de Direito Setorial e Regulatório**, Brasília, v. 6, nº 1, p. 117-143, maio 2020.

E nesse sentido, carrega sua infinidade de regras acompanhadas de princípios os quais promovem a circulação de conteúdos morais, econômicos e políticos (LOPES, 2018), sem, no entanto, parecer indiferente ao contexto dos direitos sociais circundantes (ARANHA, 2018).

Portanto, a mobilização dos agentes privados para preservar a integridade do contrato, provocando responsabilidade ativa para melhorar resultados no futuro[47], representa extrair ao máximo a capacidade regulatória no afã de prevenir e combater a corrupção, que tem alcance destrutivo em toda a sociedade, por representar um vilão do interesse público[48].

E um desenho de meta-regulação que concede flexibilidade ao regulado e que, ao mesmo tempo, amplia o nível de fiscalização das anormalidades, intensificando a autonomia e a diminuição do elemento burocrático estatal, encontra melhor guarida em comparação com abordagens tradicionais de regulação.

Ao aplicar o programa de integridade no bojo das empresas, a Lei Distrital nº 6.308/2019, inscrita sob o esqueleto da regulação baseada em gestão, inovou no sistema regulatório ao pretender expandir a responsabilidade social de proteção à lisura administrativa ao agente privado, oportunizando teoricamente, dessa maneira, maior eficiência e produtividade em comparação à implementação ocorrida singularmente na Administração Pública.

Incumbe ao poder público, no entanto, desenvolver estratégias de gestão razoáveis e proporcionais, dentro do seu papel mediador, para não turvar o equilíbrio econômico dos contratos e desestimular o mercado de contratar com o Estado, sem contudo deixar de lado os fundamentos maiores da indisponibilidade do interesse público e do fortalecimento dos valores de integridade pública.

REFERÊNCIAS BIBLIOGRÁFICAS

ANDRADE, Ricardo Barretto de. *A regulação do mercado de compras públicas no Brasil: a procedimentalização administrativa e a construção do conceito de interesse público*. 227 f. Tese (Doutorado em Direito)—Universidade de Brasília, Brasília, 2017.

---

[47]Heurística de Ayres e Braithwaite (1992).
[48]Para Rose-Ackerman e Palifka (2016), a corrupção é o abuso de um poder confiado para ganhos privados, desrespeitando o interesse coletivo.

AYRES, Ian, BRAITHWAITE, John. **Responsive Regulation: Transcending the deregulation debate.** New York: Oxford, 1992.

ARANHA, Márcio Ioro. **Manual de Direito Regulatório**. 4 ed. ver. ampl. Londres: Laccademia Publishing, 2018.

BECKER, T. E. Integrity in organizations: beyond honesty and conscientiousness. **The Academy of Management Review**, v. 23, n. 1, 1998.

BENNEAR, Lori Snyder. Evaluating Management-Based Regulation: A Valuable Tool in the Regulatory tool box? In COGLIANESE, Cary; NASH, Jennifer. **Leveraging the Private Sector: Management-Based Strategies for Improving Environmental Performance**. Washington D.C.: Resources for the Future Press, 2010.

BENNEAR, Lori S. COGLIANESE, Cary. Flexible Approaches to Environmental Regulation. In: **The Oxford Handbook of U.S. Environmental Policy**. Oxford, U.K.: Oxford University Press Oxford University Press, 2012.

BENNEAR, Lori S. WIENER, Jonathan. **Adaptive Regulation: Instrument Choice for Policy Learning over Time**. Durham, N.C: Draft Working Paper, 2019.

BRAITHWAITE, John. Enforced Self-Regulation: A New Strategy for Corporate Crime Control. **Michigan Law Review**, n. 80, pp. 1466-1507, 1982.

BRAITHWAITE, John. Responsive Regulation and Developing Economies. **World Development**, v. 34, n. 5, p. 884-898, 2006.

BRAITHWAITE, John; COGLIANESE, Cary; LEVI-FAUR, David. Can regulation and governance make a difference? **Regulation & Governance**. v. 1, n. 1, p. 1-7, mar. 2007.

CAFAGGI, Fabrizio. Le rôle des acteurs privés dans les processus de régulation : Participation, Autorégulation et Régulation Privée. **Revue française d'administration publique**, n.109, p. 23 -35, jan. 2004.

CANDELORO, A. P. P.; RIZZO, M. B. M. de; PINHO, V. **Compliance 360°: riscos, estratégias, conflitos e vaidades no mundo corporativo.** São Paulo: Trevisan Editora Universitária, 2012.

CARVALHO, Angelo G. P. de. A função regulatória dos contratos: regulação e autonomia privada na organização do poder econômico. *Journal of Law and Regulation*, v.5, n.1, p. 91-114, maio 2019.

CARVALHO, Paulo R. Galvão. Legislação anticorrupção no mundo: análise comparativa entre a Lei anticorrupção brasileira, o Foreign Corrupt Practices Act Norte Americano e o Bribery Act do Reino Unido. In: SOUZA, Jorge M.; QUEIROZ, Ronaldo P. (Org.) *Lei anticorrupção*. Salvador: Editora JusPodivm, 2015.

COGLIANESE, Cary. Management-based Regulation: Implications for Public Policy. *OECD Reviews of Regulatory Reform*. Risk And Regulatory Policy: Improving The Governance Of Risk, p.159-183, abr. 2010.

COGLIANESE, Cary, The Limits of Performance-Based Regulation. *University of Michigan Journal of Law Reform*. v. 50, n. 3, p. 525-563, ago. 2017.

COGLIANESE, Cary; LAZER, David. Management-based regulation: prescribing private management to achieve public goals. *Law & Society Review*. v. 37, n. 4, p. 691-730, dez. 2003.

COGLIANESE, Cary. NASH, Jennifer. *Leveraging the Private Sector: Management-Based Strategies for Improving Environmental Performance.* Cambridge, MA: Center for Business and Government, John F. Kennedy School of Government, Harvard University, 2004.

CONTROLADORIA-GERAL DA UNIÃO. *Programa de Integridade: Diretrizes para Empresas Privadas.* Brasília: CGU, 2015.

DI PIETRO. Maria S. Zanella. *Direito Administrativo.* 30ª ed. Rio de Janeiro: Forense, 2017.

DWORKIN, Ronald. *O império do direito*. Trad. Jefferson Luiz Camargo. 2ª ed. São Paulo: Martins Fontes, 2007.

EDELMAN, Murray. *Politics as Symbolic Action: Mass Arousal and Quiescence.* New York: Academic Press, 1971.

ERHARD Werner; JENSEN, Michael C. Putting integrity Into Finance: A Purely Positive Approach. *NBER Working Paper*, n. 19986, p.3-64, mar. 2014.

FOUCAULT, Michel. *Nascimento da biopolítica*. Tradução de Eduardo Brandão. São Paulo: Martins Fontes, 2008.

FRANCE, Transparency International. ***Dispositif Anticorruption de la Loi Sapin II: Guide pratique pour la mise en oeuvre des mesures anticorruption imposées par la loi aux entreprises***. Paris: Transparency International France, 2017.

FRAZÃO, Ana; MEDEIROS, Ana Rafaela Martinez. Desafios para a efetividade dos Programas de Compliance. In: CUEVA, Ricardo V. B.; FRAZÃO, Ana (Coord.). ***Compliance: Perspectivas e desafios dos programas de conformidade.*** Belo Horizonte: Editora Fórum, 2018.

FRISON-ROCHE, Marie-Anne. Enterprise, Regulator, Judge: think compliance by these three characters. In BORGA, N., MARIN, J.-Cl., RODA, J.-Ch. (org.). ***Compliance: l'entreprise, le régulateur et le juge.*** Série Régulations & Compliance, 2018.

FRISON-ROCHE, Marie-Anne. Le droit de la régulation. ***Le Dalloz***, n.7, p.610-616, 2001.

GUNNINGHAM, Neil; SINCLAIR, Darren. Trust, culture and the limits of management-based regulation: Lessons from the mining industry. In DRAHOS, Peter (org). ***Regulatory Theory: Foundations and Applications.*** Canberra: ANU Press, 2017.

GUERRA, Sérgio. Função normativa das agências reguladoras: uma nova categoria de direito administrativo?. ***Rev. direito GV***, São Paulo, v. 7, n. 1, p. 131-152, jun. 2011.

LOPES, Othon de Azevedo. ***Fundamentos da regulação***. Rio de Janeiro: Processo, 2018.

MARRARA, Thiago. O conteúdo do princípio da moralidade: probidade, razoabilidade e cooperação. ***Revista Digital de Direito Administrativo***, v. 3, n. 1, p. 104-120, jan. 2016.

MELLO, Celso A. Bandeira de. ***Curso de Direito Administrativo***. 27 ed. São Paulo: Malheiros, 2010.

MESQUITA, Camila Bindilatti Carli. O que é compliance público? Partindo para uma Teoria Jurídica da Regulação a partir da Portaria nº 1089 (25 de abril de 2018) da Controlaria-Geral da União (CGU). ***Journal of Law and Regulation***, v. 5, n. 1, p. 147-182, maio 2019.

MOORE, Mark H. ***Creating Public Value: Strategic Management in Government.*** Cambridge, MA: Harvard University Press, 1995.

MOREIRA NETO, Diogo de Figueiredo. Moralidade administrativa: do conceito à efetivação. *Revista de Direito Administrativo*, v. 190, p.1-44, 1992.

OCDE. *Relatórios Econômicos OCDE: Brasil 2018*. Paris: OCDE, 2018.

OCDE. *Recomendação do Conselho da OCDE Sobre Integridade Pública*. Paris: OCDE, 2017.

OSBORNE, D. GAEBLER, T. *Reinventando o Governo*. Brasília: MH Comunicação, 1998.

RALPH, Aaron S. Transaction Management: A Systemic Approach to Procurement Reform. *Public Contract Law Journal*, v. 43, n.4, p. 621-652, 2014.

ROSE-ACKERMAN S. The economics of corruption. *Journal of Public Economics*, v.4, ed. 2, p.187-203, 1975.

ROSE-ACKERMAN, Susan; PALIFKA, Bonnie J. *Corruption and government: causes, consequences, and reform*. Cambridge: Cambridge University Press, 2016.

SAURWEIN, Florian. Regulatory Choice for Alternative Modes of Regulation: How Context Matters. *Law and Policy*, v. 3, n.3, p.334-366, jul. 2011.

SELZNICK, Philip. *The moral commonwealth: Social theory and the promise of community*. Berkeley, CA: University of California Press, 1992.

SCHIRATO, V. Rhein. As agências reguladoras independentes e alguns elementos da Teoria Geral do Estado. In: ARAGÃO, Alexandre S.; MARQUES NETO, Floriano de A. (Coord.). *Direito administrativo e seus novos paradigmas*. 2ª Ed. Belo Horizonte: Fórum, 2017.

SEBRAE. *Integridade para pequenos negócios: Construa o país que desejamos a partir da sua empresa*. Brasília: IComunicação, 2017.

TEUBNER. Gunther. *O direito como sistema autopoiético*. Trad. José Engrácia Antunas. Lisboa: Fundação Calouste Gulbenkian, 1989.

VIEIRA. J. N. de S. Reforma regulatória no Brasil: desafios à efetiva competição no refino de petróleo. *Journal of Law and Regulation*, v. 3, n. 1, p. 107-132, maio 2017.

Normas e Julgados

BRASIL. Congresso Nacional. Lei de licitações. Lei n° 8.666 de 21 de junho de 1993. Regulamenta o art. 37, inciso XXI, da Constituição Federal, institui normas para licitações e contratos da Administração Pública e dá outras providências. *Diário Oficial da União*, Brasília, DF, 22 jun. 1993.

BRASIL. Congresso Nacional. Lei n° 12.846, de 1° de agosto de 2013. Dispõe sobre a responsabilização administrativa e civil de pessoas jurídicas pela prática de atos contra a administração pública, nacional ou estrangeira, e dá outras providências. *Diário Oficial da União*, Brasília, DF, 02 ago. 2013.

DISTRITO FEDERAL. Decreto n° 40.388, de 14 de janeiro de 2020. Dispõe sobre a avaliação de programas de integridade de pessoas jurídicas que celebrem contratos, consórcios, convênios, concessões ou parcerias público-privadas com a administração pública direta ou indireta do Distrito Federal, de acordo com a Lei n° 6.112, de 02 de fevereiro de 2018. *Diário Oficial do Distrito Federal*, Brasília, DF, 15 jan. 2020.

DISTRITO FEDERAL. Lei n° 6.112, de 02 de fevereiro de 2018. Dispõe sobre a obrigatoriedade da implantação do Programa de Integridade nas empresas que contratarem com a Administração Pública do Distrito Federal, em todas esferas de Poder, e dá outras providências. *Diário Oficial do Distrito Federal*, Brasília, DF, 06 fev. 2018.

DISTRITO FEDERAL. Lei n° 6.308 de 13 de junho de 2019. Dispõe sobre a implementação de Programa de Integridade em pessoas jurídicas que firmem relação contratual de qualquer natureza com a administração pública do Distrito Federal em todas as esferas de poder e dá outras providências. *Diário Oficial do Distrito Federal*, Brasília, DF, 14 jun. 2019.

DA REGULAÇÃO RESPONSIVA À REGULAÇÃO INTELIGENTE: UMA ANÁLISE CRÍTICA DO DESENHO REGULATÓRIO DO SETOR DE TRANSPORTE FERROVIÁRIO DE CARGAS NO BRASIL

From responsive to smart regulation: a critical analysis of freight transport railway sector regulatory design in Brazil

Submetido(*submitted*): 05/12/2019
Parecer(*revised*): 23/01/2020
Aceito(*accepted*): 27/01/2020

Marconi Araní Mélo Filho[*]

Abstract

Purpose – *Based on the theories of responsive regulation and of smart regulation, this paper aims to analyze to what extent the regulatory design of the Brazilian freight rail sector, from 1996 to 2019, fulfills the assumptions of these theories and what are the practical benefits that could come from incorporating its precepts.*

Methodology/approach/design – *This article develops a theoretical and normative approach. The presentation of the theory of responsive regulation, the regulatory pyramids (the literature identifies at least eleven), as well as the principles, indicators and preferential status of smart regulation will play a central role in the proposed study. The article aims to compare the regulatory legal framework of the sector with the theories stated, in order to demonstrate the hypothesis investigated.*

Findings – *It demonstrates that the incorporation of techniques, strategies and regulatory mechanisms proper to the responsive regulation theory, as well as the consideration on a broader scale of the principles enunciated by the smart regulation theory in the Brazilian freight railway sector, is essential for the modernization of the regulatory environment and the necessary expansion of the regulated service.*

Practical implications *–The paper presents a fresh look on the various actors participating in the regulatory environment (government, regulators, regulated market/sector and civil society), towards gradual and progressive incorporation of responsive regulation mechanisms and principles of the smart regulation theory.*

Keywords: *Brazilian rail sector. Regulatory design. Responsive regulation. Smart regulation. Regulatory pyramids.*

---

[*]Advogado da União, com Mestrado em Direito Constitucional pela UFPE e Especialização em Direito Administrativo pela UNIDERP. Atuou entre 2012 e 2019 na área de regulação e infraestrutura, tendo coordenado juridicamente o setor de transportes terrestres junto à Consultoria Jurídica do Ministério da Infraestrutura. Atualmente, é membro consultor da Comissão de Infraestrutura da OAB Federal e exerce a função de Consultor Jurídico Adjunto junto ao Ministério da Ciência, Tecnologia, Inovações e Comunicações. E-mail: casemelo@gmail.com.

MÉLO FILHO, M. A. *Da regulação responsiva à regulação inteligente: uma análise crítica do desenho regulatório do setor de transporte ferroviário de cargas no Brasil*. **Revista de Direito Setorial e Regulatório**, Brasília, v. 6, nº 1, p. 144-163, maio 2020.

Resumo
Propósito – Com base na teoria da regulação responsiva e na teoria da regulação inteligente (*smart regulation*), o presente artigo pretende analisar em que medida o desenho regulatório do setor ferroviário de transporte de cargas brasileiro, no período de 1996 a 2019, preenche os pressupostos das teorias citadas e quais os benefícios práticos que poderiam advir da incorporação dos seus preceitos para o setor estudado.
Metodologia/abordagem/design – Pretende-se desenvolver o artigo proposto mediante a realização de trabalho teórico-normativo. A apresentação da teoria da regulação responsiva, das pirâmides regulatórias (a literatura identifica pelo menos onze), bem como dos princípios, indicadores e status preferenciais da regulação inteligente terá papel central no estudo proposto. O artigo pretende realizar o cotejo do marco legal regulatório do setor com as teorias enunciadas, com o intuito de demonstrar a hipótese investigada.
Resultados – Pretende-se demonstrar que a incorporação em maior medida de estratégias e mecanismos regulatórios próprios da teoria da regulação responsiva, bem como a consideração em maior escala dos princípios enunciados pela teoria da regulação inteligente no setor de transporte ferroviário brasileiro é essencial para a modernização, para a melhoria do ambiente regulatório e para a necessária expansão do serviço regulado.
Implicações práticas – Os resultados do presente artigo podem trazer novas reflexões aos diversos atores participantes do ambiente regulatório (governo, reguladores, mercado/setor regulado e sociedade civil), com vistas à gradual e progressiva incorporação em maior medida dos mecanismos da regulação responsiva e dos princípios da regulação inteligente.

Palavras-chave: Setor ferroviário brasileiro. Desenho regulatório. Regulação responsiva. Regulação inteligente. Pirâmides regulatórias.

INTRODUÇÃO

O modo de transporte ferroviário se destaca por sua elevada capacidade de movimentação de cargas por grandes distâncias. Pode-se dizer que dentre as vantagens do transporte ferroviário se encontram o baixo custo, a reduzida emissão de poluentes, a confiabilidade e a disponibilidade do serviço prestado. Por outro lado, há menor flexibilidade da malha e maior complexidade no planejamento das operações[1].

Em países de grandes dimensões como o Brasil a relevância do transporte ferroviário se afigura pela interligação que realiza entre as zonas produtoras e os locais de exportação (portos públicos e terminais de uso privativo) e de beneficiamento de *commodities* minerais e agrícolas. Estas

---
[1]Informações colhidas da Atlas da Confederação Nacional de Transporte, 2019, acessível em https://www.atlas.cnt.org.br, acesso em 30/07/2019.

mercadorias, que concentram grande parte do volume movimentado por ferrovias, correspondem também a cadeias produtivas de grande peso econômico para o país.

Com base na teoria da regulação responsiva e na teoria da regulação inteligente (*smart regulation*), o presente artigo pretende analisar em que medida o desenho regulatório do setor ferroviário de transporte de cargas brasileiro, no período de 1996 a 2019, preenche os pressupostos das teorias citadas e quais os benefícios práticos que poderiam advir da incorporação dos seus preceitos para o setor estudado.

O trabalho realizará o cotejo do marco legal e dos principais instrumentos contratuais do setor ferroviário federal com as teorias da regulação responsiva e da regulação inteligente adiante enunciadas, no período de 1996 a 2019. Dado o escopo deste trabalho, não se pretende examinar a legislação setorial da agência reguladora setorial (resoluções da diretoria colegiada), o que certamente demandaria análise mais detida do assunto.

O presente estudo dará ênfase ao marco regulatório do setor ferroviário federal de transporte de *carga*, dado que o transporte ferroviário federal de *passageiros* possui pouca representatividade no cenário nacional (atualmente há somente duas linhas regulares de transporte de passageiros, ambas operadas pela concessionária Vale).

Assim, pretende-se identificar os mecanismos e estratégias responsivas ou potencialmente responsivas previstos pela Lei nº 8.987/95, pela Lei nº 10.233/2001 e pelas recentes Leis nº 13.448/2017 e nº 13.848/2019.

Para tanto, a seção 2 abordará um breve histórico e o panorama atual do setor ferroviário de cargas, indicando o estado da arte do tema escolhido.

A seção 3 apresentará sinteticamente os pressupostos e os fundamentos da teoria da regulação responsiva e da teoria da regulação inteligente, ambas apoiadas na responsividade.

O cotejo do marco legal do setor com as teorias precedentemente enunciadas será feito na seção 4, ocasião em que se procurará indicar os pontos de contato da legislação e das cláusulas contratuais com os instrumentos e as estratégias próprios das teorias apresentadas.

Por fim, a seção 5 desenvolverá a conclusão do estudo.

Pretende-se demonstrar a hipótese de que a incorporação de estratégias e mecanismos regulatórios próprios da teoria da regulação responsiva, bem como a consideração em maior escala dos princípios enunciados pela teoria da regulação inteligente no setor ferroviário de transporte de cargas brasileiro é essencial para a modernização do setor, para a melhoria do ambiente regulatório e para a necessária expansão do serviço regulado.

BREVE HISTÓRICO E PANORAMA ATUAL DO SETOR FERROVIÁRIO DE TRANSPORTE DE CARGAS NO BRASIL

Desde as concessões realizadas nos anos 90[2], realizadas a partir de 1996 após a edição da lei geral das concessões e permissões de serviços públicos (Lei nº 8.987/95) foram feitos vultosos investimentos na reestruturação das operações e na modernização do material rodante e da infraestrutura ferroviária, os quais resultaram em aumento da produção de transporte e da segurança, com a consequente diminuição do número de acidentes. No período de 2006 a 2017, verificou-se uma elevação de 57,4% do volume das mercadorias movimentadas e uma redução de 53,5% no número de acidentes (CNT, 2019).

O setor ferroviário de carga brasileiro tem a nona rede mais extensa do mundo, com 29.817 km[3], e a sexta maior em termos de produção, com 307 bilhões de TKU (tonelada quilômetro útil, unidade de medida que representa a produção ferroviária) em 2015 (ASSIS, 2017).

A partir do governo Lula (2003-2010), tentou-se retomar a expansão da malha ferroviária por meio de três frentes distintas, a saber: alocação direta de recursos na malha por meio do DNIT; ampliação de novos trechos, por meio da empresa pública VALEC (Engenharia, Construções e Ferrovias S.A.), a quem foi concedida outorga legal para construção e exploração de quatro novas estradas de ferro[4]; e utilização de recursos do orçamento da União na construção de novos ramais, por intermédio de parcerias com empresas privadas (FELIX e CAVALCANTE FILHO, 2016).

O Programa de Aceleração do Crescimento - PAC, instituído ainda no governo Lula, previa investimentos na construção de novos ramais, e a requalificação de diversos trechos, nas malhas concedidas.

No governo Dilma Rousseff (2011-2016), mantém-se a estratégia de realização de concessão da infraestrutura ferroviária para a expansão da malha por meio da oferta de cerca de 9 mil km de novos ramais[5].

Nesse ínterim, alteraram-se os fundamentos do marco regulatório do setor (Lei nº 10.233, de 5 de junho de 2001), com a edição da Lei nº 12.743, de

---

[2]Entre 1996 e 1999, 25,9 mil km de linhas da extinta RFFSA, divididos em sete malhas geográficas, foram concedidos a empresas privadas.
[3]As oito maiores redes ferroviárias mundiais são: Estados Unidos, com 194.136 km; Rússia, com 85.266 km; China, com 66.989 km; Índia, com 65.808 km; Canadá, com 52.131 km; Alemanha, com 33.426 km; Austrália, com 33.343 km; e França, com 30.013 km (UIC, 2014).
[4]A Lei nº 11.772, de 17 de setembro de 2008, outorgou à VALEC – Engenharia, Construções e Ferrovias S.A. a construção, uso e gozo das estradas de ferro: EF-151, EF-267, EF-334 e EF-354.
[5]O Programa de Investimento em Logística – PIL I (ferrovias) lançado em 2012, previa a concessão de 14 ramais divididos em dois grupos totalizando 9 mil km de linhas férreas.

19 de dezembro de 2012, por meio da qual se tornou possível a possibilidade de outorga da operação do transporte ferroviário de cargas não associado à exploração da infraestrutura ferroviária a Operador Ferroviário Independente (OFI). E, posteriormente, foi instituída a política de livre acesso ao Subsistema Ferroviário Federal, por força do Decreto nº 8.129, de 23 de outubro de 2013, revogado pelo Decreto n. 8.875, de 2016. Nada obstante os esforços realizados, nenhum leilão de trecho ferroviário foi realizado no período.

No início de 2016, o governo federal projetava investimentos da ordem de R$ 198,4 bilhões de reais em novas concessões dos diversos modais de transporte (rodovias, ferrovias, portos e aeroportos), dos quais R$ 86,4 bilhões de reais equivaliam aos investimentos previstos em concessões ferroviárias federais (cerca de 1.088 km de ferrovias), tudo por meio do Programa de Investimento em Logística – PIL[6].

Recentemente, instituiu-se o Programa de Parcerias de Investimento – PPI[7], o qual segue a linha dos princípios do antigo Plano Nacional de Desestatização – PND[8] e passa a ter a atribuição de definir: a) as políticas federais de longo prazo para o investimento por meio de parcerias em empreendimentos públicos federais de infraestrutura e para a desestatização; b) os empreendimentos públicos federais de infraestrutura qualificados para a implantação por parceria e as diretrizes estratégicas para sua estruturação, licitação e contratação; c) as políticas federais de fomento às parcerias em empreendimentos públicos de infraestrutura dos Estados, do Distrito Federal ou dos Municípios (incisos I a III do art. 4º da Lei nº 13.334, de 2016).

De acordo com os dados apontados em auditoria do TCU (peça 63, p. 19, TC 008.799/2011-3), embora a extensão total da malha ferroviária seja de 30.576 km, a rede em operação é, na prática, de pouco mais de 10 mil km. O Relatório do Fórum Econômico Mundial dos anos de 2016 e 2017 (WEF, 2016/2017) aponta que o Brasil figura na 93º posição do índice de competitividade global de qualidade da infraestrutura ferroviária, entre 138 países avaliados (FELIX, 2016).

A qualidade do serviço prestado pelas concessionárias nos trechos de ferrovias federais concedidas vem sendo frequentemente objeto de

---

[6]Cf. http://pilferrovias.antt.gov.br, acesso em 30/7/2019.
[7]Lei nº 13.334, de 13 de setembro de 2016, que cria, no âmbito da Presidência da República, o Programa de Parcerias de Investimentos - PPI, destinado à ampliação e fortalecimento da interação entre o Estado e a iniciativa privada por meio da celebração de contratos de parceria para a execução de empreendimentos públicos de infraestrutura e de outras medidas de desestatização.
[8]Lei nº 9.491, de 9 de setembro de 1997, que altera procedimentos relativos ao Programa Nacional de Desestatização, revoga a Lei nº 8.031, de 12 de abril de 1990, e dá outras providências.

questionamento pelos usuários e pelos órgãos governamentais competentes[9]. É possível observar ainda relevantes entraves ao desenvolvimento do sistema ferroviário nacional, tais como (DURÇO, 2012):

    a) as invasões das faixas de domínio;

    b) as passagens em nível críticas;

    c) os gargalos físicos e operacionais, a exemplo dos seguintes:

    c.1) o traçado sinuoso ou montanhoso de trechos ferroviário;

    c.2) o compartilhamento da via férrea entre trens de carga e trens de passageiros;

    c.3) as baixas capacidades de movimentação nos portos;

    c.4) a inexistência de suficientes terminais intermodais;

    c.5) a existência de bitolas diferentes na rede ferroviária nacional.

Citam-se, ainda, como dificuldades do setor a falta de planejamento conjunto do sistema logístico, as deficiências na elaboração dos projetos, a morosidade na obtenção de licenças ambientais e a complexidade institucional (CNT, 2019).

A matriz de transportes brasileira é desequilibrada e apenas 15% das cargas são transportados por ferrovias, segundo recente levantamento da Empresa de Planejamento e Logística - EPL, enquanto a meta para 2025 é a de que 32% sejam transportadas por ferrovias.

Por fim, relembre-se a recente greve dos caminhoneiros que durou dez dias no mês de maio de 2018, gerando grave crise de desabastecimento de combustíveis e de alimentos e acendendo a luz amarela para a necessidade e premência de equilibrar a matriz de transporte de cargas no país, com o fortalecimento das ferrovias, ante a dependência do modal rodoviário na atualidade[10].

DA REGULAÇÃO RESPONSIVA À REGULAÇÃO INTELIGENTE: BREVE SÍNTESE DAS TEORIAS APOIADAS NA RESPONSIVIDADE

Dentre as abordagens econômicas e jurídicas, deve-se buscar a identificação da teoria jurídica da regulação mais adequada e eficaz para a

---

[9]Cf. https://abifer.org.br/transporte-ferroviario-ha-futuro-para-uma-logistica-mais-eficiente-e-com-mais-qualidade/, acesso em 30/07/2019.

[10]Cf. https://www.bbc.com/portuguese/brasil-44302137, acesso em 30/7/2019.

MÉLO FILHO, M. A. *Da regulação responsiva à regulação inteligente: uma análise crítica do desenho regulatório do setor de transporte ferroviário de cargas no Brasil*. **Revista de Direito Setorial e Regulatório**, Brasília, v. 6, nº 1, p. 144-163, maio 2020.

compreensão do fenômeno da regulação do modo de transporte ferroviário brasileiro.

Buscando superar o polêmico e controverso debate prático e teórico travado entre regular e desregular, Ayres e Braithwaite propõem a regulação responsiva (*responsive regulation*), segundo a qual a efetividade da regulação depende da criação de regras que incentivem o regulado a voluntariamente cumpri-las, mediante um ambiente regulatório de constante diálogo entre regulador e regulado (ARANHA, 2019).

É relevante ter em mente que a teoria da regulação responsiva é uma teoria em construção, com contribuições e propostas de aperfeiçoamento por meio de estudos realizados desde a década de 70. A referência sobre a teoria é o clássico livro de Ayres e Braithwaite – *Responsive Regulation: transcending de deregulation debate*, publicado em 1992. Dentre as teorias que se apoiam na responsividade, se destacam: a teoria da regulação inteligente (GUNNINGHAM e GRABOSKY, 1998), a qual propõe a utilização de um *mix* de técnicas regulatórias baseadas em princípios de regulação; a estratégia da governança regulatória em rede de Braithwaite (BRAITHWAITE, 2006) e a mais recente proposta do diamante regulatório de Kolieb (KOLIEB, 2015).

A teoria da regulação responsiva busca suplantar a retórica determinista de oposição entre regular e desregular, por meio da qual se defendem posições extremadas de intervenção do estado ou de ausência de necessidade de regulação estatal. A superação de tal discurso ocorre sobretudo baseada nas constatações empíricas dos efeitos prejudiciais dos movimentos históricos de desregulação (AYRES e BRAITHWAITE, 1992).

Assim, a controvérsia em torno do *enforcement* (constrangimento) baseado em punições ou persuasão estaria superada (o clássico jargão alienígena: "*When to punish, when to persuade?*" - BRAITHWAITE, 1985), na medida em que o que estaria em jogo seria o momento adequado para se valer de uma ou de outra medida.

Dentre os pressupostos da teoria da regulação responsiva destaca-se aquele segundo o qual a proximidade, o conhecimento do setor, a interação e a influência entre regulador e o ambiente regulado é o cenário desejado à construção de desenho regulatório mais adequado, eficiente e apropriado para cada setor especificamente. Por suposto, é preciso evitar a captura danosa ao ambiente regulatório, sob pena de ineficiência do modelo adotado.

Afastar por completo a regulação estatal em prol de autorregulação privada é algo impensável pela teoria da regulação responsiva, para a qual a punição e a persuasão são conceitos interdependentes, devendo estar presentes nas condições adequadas e nos contextos específicos. Por sua vez, é equivocada a lógica segundo a qual a autorregulação implica necessariamente a atenuação ou a flexibilização da aplicação de penalidades e consequências pelo descumprimento das normas internas de *conformidade* empresarial. Estas são muitas vezes mais severas e invasivas do que as sanções estatais (BRAITHWAITE, 1985).

Baldwin e Black propõem uma ampliação da responsividade, a qual denominam "verdadeira" regulação responsiva (BALDWIN e BLACK, 2007). Para os citados autores, o regulador deve ser responsivo não somente quanto ao comportamento e às motivações do regulado, mas também com relação ao ambiente regulatório como um todo, às diferentes lógicas e estratégias regulatórias, à performance do regime e à eventual necessidade de mudança de qualquer um desses esses elementos.

Não convém rejeitar os instrumentos punitivos da regulação, mas se utilizar somente deles é uma estratégia que deve ser afastada. A proposta de Ayres e Braithwaite é a de uma gradativa escalada de *enforcement* (constrangimento), na qual a cooperação por meio da persuasão seria o primeiro estágio.

A punição como primeira estratégia é dispendiosa, de difícil manejo e contra produtiva, ao minar a boa vontade dos regulados comprometidos com a conformidade (AYRES e BRAITHWAITE, 1992).

Por isso, sugerem a seguinte pirâmide regulatória (*regulatory enforcement pyramid*), para orientar a autoridade reguladora no uso de medidas de constrangimento (*enforcement*), em que a base, mais abrangente de medidas, é de persuasão, com uma graduação crescente de gravidade das sanções e diminuição de sua abrangência.

Persuasão, advertência, sanção civil, sanção penal, suspensão e cassação da licença representam o escalonamento de medidas interventivas a ser utilizado pelo regulador, em ordem crescente de cooperação e decrescente de aderência à regulação. Pelo princípio do mínimo suficiente, o regulador somente deve chegar ao ponto da pirâmide de constrangimento suficiente para a observância da norma de conformidade.

A tipologia para a aplicação dos constrangimentos legais (*enforcements*) pelo regulador, com vistas à opção pela conformidade do regulado (*compliance*), permite que as autoridades reguladoras possam se utilizar de ampla gama de instrumentos, com margem de manobra diversificada para a otimização da regulação em si mesma.

Enforcement e *compliance* devem funcionar como as duas faces da mesma moeda, de modo que possam se articular quando da regulação para conformação do ambiente de cooperação desejável entre reguladores e regulados, visando a eficiência regulatória. A autoridade deve se valer de uma gradação de medidas que incentivem o cumprimento voluntário e que inibam inobservância, reservando medidas excessivamente gravosas para comportamentos acentuadamente desviantes (LOPES, 2018).

As pirâmides regulatórias são representações simplificadas da teoria e apresentam medidas exemplificativas que não devem esgotar o rol de possibilidades de adaptação regulatória pelo regulador (a literatura identifica pelo menos onze). Atente-se, ainda, para advertência feita por Peter Mascini no sentido de que reduzir a teoria da regulação responsiva apenas à representação piramidal implica em deixar de lado aspectos centrais da formulação original da teoria, tal como a questão de como a relação entre o mercado, o estado e a sociedade civil na regulação das economias capitalistas deve ser entendida, sem ser orientada por hipóteses normativas (MASCINI, 2013).

Com o amadurecimento da teoria da regulação responsiva, Braithwaite passou a defender a estratégia da governança regulatória em rede ou governança nodal (BRAITHWAITE, 2006) para as economias em desenvolvimento, como uma forma de superar o déficit de capacidade regulatória e uma alternativa à intervenção estatal na pirâmide de constrangimentos. Em síntese, a estratégia responsiva da governança nodal se utiliza de parceiros privados para desonerar a estrutura estatal do ônus das medidas de incentivo à conformidade pelo regulado, agregando-se gradual e progressivamente atores não-estatais para exercerem pressão sobre o regulado inadimplente[11].

A teoria da regulação inteligente (*smart regulation*), por sua vez, também conhecida por teoria da regulação ambiental na doutrina estrangeira (*environmental regulation theory*), consiste, em sentido amplo, numa estratégia de regulação que inclui não somente formas convencionais de regulação direta (comando e controle, por exemplo), mas também formas mais flexíveis e inovativas de controle social. O argumento central é o de que, na maioria dos casos, a utilização de múltiplos instrumentos de política e de um amplo espectro de atores regulatórios produzirá melhor regulação (GUNNINGHAM e GRABOSKY, 1998).

Identificam-se dois elementos fundamentais para o sucesso do desenho regulatório. Primeiro, apresentam-se cinco princípios do desenho regulatório, cuja aderência se revela crucial para o sucesso da estratégia regulatória. Resumidamente, os princípios enunciados são os seguintes:

Princípio 1. Preferência pela utilização de combinação de instrumentos regulatórios complementares e de participantes ao invés de uma abordagem com instrumento e regulador únicos. Comando e controle, instrumentos econômicos, instrumentos de concertação voluntários e autorregulação são exemplos de

---

[11] É importante destacar que a participação de terceiros como um instrumento anti-captura já havia sido prevista por Ayres e Braithwaite ao tratarem do tripartismo (AYRES e BRAITHWAITE, 1992).

diversidade de instrumentos que podem ser combinados em determinada situações específicas;

Princípio 2. Preferência por medidas menos intervencionistas. Ao aplicar o preceito da menor intervenção, os *policymakers* devem ter em mente a possibilidade de aumentar os níveis de intervenção, se e quando seja necessário, com a utilização de vários instrumentos e/ou combinação deles.

Princípio 3. Escalar os instrumentos da pirâmide regulatória na extensão necessária para atingir os objetivos da política pública. A utilização de instrumentos regulatórios mais drásticos do que aqueles necessários para o atingimento do objetivo da política regulatória pode gerar ambiente de desconfiança e enfrentamento que deve ser rechaçado pelas práticas regulatórias que se pretendem eficientes.

Princípio 4. Empoderamento de participantes que estejam na melhor posição para atuar na condição de reguladores substitutos (quase reguladores). Há várias situações na quais terceiras partes podem jogar um papel importante no processo regulatório, atuando como quase reguladores, tais como as associações industriais, os sindicatos, as instituições financeiras e outros grupos de pressão. Eles podem ser mais eficientes do que a intervenção governamental, há a percepção de maior legitimidade no processo, além de se economizar recursos governamentais limitados.

Princípio 5. Maximização das oportunidades de resultados "ganha/ganha". A maioria das críticas à regulação convencional recaem sobre a falta de incentivo governamental para que as empresas continuem a melhorar sua performance no meio ambiente regulatório, para além dos padrões de *compliance* (conformidade). A chave para as políticas públicas é garantir que as soluções regulatórias otimizem a oportunidade de resultados do tipo "ganha/ganha" e facilitar e recompensar as empresas por adotarem soluções que vão além do mero *benchmark* (padrão de desempenho) adotado pelo *compliance* regulatório (GUNNINGHAM e GRABOSKY, 1998).

Por fim, a teoria do diamante regulatório recentemente enunciada por Kolieb (KOLIEB, 2015), basicamente agrega a pirâmide aspiracional à pirâmide de constrangimento, com mecanismos que vão além da conformidade normativa (*beyond compliance*). O diamante regulatório une os pólos aspiracional e de conformidade, descortinando-se que a relação regulatória não se encerra com o mero cumprimento das normas. Da base para o topo fala-se em: normas não jurídicas como códigos de conduta e orientações internas, normas estatais que incentivem melhorias internas como manuais de boas práticas de gestão e, enfim, a atribuição de selos de qualidade e de comportamento ético (reconhecimento).

COTEJO DO MARCO LEGAL REGULATÓRIO DO SETOR FERROVIÁRIO FEDERAL COM AS TEORIAS ENUNCIADAS

A Lei nº 8.987, de 13 de fevereiro de 1995 foi gestada num contexto bastante inicial do debate acerca da teoria da regulação responsiva (relembre-se que o livro de Ayres e Braithwaite foi publicado em 1992), ao menos no contexto brasileiro.

Talvez por essa razão, o seu texto reflete muito pouco das estratégias e mecanismos regulatórios próprios da teoria da regulação responsiva, podendo-se afirmar o mesmo dos contratos dela decorrentes[12], celebrados nos longínquos anos de 1996 a 1999.

Assim é que o art. 3º prevê que as outorgas serão fiscalizadas pelo poder concedente, "com a cooperação dos usuários", num raro momento de indicação de pluralidade cooperativa dos atores regulatórios.

Ao prever as cláusulas obrigatórias do edital de licitação, o art. 18 evidencia a tendência de definição unidirecional do desenho regulatório pelo poder concedente, ao enunciar que ele elaborará o edital, onde constarão as metas, as condições necessárias à prestação adequada do serviço, os direitos e as obrigações do poder concedente e da concessionária etc.

O mesmo se pode dizer do art. 23[13], o qual enuncia as cláusulas essenciais dos contratos de concessão, numa lógica de priorização da atuação unicamente estatal do regulador, dada a natureza praticamente de adesão ao instrumento.

O art. 29 da norma em comento simboliza o encurtamento do desenho regulatório pensado (sob a ótica representativa piramidal), eis que apresenta mecanismos localizados da metade para cima da pirâmide, com muito pouco espaço de liberdade e de diálogo cooperativo entre os atores regulatórios. Prevê-

---

[12] Os contratos de concessão ferroviária celebrados entre 96 e 99 fruto do processo de desestatização da malha da RFFSA podem ser acessados em http://www.antt.gov.br/ferrovias/index.html.

[13] Art. 23. São cláusulas essenciais do contrato de concessão as relativas: I - ao objeto, à área e ao prazo da concessão;II - ao modo, forma e condições de prestação do serviço;III - aos critérios, indicadores, fórmulas e parâmetros definidores da qualidade do serviço;IV - ao preço do serviço e aos critérios e procedimentos para o reajuste e a revisão das tarifas; V - aos direitos, garantias e obrigações do poder concedente e da concessionária, inclusive os relacionados às previsíveis necessidades de futura alteração e expansão do serviço e consequente modernização, aperfeiçoamento e ampliação dos equipamentos e das instalações; VI - aos direitos e deveres dos usuários para obtenção e utilização do serviço; VII - à forma de fiscalização das instalações, dos equipamentos, dos métodos e práticas de execução do serviço, bem como a indicação dos órgãos competentes para exercê-la; VIII - às penalidades contratuais e administrativas a que se sujeita a concessionária e sua forma de aplicação; IX - aos casos de extinção da concessão; X - aos bens reversíveis; (...)

se entre os incisos I e VI basicamente mecanismos típicos de comando e controle[14].

Os contratos de concessão celebrados na década de 90[15] que espelham a norma em exame não preveem amplo arsenal de medidas punitivas, o que impossibilita a escalada e desescalada eficiente de constrangimentos, havendo a previsão basicamente das penas de advertência, de multa e de inabilitação do particular (encampação, caducidade e intervenção). Também não há previsão de metas de produção reciprocamente pactuadas, reduzindo-se sobremaneira a possibilidade de atuação responsiva relacionada a avaliação da performance do setor.

O Regulamento de Transporte Ferroviário - RTF (Decreto nº 1.832, de março de 1996), publicado na sequência da Lei nº 8.987/95, estabelece as definições e os princípios do setor, regulamenta a relação entre a administração pública, as concessionárias e os usuários, bem como aspectos da operação ferroviária e segurança nos respectivos serviços. Encontra-se atualmente com boa parte do texto desatualizado, além de haver fundados questionamentos a respeito de sua constitucionalidade (defende-se que padece do vício de inovar a ordem jurídica, haveria violação da reserva legal do art. 175, da CF88[16]), razão pela qual não será objeto de estudo detido no presente artigo.

De todo modo, no que tange ao aspecto regulatório, percebe-se que o decreto do RTF possui majoritariamente mecanismos do tipo *top-down* (de cima para baixo, equivalentes aos mecanismos de comando e controle), com a definição da postura e da regra a ser observada pelo regulado, com a subsequente indicação da penalidade a ser aplicada, sem que se note a previsão da possibilidade de utilização de escalada razoável ou variedade de instrumentos regulatórios.

---

[14]Art. 29. Incumbe ao poder concedente: I - regulamentar o serviço concedido e fiscalizar permanentemente a sua prestação; II - aplicar as penalidades regulamentares e contratuais; III - intervir na prestação do serviço, nos casos e condições previstos em lei; IV - extinguir a concessão, nos casos previstos nesta Lei e na forma prevista no contrato; V - homologar reajustes e proceder à revisão das tarifas na forma desta Lei, das normas pertinentes e do contrato; VI - cumprir e fazer cumprir as disposições regulamentares do serviço e as cláusulas contratuais da concessão;
[15]Acessíveis em http://www.antt.gov.br/ferrovias/index.html.
[16]Art. 175. Incumbe ao Poder Público, na forma da lei, diretamente ou sob regime de concessão ou permissão, sempre através de licitação, a prestação de serviços públicos. Parágrafo único. A lei disporá sobre:I - o regime das empresas concessionárias e permissionárias de serviços públicos, o caráter especial de seu contrato e de sua prorrogação, bem como as condições de caducidade, fiscalização e rescisão da concessão ou permissão;II - os direitos dos usuários;III - política tarifária; IV - a obrigação de manter serviço adequado.

A grande verdade é que o RTF é anterior à publicação da Lei nº 10.233, de 5 de junho de 2001, de modo que a referida norma de envergadura hierárquica superior suplantou diversos preceitos do decreto mencionado.

Com o advento da citada Lei nº 10.233, de 2001, que dispôs sobre a reestruturação do setor de transportes e criou as agências reguladoras setoriais (incluída a Agência Nacional de Transportes Terrestres – ANTT), o cenário de previsão de estoque normativo com características responsivas alçou patamar diverso. Mais recentemente, a Lei nº 13.448, de 5 de junho de 2017, que estabelece diretrizes gerais para prorrogação e relicitação dos contratos de parceria no setor ferroviário, e a Lei nº 13.848, de 25 de junho de 2019, que dispõe sobre a gestão, a organização, o processo decisório e o controle social das agências reguladoras também trouxeram inovações positivas ao setor ferroviário do ponto de vista da responsividade.

Com o intuito de evitar repetições teóricas desnecessárias e tornar a comparação das principais normas que conformam a regulação do setor (Leis nº 8.987/95, nº 10.233/01, nº 13.448/17 e nº 13.848/19) com as teorias responsivas enunciadas mais didática e objetiva, preparamos quadros sintéticos nos quais na coluna da esquerda se encontra a disposição normativa e na coluna da direita a indicação do preceito regulatório correspondente (finalidade, técnica ou mecanismo), responsivo ou não responsivo.

Instrumentos de diálogo e persuasão	
Disposição normativa (Leis nº 8.987/95, nº 10.233/01, nº 13.448/17 e nº 13.848/19)[17]	*Preceito regulatório (finalidade, estratégia ou mecanismo)*
• pesquisas e estudos do setor	• favorece o diálogo cooperativo
• estudos técnicos preliminares à prorrogação	• mecanismo de persuasão
• articulação com órgãos e instituições dos entes	• combinação de participantes – *smart regulation*
• estímulo à formação de associações de usuários	• reconhece a existência de níveis de agregação de atores regulados – teoria da regulação responsiva
• estímulo à ampliação da competitividade e à pesquisa e o desenvolvimento de tecnologias	• estímulo de mercado e voluntarismo
• audiências e consultas públicas	• amplia participação da sociedade e de entidades do setor, favorecendo ambiente cooperativo

---

[17]Por uma questão didática e pragmático-funcional, optou-se por não especificar os dispositivos legais correspondentes, eis que a maioria deles se encontra espalhada ou enunciada repetidamente nas normas em referência.

• consulta aos financiadores sobre os estudos da relicitação	• diálogo cooperativo
• outros meios de participação de interessados nas decisões do regulador, diretamente ou por meio de organizações e associações	• combinação de participantes – *smart regulation*

Tabela 1 – Instrumentos de diálogos e persuasão

Mecanismos de Mercado, contratuais ou negociados	
Disposição normativa (Leis nº 8.987/95, nº 10.233/01, nº 13.448/17 e nº 13.848/19)	*Preceito regulatório (finalidade, estratégia ou mecanismo)*
• metas de produção e de segurança definidas no contrato	• objetivos de performance
• cronograma de investimentos obrigatórios em termo aditivo	• objetivos de performance, exigência de melhoria contínua
• parâmetros de qualidade e plano de investimentos pactuados pelas partes contratual	• exigência de melhoria contínua
• garantia contratual de capacidade de transporte a terceiros	• comunidade de destino partilhado – *smart regulation*
• relicitação por meio de acordo entre as partes	• medidas menos intervencionistas, *smart regulation*
• acordo entre regulador e regulado para soluções sistêmicas, admitindo-se investimento em malha própria ou de terceiros	• maximização de resultado ganha-ganha, *smart regulation*

Tabela 2 – Mecanismos de Mercado, contratuais ou negociados

Instrumentos de metarregulação	
Disposição normativa (Leis nº 8.987/95, nº 10.233/01, nº 13.448/17 e nº 13.848/19)	*Preceito regulatório (finalidade, estratégia ou mecanismo)*
• elaboração de normas e regulamentos	• regulação por sanções, comando e controle
• revisão e reajuste de tarifas pelo regulador	• comando e controle
• coordenação da atuação dos concessionários	• interações entre regulador e regulados
• regras de solução de controvérsias mediante conciliação e arbitragem	• persuasão no *front*, menor intervenção
• publicação dos atos do regulador no Diário Oficial	• transparência
• autorização para compensação de haveres e deveres, incluído multas	• atuação criativa do regulador
• análise de impacto regulatório – AIR	• reavaliação constante

MÉLO FILHO, M. A. *Da regulação responsiva à regulação inteligente: uma análise crítica do desenho regulatório do setor de transporte ferroviário de cargas no Brasil*. **Revista de Direito Setorial e Regulatório**, Brasília, v. 6, nº 1, p. 144-163, maio 2020.

• agenda regulatória	• reavaliação constante e visão de longo prazo

Tabela 3 – Instrumentos de metarregulação

Comando e controle	
Disposição normativa (Leis nº 8.987/95, nº 10.233/01, nº 13.448/17 e nº 13.848/19)	*Preceito regulatório (finalidade, estratégia ou mecanismo)*
• fiscalização da prestação dos serviços	• princípio do mínimo suficiente e comunicação competente
• aplicação de sanções de advertência, multa e suspensão da vigência do contrato	• escalonamento das sanções
• decisão sobre a rescisão, caducidade, cassação, anulação e extinção do contrato, de intervenção ou encampação e casos de declaração de inidoneidade	• escalonamento e sanções incapacitantes

Tabela 4 – Comando e Controle

Pelo cenário normativo regulatório acima apresentado, percebe-se que seria possível propor a representação de pirâmide regulatória, constando na base os instrumentos de diálogo e persuasão da tabela 1 (*persuasion*), nas camadas intermediárias das tabelas 2 e 3 os mecanismos de mercado, negociados ou contratuais e os instrumentos de metarregulação (*deterrence and detection*) e no topo da pirâmide os instrumentos de comando e controle (*incapacitation*) da tabela 4.

Nota-se que as Leis nº 8.987/95, 10.233/01, nº 13.448/17 e nº 13.848/19, as quais consubstanciam o marco normativo regulatório do setor apresentam um conjunto escasso de instrumentos regulatórios de matriz responsiva, com baixa densidade de participantes do regime regulatório. Comando e controle, instrumentos econômicos, instrumentos de concertação e de persuasão encontram-se presentes normativamente.

De lege ferenda, sugere-se o aumento da previsão de combinação de instrumentos, com a incorporação em maior escala daqueles que se encontrem na base da pirâmide de *constrangimento* (*persuasion*), tanto em termos de estratégias regulatórias (autorregulação e autorregulação regulada), como em termos de mecanismos regulatórios (voluntarismo, monitoramento pessoal, campanhas educativas, inovação e novas tecnologias, *benchmarking*[18], revisão por pares, etc), com o intuito de melhorar a eficiência da regulação e, em última análise da prestação do serviço e da utilidade para a sociedade, visando o ideal da concretização da justiça econômica.

A possibilidade de escalada de sanções encontra-se presente no desenho regulatório apresentado (não se identificaram mecanismos de desescalada, em

---

[18] O *benchmarking* pode ser definido como sendo o estabelecimento ou a identificação das melhores práticas a serem adotadas pelo regulado.

princípio), muito embora se perceba uma ênfase maior nas medidas incapacitantes (*incapacitation*), havendo a necessidade de incrementar medidas de dissuasão (*deterrence and detection*), aumentando a distância entre a metade e o topo da pirâmide, trazendo à tona com maior importância o princípio do mínimo suficiente de aplicação de constrangimentos necessários ao alcance da conformidade (*compliance*).

Não foi possível identificar normativamente a previsão de instrumentos de governança em rede ou de uma estratégia de governança nodal, como forma alternativa aos constrangimentos estatais, agregando-se gradual e progressivamente atores não-estatais para exercerem pressão sobre o regulado inadimplente, tais como os bancos públicos, os bancos privados e as entidades representativas do setor ferroviário na condição de quase reguladores. O principal objetivo da governança em rede é prevenir a dominação e suprir o déficit da capacidade regulatória das economias em desenvolvimento como a brasileira.

Adverte-se que as estratégias e os mecanismos regulatórios prévia e normativamente identificados devem ter sua utilização demonstrada na prática regulatória do setor, sendo a base empírica um dos pilares do comportamento responsivo das teorias enunciadas.

É preciso ter em mente a advertência feita por Ayres e Braithwaite (AYRES e BRAITHWAITE, 1992), no sentido de que a responsividade do regulador somente pode ser avaliada por sua conduta concreta perante os regulados, muito embora os instrumentos responsivos devam estar presentes nos modelos normativos para possibilitar o desenho regulatório responsivo.

CONCLUSÃO

Com base na teoria da regulação responsiva, na teoria da regulação inteligente (*smart regulation*) e nas demais construções teóricas que se apoiam na responsividade, o presente artigo procurou analisar em que medida o desenho regulatório do marco legal do setor de transporte ferroviário brasileiro, no período de 1996 a 2019, preenche os pressupostos das teorias citadas e quais os benefícios práticos que poderiam advir da incorporação dos seus preceitos em maior medida.

Para tanto, inicialmente apresentou-se um breve histórico e o panorama atual do setor ferroviário de cargas brasileiro, evidenciando-se a sua relevância para o desenvolvimento do país e a complexidade estrutural e conjuntural deste modo de transporte. Com efeito, em termos concorrenciais, o transporte de cargas sobre trilhos se apresenta como típico exemplo de monopólio natural, verticalizado e que demanda vultosos investimentos e alargado prazo de amortização e de exploração do serviço. Demonstrou-se que embora o setor apresente relevantes dificuldades, a sua expansão é absolutamente necessária e urgente, com vistas ao incremento da sua participação na matriz de transporte nacional dos atuais 15% para cerca de 32% em 2025, conforme dados da Empresa de Planejamento e Logística - EPL (EPL, 2016).

Como suporte teórico, apresentou-se a origem, os pressupostos e os fundamentos da teoria da regulação responsiva originalmente enunciada por Ayres e Braithwaite em publicação de 1992 como teoria jurídica da regulação mais adequada e eficaz para a compreensão do fenômeno regulatório do modo de transporte ferroviário brasileiro. A referida teoria busca superar o embate teórico travado sobretudo nas décadas de 70 e 80 acerca da retórica de oposição entre regular e desregular, por meio da qual se defendem posições extremadas de intervenção do estado ou de ausência de necessidade de regulação estatal. As dicotomias teoricamente existentes de persuadir ou punir, regular e desregular, parecem ter encontrado caminho fértil de superação.

Assim, a teoria apresentou ao longo das últimas décadas críticas, evoluções e propostas de aperfeiçoamento e complementação, todas apoiadas na responsividade, dentre as quais pudemos destacar a teoria da regulação inteligente (*smart regulation*), a estratégia da governança regulatória em rede e a mais recente proposta do diamante regulatório.

Definido o substrato teórico específico e determinado, buscou-se o cotejo do marco legal regulatório do setor de transporte ferroviário federal com as teorias apoiadas na responsividade enunciadas. Percebeu-se que o marco legal inicial (Lei nº 8.987/95) contém importante déficit de estratégias e mecanismos regulatórios responsivos, sendo que a partir da edição da Lei nº 10.233, de 2001, o cenário de previsão de estoque normativo com características responsivas alçou patamar diverso. As Leis nº 13.448/2017 e nº 13.848/2019 também trouxeram inovações positivas ao setor de transporte ferroviário do ponto de vista da responsividade.

Procurou-se identificar a correlação entre os dispositivos legais do marco regulatório do setor de transporte ferroviário federal e os preceitos da teoria da regulação responsiva e da teoria da regulação inteligente, percebendo-se um conjunto razoável de instrumentos regulatórios de matriz responsiva, muito embora possua baixa densidade de participantes do regime regulatório. Comando e controle, instrumentos econômicos, instrumentos de concertação e de persuasão encontram-se presentes normativamente.

Propôs-se a representação do marco regulatório do setor de transporte ferroviário sob a forma piramidal constando na base os instrumentos de diálogo e persuasão (*persuasion*), nas camadas intermediárias os mecanismos de mercado, negociados ou contratuais e os instrumentos de metarregulação (*deterrence and detection*) e no topo da pirâmide os instrumentos de comando e controle (*incapacitation*).

Com o intuito de melhorar a eficiência da regulação e, em última análise da prestação do serviço e da utilidade para a sociedade, visando o ideal da concretização da justiça econômica, *de lege ferenda*, sugeriu-se o aumento da previsão de combinação de instrumentos responsivos, com a incorporação em maior escala daqueles que se encontrem na base da pirâmide regulatória (*persuasion*), tanto em termos de estratégias regulatórias (autorregulação e autorregulação regulada), como em termos de mecanismos regulatórios (voluntarismo, monitoramento pessoal, campanhas educativas, inovação e novas tecnologias, *benchmarking*, revisão por pares, etc).

Observou-se ênfase maior nas medidas incapacitantes (*incapacitation*), havendo a necessidade de previsão em maior escala de medidas de dissuasão (*deterrence and detection)*, aumentando a distância entre a metade e o topo da pirâmide, trazendo à tona com maior importância o princípio do mínimo suficiente de aplicação de constrangimentos necessários ao alcance da conformidade (*compliance*).

No contexto do marco normativo do setor ferroviário estudado, não se identificaram instrumentos de governança em rede (nodal) que pudessem conferir alternativa à atuação estatal. Outrossim, atente-se para o fato de que as estratégias e os mecanismos regulatórios identificados devem ser demonstrados na prática do setor, posto que o estudo empírico é fundamental ao exame do comportamento responsivo das teorias enunciadas.

Demonstra-se, portanto, a hipótese aventada no presente artigo, segundo a qual é necessário e urgente intensificar a incorporação em maior medida de estratégias e mecanismos responsivos ao marco legal regulatório do setor de transporte ferroviário, especialmente aquelas baseadas nas teorias da regulação responsiva, da regulação inteligente e da governança regulatória em rede, com a ampliação e o empoderamento da participação de atores não-estatais no processo regulatório, visando a melhoria do ambiente regulatório e a necessária expansão do serviço regulado.

Uma excelente chance de aprimoramento do marco legal do setor tramita no Senado Federal sob a forma do PLS nº 261/2018[19], o qual pretende reformular o marco legal do setor ferroviário, com a inclusão da autorregulação regulada como uma alternativa agregadora para a expansão do setor.

Por fim, reafirma-se a responsabilidade como um ideal para a democracia, especialmente em se tratando de economias em desenvolvimento como a brasileira, onde há menor supervisão e participação de atores não-estatais e de

---

[19] O Projeto de Lei do Senado nº 261/2018 pode ser acessado pelo sítio eletrônico https://www25.senado.leg.br/web/atividade/materias/-/materia/133432.

MÉLO FILHO, M. A. *Da regulação responsiva à regulação inteligente: uma análise crítica do desenho regulatório do setor de transporte ferroviário de cargas no Brasil*. **Revista de Direito Setorial e Regulatório**, Brasília, v. 6, nº 1, p. 144-163, maio 2020.

entidades da sociedade civil, bem como menor capacidade reguladora do estado, o que pode dificultar a aplicação da teoria, mas ainda assim parece ser o melhor caminho a ser trilhado (BRAITHWAITE, 2006).

REFERÊNCIAS BIBLIOGRÁFICAS

ARANHA, M. I. *Direito das Telecomunicações: histórico normativo e conceitos fundamentais.* 3ª ed., London: Laccademia Publishing, 2015.

ARANHA, M. I. *Manual de Direito Regulatório: Fundamentos de Direito Regulatório.* 5ª ed., London: Laccademia Publishing, 2019.

ASSIS, A. C. V. et al. Ferrovias de Carga Brasileiras: Uma Análise Setorial. **BNDES Setorial**, n. 46, 2017.

AYRES, I.; BRAITHWAITE, J. *Responsive Regulation: Transcending the Deregulation Debate*. Oxford: Oxford University Press, 1992.

BALDWIN, R.; BLACK, J. Really Responsive Regulation. **LSE Law, Society and Economy Working Papers**, Londres, v. 15, 2007.

BRAITHWAITE, J. *To Punish or Persuade: Enforcement of Coal Mine Safety*. Albany: State University of New York Press, 1985.

BRAITHWAITE, J. Responsive Regulation and Developing Economies. **World Development**, v. 34, n. 5, p. 884-898, 2006.

CONFEDERAÇÃO NACIONAL DO TRANSPORTE. *Atlas CNT do Transporte: ferrovias*, 2ª. Edição, Brasília: CNT/SEST/SENAT, 2019. Disponível em: <https://www.atlas.cnt.org.br>. Acesso em: 31/07/2019.

DURÇO, F. F. *A regulação do setor ferroviário brasileiro: monopólio natural, concorrência e risco moral*, 2012.

EPL – EMPRESA DE PLANEJAMENTO E LOGÍSTICA. *Transporte inter-regional de carga no Brasil.* Panorama 2015, 2016.

FELIX, M. K. R.; CAVALCANTE FILHO, J. T. Marco Normativo do Setor Ferroviário Brasileiro: Caminhos para Superação da Insegurança Jurídica e Regulatória. Brasília: **Núcleo de Estudos e Pesquisas/CONLEG/Senado**, 2016.

GUNNINGHAM, N.; GRABOSKY, P. *Smart Regulation: Designing Environmental Policy*. Oxford: Clarendon Press, 1998.

KOLIEB, J. When to Punish, When to Persuade and When to Reward: Strengthening Responsive Regulation with the Regulatory Diamond. **Monash University Law Review**, v. 41, n. 1, p. 136-162, 2015.

LOPES, O. A. **Fundamentos da regulação**. Rio de Janeiro: Processo, 2018.

MASCINI, P. Why was the Enforcement Pyramid so Influential? And what price was paid? **Regulation & Governance**, v. 7, p. 48-60, 2013.

UNION INTERNATIONALE DES CHEMINS DE FER. *Statistique des chemins de fer – Synthèse.* 2014.

REGULAÇÃO DO LOBBY NO BRASIL: REFLEXÕES A PARTIR DA TEORIA DOS GRUPOS DE MANCUR OLSON E DA TEORIA PROCESSUAL ADMINISTRATIVA DA REGULAÇÃO

Lobby Regulation in Brazil: Reflections from Mancur Olson's Group Theory and Administrative Procedural Theory of Regulation

Submetido(*submitted*): 05/12/2019
Parecer(*revised*): 16/12/2019
Aceito(*accepted*): 07/02/2020

Juliana Gonçalves Melo[*]

Abstract

Purpose – Through lobbying, economic power articulates with political power, seeking to further their interests. When this articulation occurs without control and transparency, it causes distortions, subverting the democratic debate. This article aims to bring reflections on the importance of a regulatory design for lobbying in Brazil, from the analysis of the US model and in light of the Group Theory, developed by Mancur Olson from the perspective of the Public Choice Theory, and the Administrative Procedural Theory of Regulation.

Methodology/approach/design – A comparative study that will use as its empirical basis the US federal regulation on lobbying, as it is a globally recognized and advanced model in this area, and Bill No. 1,202, pending in the Brazilian National Congress. Notes and reflections will be made from the analysis of Group Theory, by Olson, and the Administrative Procedural Theory of Regulation.

Findings – Understanding the relationship between the government and private agents and analyzing the US federal regulation of lobbying will allow a reflection on the relevance of building a Brazilian regulatory model for the activity, which favors transparency, without producing a barrier to legitimate action and democratic representation of interests. This reflection runs through Bill No. 1,202, which has been in the House of Representatives since 2007 and aims to discipline lobbying in the Federal Public Administration.

Keywords: Lobbying. Regulation. Transparency. Group Theory. Administrative Procedural Theory of Regulation.

Resumo

---

[*] Graduada em Direito pela Universidade Federal de Minas Gerais – UFMG. Especialista em Direito e Processo do Trabalho pela PUC-MG. Procuradora Federal, atualmente exercendo o cargo de Secretária-Executiva Adjunta da Comissão de Ética Pública (Presidência da República). E-mail: julianagmelo@hotmail.com.

MELO, J. G. T *Regulação do lobby no Brasil: Reflexões a partir da Teoria dos Grupos de Mancur Olson e da Teoria Processual Administrativa da Regulação*. **Revista de Direito Setorial e Regulatório**, Brasília, v. 6, n° 1, p. 164-181, maio 2020.

Propósito – Através do lobby, o poder econômico se articula com o poder político, buscando favorecer seus interesses. Quando essa articulação ocorre sem controle e transparência, acarreta distorções, subvertendo o debate democrático. Este artigo tem por objetivo trazer reflexões sobre a importância de um desenho regulatório para a atividade de lobby no Brasil, a partir da análise do modelo norte-americano e à luz da Teoria dos Grupos, desenvolvida por Mancur Olson na ótica da Teoria da Escolha Pública, e da Teoria Processual Administrativa da Regulação.

Metodologia/abordagem/design – Estudo comparativo que utilizará como base empírica a regulação federal norte-americana sobre lobby, por se tratar de um modelo mundialmente reconhecido e avançado nessa área, e o Projeto de Lei nº 1.202, em tramitação no Congresso Nacional brasileiro. Serão feitos apontamentos e reflexões a partir da análise da Teoria dos Grupos, de Olson, e da Teoria Processual Administrativa da Regulação.

Resultados – Compreender as relações entre o poder público e os agentes privados e analisar a regulação federal norte-americana do lobby possibilitará uma reflexão sobre a relevância da construção de um modelo regulatório brasileiro para a atividade, que favoreça a transparência, sem produzir uma barreira à atuação legítima e democrática de representação de interesses. Essa reflexão perpassa pelo Projeto de Lei nº 1.202, que tramita na Câmara dos Deputados desde 2007, e visa disciplinar o lobby na Administração Pública federal.

Palavras-chave: Lobby. Regulação. Transparência. Teoria dos Grupos. Teoria Processual Administrativa da Regulação.

INTRODUÇÃO

A lógica do lobby e dos grupos de interesse é a de pessoas que se unem com o intuito de influenciar decisões do governo que afetam seus interesses (ARAUJO, 2018).

O lobby é uma atividade lícita, de representação de interesses junto aos órgãos do Estado, e se ampara nos direitos constitucionais de petição e de associação, uma vez que todos têm o direito de defender seus pleitos e posições e apresentar informações que possam influenciar a tomada de decisões pela Administração Pública.

Nesse sentido, disciplinar a prática do lobby no Brasil significa regular o exercício de direitos fundamentais de associação e de petição, previstos no inciso XVII, e na alínea "a" do inciso XXXIV do artigo 5º, da Constituição[1].

---

[1] Conforme disposto no inciso XVII do art. 5º da Constituição Federal de 1988, "é plena a liberdade de associação para fins lícitos, vedada a de caráter paramilitar". Nos termos previstos na alínea "a" do inciso XXXIV do art. 5º da Constituição, são a todos assegurados, independentemente do pagamento de taxas, "o direito de petição aos Poderes Públicos em defesa de direitos ou contra ilegalidade ou abuso de poder".

A discussão sobre a importância da regulação do lobby no Brasil resultou em alguns Projetos de Lei federais sobre o tema, dentre os quais destaca-se o PL nº 1.202, de 2007, de autoria do deputado Carlos Zarattini (PT/SP), ainda em tramitação na Câmara dos Deputados, e que "disciplina a atividade de lobby e a atuação dos grupos de pressão ou de interesses e assemelhados no âmbito dos órgãos e entidades da Administração Pública Federal".

A análise do modelo norte-americano de regulação do lobby evidencia que a legislação que vier a tratar do tema no Brasil deve ter por fulcro a transparência, uma vez que a prática do lobby sem limites enfraquece a democracia, que tem como pressuposto o acesso minimamente equitativo de todos os grupos de interesse à representação política (FRAZÃO, 2017).

Outrossim, o assunto merece reflexões à luz da teoria dos grupos, desenvolvida por Mancur Olson, que demonstra como a lógica racional da ação coletiva favorece a organização de poucos grupos dotados de recursos materiais e coercitivos em detrimento de uma maioria de interesses difusos que permanecem desorganizados, bem como de ponderações acerca de como a teoria processual administrativa da regulação pode contribuir para um desenho regulatório do lobby no Brasil, visando a promoção do interesse público.

A tarefa proposta no presente estudo revela-se extremamente desafiadora, por envolver tema sensível e polêmico, que afeta diversos setores da economia e da sociedade, e que traduz a forma como o poder econômico se articula com o poder político, buscando favorecer seus interesses. Por tudo isso, o assunto merece ponderações sobre a relevância da adoção de uma regulação do lobby no Brasil.

Para o fim proposto, o artigo será divido em cinco partes. O primeiro capítulo desenvolverá os contornos da teoria dos grupos, de Mancur Olson, dedicando especial atenção ao exercício da atividade de lobby pelos grupos de interesse. O segundo capítulo tratará da regulação federal do lobby nos Estados Unidos da América, analisando seus principais mecanismos e fundamentos. O terceiro capítulo analisará o Projeto de Lei nº 1.202/2007, que tramita na Câmara dos Deputados, e visa disciplinar o lobby na Administração Pública federal, salientando as principais alterações à proposta original. O quarto capítulo, por sua vez, trará as principais premissas da teoria processual administrativa da regulação, analisando sua possível compatibilidade em fundamentar o desenho de uma política regulatória do lobby. Ao final, pretende-se evidenciar a importância de se regular o lobby no Brasil, garantindo transparência nas relações entre lobistas e agentes públicos e redução da assimetria de participação dos setores interessados no debate, extremamente prejudicial aos processos públicos de tomada de decisão.

O LOBBY E A LÓGICA DA AÇÃO COLETIVA

A teoria econômica da escolha pública (*public choice theory*) entende que o processo decisório da regulação é um produto necessário de troca de vantagens políticas entre representantes eleitos e grupos de interesse e agências reguladoras. Afirma que os políticos "vendem" políticas públicas que agradem a estes grupos em troca de vantagens, como votos e financiamento de campanha eleitoral.[2] Nesse sentido, essa teoria conclui pela inadequação da regulação sobre a economia como meio de alcance do interesse público (ARANHA, 2019).

Para a compreensão da dinâmica dos grupos de interesse nas democracias liberais, Mancur Olson (1965) demonstra como a lógica racional da ação coletiva favorece a organização de poucos grupos dotados de recursos materiais e coercitivos em detrimento de uma maioria de interesses difusos que permanecem desorganizados. De acordo com o autor, quando uma determinada coletividade necessita empreender um esforço conjunto na produção de um bem ou vantagem que atenda ao interesse comum, na ausência de determinadas condições há grande probabilidade de fracasso da ação coletiva. Na medida em que, uma vez produzido um benefício público não se pode excluir ninguém do seu consumo, o curso de ação mais racional para o indivíduo maximizador egoísta é não cooperar, fruindo gratuitamente do esforço alheio (*freerider*). Exceto em grupos pequenos, em que os custos individuais da ação coletiva são irrisórios em relação aos benefícios, a deserção tende a ser a estratégia dominante para indivíduos racionais (OLSON, 1965).

De acordo com a teoria desenvolvida por Mancur Olson, uma relevante parcela de grandes grupos que exercem a atividade de lobby somente existirá se o grupo de interesse oferecer benefícios restritos aos seus membros (benefícios seletivos) e assim os colocar à serviço do lobby. Por outro lado, a teoria da ação coletiva prevê que pequenos grupos de interesse irão se unir para formar lobbies para trabalhar em seu interesse, e tenderão a controlar áreas particulares de políticas e regulação.

Olson defende que as ações coletivas não seguem a mesma lógica das ações individuais. Os indivíduos de um grupo não agirão em prol de um objetivo comum, a menos que haja incentivos e punições individuais que os induzam a contribuir para a produção dos bens coletivos. A solução do problema da ação coletiva em grupos grandes, como sindicatos e associações profissionais, seria o uso de incentivos diferenciados para os integrantes do grupo ou da utilização de coerção. Nesse sentido, o autor sugere que o tamanho do corpo de membros

---

[2]Tratando dos problemas da democracia norte-americana atual, Lessig sintetiza que "We have concentrated the funding of campaigns in the tiniest fraction of us, and thus made candidates for public office dependent upon this tiny fraction of us" (LESSIG, 2015).

e o poder dos grandes grupos de pressão organizados não derivariam dos êxitos obtidos pelo lobby, que seriam um subproduto de suas outras atividades – os "incentivos seletivos". Os lobbies dos grandes grupos econômicos seriam subprodutos de organizações que têm capacidade de mobilizar um grupo latente[3] com incentivos seletivos. Ressalta a vantagem dos pequenos grupos em organizarem interesses homogêneos de forma mais célere e fácil do que os grandes grupos, o que reduziria os custos de transação e, com a utilização de incentivos seletivos, agregaria um número maior de indivíduos à ação coletiva (OLSON, 1965).

O que identifica o grupo é o interesse comum. Esse interesse, contudo, por ser comum, pertence a cada indivíduo, isoladamente, em maior ou menor medida, sendo esse o liame que, considerada a relação custo-benefício, permitiria a ação coletiva. Portanto, para que indivíduos participem da ação coletiva, faz-se necessário que os benefícios superem os custos de participação e que os organizadores dos grupos proporcionem incentivos seletivos. Essas premissas variam conforme o tamanho do grupo e a homogeneidade dos interesses, mas, nos pequenos grupos, dada a interação mais frequente entre os membros, é mais fácil exercer pressão social e empregar recompensas ou incentivos positivos e negativos (SANTOS, 2015).

Olson demonstra a inexistência de um mercado competitivo de grupos de interesse, pois certos grupos grandes, como de consumidores e desempregados, permaneceriam latentes ou com atividades diminutas em relação ao seu tamanho e aos eventuais ganhos globais advindos de sua ação coletiva. Assim, seriam incapazes de pressionar o governo para a obtenção de políticas favoráveis aos seus membros, ao passo que outros grupos, muitas vezes de menor dimensão e que tenham obtido ganhos globais menores, seriam mais eficazes em sua organização para influenciar as políticas governamentais.

Como ressalta Santos (2015), Olson defendeu que a acumulação de grupos de interesse numa sociedade democrática leva à estagnação econômica. Em uma democracia, a estabilidade política leva ao surgimento de mais grupos de interesses e, assim, as sociedades estáveis tendem a ter mais organizações voltadas à ação coletiva. As organizações de interesses especiais e coalizões reduziriam a eficiência econômica, ao tornar mais fragmentada a ação política. Cada um busca aumentar a sua "parcela", o que conduz à diminuição do produto social. Segundo o autor, essas coalizões diminuem, ainda, a capacidade de a sociedade inovar, adotar novas tecnologias e realocar recursos em resposta à mudança e aumentam a complexidade da regulação, o papel do governo e a

---

[3] Para Olson, grupos latentes seriam aqueles em que a participação individual no provimento do benefício coletivo aparentemente não afeta a percepção do grupo e, assim, seus membros não terão razão para reagir a uma eventual não participação.

complexidade das negociações, afetando, dessa forma, o crescimento econômico. Por outro lado, a articulação entre organizações de sindicatos, empresários, comerciantes e outras (*encompassing coalitions*), cujos interesses coincidem com os interesses coletivos sociais mais amplos, tende a reduzir essa ineficiência, em face do seu interesse em aumentar o produto social ou reduzir os custos sociais da ação, para que haja maior crescimento econômico (SANTOS, 2015).

A teoria dos grupos desenvolvida por Olson evidencia a necessidade de se implementar uma regulação da atividade de lobby, que garanta transparência e oportunidades a todos os grupos de interesses para influenciar as decisões sobre políticas públicas, traduzindo efetivamente o ideal democrático.

REGULAÇÃO DO LOBBY NOS ESTADOS UNIDOS DA AMÉRICA

O lobby pode ser entendido como uma atividade inerente à democracia, possibilitando que, com transparência, os grupos de pressão e de interesse possam atuar organizadamente, e que todos os setores da sociedade possam fazer uso de estruturas destinadas a levar seus pleitos e posicionamentos aos que formulam e decidem as políticas públicas (SANTOS, 2015)[4]. O que se pode considerar como regulação dos grupos de interesse nos Estados Unidos da América envolve não apenas as leis de lobby (*lobby laws*), mas também outros tipos de legislação que interferem na atuação desses grupos e no comportamento

---

[4]Nesse sentido, a Organização para a Cooperação e Desenvolvimento Econômico (OCDE) recomenda a regulamentação do lobby, elencando dez princípios a serem observados para garantia da transparência e integridade dessa atividade: 1) Os países devem conceder a todos os interessados acesso justo e equitativo ao desenvolvimento e implementação de políticas públicas; 2) As regras e diretrizes sobre lobby devem abordar as preocupações de governança relacionadas às práticas de lobby e respeitar os contextos sócio-políticos e administrativos; 3) As regras e diretrizes sobre lobby devem ser consistentes com as estruturas políticas e regulamentares mais amplas; 4) Os países devem definir claramente os termos *lobby* e *lobista* quando consideram ou desenvolvem regras e diretrizes sobre lobby; 5) Os países devem fornecer um grau adequado de transparência para garantir que funcionários públicos, cidadãos e empresas possam obter informações suficientes sobre atividades de lobby; 6) Os países devem permitir que as partes interessadas - incluindo organizações da sociedade civil, empresas, mídia e público em geral - examinem as atividades de lobby; 7) Os países devem promover uma cultura de integridade nas organizações públicas e na tomada de decisões, fornecendo regras e diretrizes claras de conduta para os funcionários públicos; 8) Os lobistas devem cumprir os padrões de profissionalismo e transparência; eles compartilham a responsabilidade de promover uma cultura de transparência e integridade no lobby; 9) Os países devem envolver atores-chave na implementação de um espectro coerente de estratégias e práticas para alcançar a conformidade; 10) Os países devem revisar periodicamente o funcionamento de suas regras e diretrizes relacionadas ao lobby e fazer os ajustes necessários à luz da experiência.

MELO, J. G. T *Regulação do lobby no Brasil: Reflexões a partir da Teoria dos Grupos de Mancur Olson e da Teoria Processual Administrativa da Regulação*. **Revista de Direito Setorial e Regulatório**, Brasília, v. 6, n° 1, p. 164-181, maio 2020.

dos políticos e da burocracia (SANTOS, 2015). Nesse sentido, a regulação do tema nos Estados Unidos compreende: i) leis sobre lobby; ii) leis de prevenção de conflitos de interesses; iii) leis de divulgação das informações financeiras dos agentes públicos; iv) códigos de ética para agentes políticos e servidores públicos ligados ao trabalho parlamentar; v) vedações de acesso dessas pessoas ao trabalho em empresas de lobby logo após seu desligamento do serviço público (quarentena); vi) leis sobre financiamento de campanha eleitoral. Embora todos esses tipos de normas sejam importantes na regulação e monitoramento dos grupos de interesse, este artigo concentrará sua análise nas leis federais sobre lobby, voltadas principalmente ao registro e publicização dessas atividades.

Embora as tentativas para regulamentar as atividades de lobby nos EUA remontem ao século XIX, a aprovação de uma lei de caráter geral no plano federal somente se deu em 1946, com a aprovação do *Federal Regulation of Lobbying Act* (*FLRA*), cujo principal objetivo foi introduzir um sistema de registro e transparência dirigido àqueles que buscassem influenciar o Congresso norte-americano. Contudo, o FLRA foi considerado uma tentativa insuficiente e mal elaborada de enfrentar o problema, sem propósitos bem definidos e se omitindo em impor qualquer restrição de ordem geral ao exercício do lobby (SANTOS, 2015).

Em 1995, foi então aprovado o *Lobbying Disclose Act* (*LDA*)[5], revogando o FLRA. A nova Lei foi o resultado de diversas tentativas esboçadas nas décadas anteriores de aprimoramento do tratamento da matéria. Somente depois de quase cinquenta anos de tentativas, um acordo entre democratas e republicanos, motivado por diversos escândalos envolvendo lobistas, congressistas e funcionários do governo, permitiu a aprovação da Lei, que exige que as entidades, os indivíduos e as empresas declarem periodicamente informações com valores gastos, a área de atuação e o departamento alvo de interesse, os parlamentares contatados e as leis específicas objeto de discussão.

O LDA foi alterado pelo *Honest Leadership and Open Government Act* de 2007, reduzindo as possibilidades de *revolving doors*[6] para ex-parlamentares

---

[5]Conforme ressalta Santos (2015, p. 647), o escopo dessa Lei foi criar um mecanismo eficaz de transparência do lobby, considerando que um governo representativo responsivo requer o conhecimento dos esforços dos lobistas para influenciar a tomada de decisões no Poder Executivo e no Legislativo, e que a legislação até então existente foi ineficaz em razão da imprecisão de linguagem, das insuficientes previsões de *enforcement* e da ausência de regras claras sobre quem deveria registrar-se e que informações deveriam tornar públicas.
[6]Utiliza-se essa expressão para se referir a lobistas que se tornam políticos ou a políticos e servidores públicos que se tornam lobistas.

e ampliando os requisitos de transparência e o *enforcement* do Lobbying Disclosure Act de 1995.

As principais modificações promovidas pelo *Honest Leadership and Open Government Act* podem ser assim sintetizadas:

Medidas para ampliar transparência e controle das atividades de lobby:

1. Relatórios de lobby deverão ser preenchidos trimestralmente, e no prazo máximo de 20 dias após o final do trimestre, e não mais semestralmente, com prazo de 45 dias. Não houve alteração nas regras para a qualificação de lobistas que devem registrar-se, mas meros ajustes nos valores recebidos pelo exercício da atividade em função da alteração na periodicidade dos relatórios que devem ser apresentados;

2. Relatórios de lobby deverão incluir informação se o cliente é governo estadual ou local, ou qualquer entidade controlada por um governo estadual ou local.

3. Associações ou coalizões que recebam mais de US$ 5 mil por trimestre de outra associação ou coalizão para propósito de lobby devem incluir essas doações em seus relatórios ou divulgá-las em seus websites.

4. A *House of Representatives* e o Senado deverão empregar o mesmo sistema computadorizado para permitir que os formulários requeridos pelo LDA sejam preenchidos através da Internet.

5. O Secretário do Senado e o *Clerk* da *House of Representatives* devem divulgar obrigatoriamente os relatórios dos lobistas na Internet.

6. Os lobistas devem tornar público qualquer cargo que tenham ocupado no Executivo nos 20 anos anteriores, em lugar dos 2 anos antes requeridos.

7. Cada lobista deverá declarar semestralmente qualquer contribuição acima de US$ 200 para qualquer candidato a cargo eletivo federal, PAC ou organização partidária, indicando nome do candidato ou responsável pela campanha, *Political Action Committees* (PAC) ou comitê partidário, e de pagamentos para eventos ou entidades ligadas a oficiais governamentais, qualquer que seja o valor. A declaração deverá afirmar que o lobista tem conhecimento das regras da *House* e do Senado e que não as violou.

8. Os PACs deverão divulgar o nome das pessoas que tenham feito duas ou mais contribuições acima de US$ 15.000.

9. As informações sobre o lobby de governos estrangeiros deverão também ser divulgadas online por meio do escritório do *Attorney General*.

Medidas para ampliar o *enforcement* e o *accountability*:

1. Periodicamente, deverá ser tornado público o número de violações à Lei e o *Attorney General* do Distrito de Colúmbia deverá relatar ao Congresso semestralmente o número de medidas adotadas para assegurar o cumprimento da Lei.

2. Em caso de violação a multa passa de US$ 50 mil para até US$ 200 mil, sujeitando-se a pena de prisão de até 5 anos.

3. Anualmente o escritório do *Comptroller General* deverá fiscalizar aleatoriamente lobistas registrados e averiguar se estão cumprindo os requerimentos legais, enviando relatório ao Congresso, podendo requerer informações diretamente aos lobistas registrados.

4. O Comitê de Ética deverá anualmente apresentar relatório ao Congresso sobre as violações ao LDA pelos membros e os resultados das investigações[7].

Segundo Thomas (1998), a abordagem norte-americana caracteriza-se como um sistema de "monitoramento" das atividades de lobby. Visa impedir a influência indevida ou desleal por meio desta atividade. Tanto o *Federal Regulation of Lobbying Act de 1946* quanto o *Lobbying Disclosure Act de 1995* e o *Honest Leadership and Open Government Act de 2007* buscaram atender a esse princípio geral de transparência, e as restrições por eles impostas têm como principal objetivo impedir a influência indevida ou desleal dos lobbies.

REGULAÇÃO DO LOBBY NO BRASIL: PROJETO DE LEI Nº 1.202/2007

Embora não haja uma lei geral de lobby no Brasil, encontram-se em vigor, de forma esparsa e incompleta, previsões normativas com escopos específicos, que, em certa medida, buscam atender a algumas necessidades no âmbito da regulação das atividades dos grupos de interesse e do exercício de sua influência sobre as autoridades públicas, inclusive do ponto de vista da interferência do poder econômico no processo eleitoral.

Nesse sentido, o credenciamento de representantes de entidades privadas e órgãos governamentais para prestarem esclarecimentos específicos junto ao Poder Legislativo, a regulação do financiamento eleitoral, com vedação às doações de empresas[8], e regras para a concessão de audiências a particulares por

---

[7]Para maior detalhamento das medidas, confira Santos, 2015, p. 656.
[8]Bruno Carazza ressalta a repercussão imediata que o julgamento da ADI nº 4650 (sobre o financiamento de campanhas eleitorais) teve no sistema político brasileiro. Poucos dias após a decisão do STF de proibir as doações de empresas, foi sancionada a Lei nº 13.165, de 2015, que passou a regular o financiamento eleitoral a partir das eleições municipais de 2016. Nela passaram a constar, como fontes de recursos para as campanhas, apenas os repasses do Fundo Partidário, as doações de pessoas físicas e o patrimônio dos próprios candidatos (CARAZZA, 2018, p. 221).

agentes públicos em exercício na Administração Pública federal, nas autarquias e fundações públicas, nos termos do art. 259 do Regimento Interno da Câmara dos Deputados, da Lei nº 13.165, de 29 de setembro de 2015, e do Decreto nº 4.334, de 12 de agosto de 2002, respectivamente, são exemplos dessas previsões normativas.

Os efeitos dessa legislação, todavia, são reduzidos, seja por não estar presente o componente monitoramento e registro das atividades de lobby, como por serem normas desarticuladas, carecedoras de uma maior sistematização e harmonização, visando superar as lacunas e deficiências no tratamento da matéria (SANTOS, 2015).

O Projeto de Lei nº 1.202, de 2007, que tramita na Câmara dos Deputados, propõe a regulação da prática do lobby, segregando um grupo específico de profissionais para atuarem em conformidade com determinadas regras, a fim de se garantir controle sobre a atividade e transparência na relação entre os setores público e privado. Nota-se grande influência da *Lobbying Disclosure Act de 1995* do direito norte-americano na elaboração do referido Projeto.

A proposta inicial tinha por escopo disciplinar a atividade de lobby e a atuação dos grupos de pressão ou de interesse e assemelhados no âmbito dos órgãos e entidades da Administração Pública Federal.

Para essa finalidade, conceituava: i) decisão administrativa, incluindo toda e qualquer deliberação de agente público que envolvesse: a) a proposição, consideração, elaboração, edição, promulgação, adoção, alteração ou rescisão de um regulamento ou norma de caráter administrativo; b) a realização de despesa pública ou a sua modificação; c) a formulação, o desenvolvimento ou a modificação de uma linha de atuação ou diretriz de política, ou a sua aprovação ou rejeição; d) a revisão, a reavaliação, a aprovação ou a rejeição de um ato administrativo; e) a aposição de veto ou sanção a projeto de lei ou a ato legislativo equivalente; e f) a indicação ou escolha ou a designação ou nomeação de um indivíduo para exercer cargo, emprego ou função pública no âmbito do respectivo órgão ou poder responsável pela decisão; ii) órgão público decisor; iii) entidade representativa de grupo de interesse; iv) recompensa; v) presente; vi) lobby ou pressão; vii) lobista ou agente de grupo de interesse; e viii) dirigente responsável.

Entidade representativa de grupo de interesse foi definida como toda e qualquer pessoa jurídica, constituída segundo as leis do país, qualquer que seja a sua natureza, que seja dirigida por um indivíduo ou grupo de indivíduos, subordinados ou não a instâncias colegiadas, que tenham interesse na adoção de determinada decisão administrativa.

Lobby ou pressão foi entendido como esforço deliberado para influenciar a decisão administrativa ou legislativa em determinado sentido, favorável à entidade representativa de grupo de interesse, ou de alguém atuando em defesa de interesse próprio ou de terceiros, ou em sentido contrário ao interesse de terceiros. Como lobista ou agente de grupo de interesse incluiu o indivíduo, profissional liberal ou não, a empresa, a associação ou entidade não governamental de qualquer natureza que atuasse por meio de pressão dirigida a agente público, seu cônjuge ou companheiro ou sobre qualquer de seus parentes, colaterais ou afins até o segundo grau, com o objetivo de lograr a tomada de decisão administrativa ou legislativa favorável ao grupo de interesse que representa, ou contrária ao interesse de terceiros, quando conveniente ao grupo de que representa.

O art. 3º previa o cadastramento obrigatório de pessoas físicas e jurídicas que exercessem, no âmbito da Administração Pública Federal, atividades tendentes a influenciar a tomada de decisão administrativa ou legislativa.

A proposta assegurava às pessoas físicas e jurídicas credenciadas para o exercício de atividades de lobby, o direito de solicitar aos órgãos da Administração Pública federal dos Poderes Legislativo, Executivo e Judiciário a sua participação em audiência pública, quando estivessem em fase de elaboração ou discussão de assuntos relacionados a sua área de atuação. No caso de haver defensores e opositores relativamente à matéria objeto de exame, o órgão promotor da audiência pública procederia de forma a possibilitar a audiência das diversas correntes de opinião.

Para propiciar a isonomia do acesso, vedava a autoridade responsável pela elaboração ou relatoria de proposta de ato legislativo ou ato normativo em curso de elaboração ou discussão em órgão do Poder Executivo ou Legislativo apresentar relatório ou voto diante de grupo de trabalho, comissão ou em Plenário sem que, tendo consultado ou atendido pessoa física ou jurídica credenciada para o exercício de atividades de lobby, houvesse propiciado igual oportunidade à parte contrária ao interesse atendido ou prejudicado pela matéria em exame. Tal consulta deveria ocorrer, preferencialmente, em audiência conjunta, cabendo à autoridade responsável pela mesma definir quanto à sua conveniência e oportunidade.

As pessoas credenciadas para o exercício de atividades de lobby deveriam encaminhar ao Tribunal de Contas da União, até o dia 31 de dezembro de cada ano, declaração discriminando suas atividades, natureza das matérias de seu interesse e quaisquer gastos realizados no último exercício relativos à sua atuação junto a órgãos da Administração Pública Federal, em especial pagamentos a pessoas físicas ou jurídicas, a qualquer título, cujo valor ultrapassasse 1.000 Unidades Fiscais de Referência - UFIR.

Em caso de omissão de informações, tentativa de omitir ou ocultar ou confundir dados poderia ser atribuída a pena de cassação do credenciamento. Constatada qualquer irregularidade ou omissão nas informações prestadas, aplicar-se-ia pena de advertência e, em caso de reincidência, a cassação do credenciamento.

Não se aplicaria o disposto na Proposta a indivíduos que atuassem sem pagamento ou remuneração por qualquer pessoa física ou jurídica e em caráter esporádico e com o propósito de influenciar o processo legislativo em seu interesse pessoal, ou que se limitassem a acompanhar sessões de discussão e deliberação no âmbito do Poder Legislativo, ou em órgãos colegiados do Poder Executivo ou Judiciário, ou a quem fosse convidado, em razão de sua atuação profissional, prestígio ou notoriedade para expressar opinião ou prestar esclarecimentos em audiência pública diante de Comissão ou do Plenário, mediante convite público de dirigente responsável.

Em síntese, a redação original da Proposta, a fim de garantir um controle sobre a atividade de lobby, previa: i) o credenciamento prévio de pessoas físicas e jurídicas que exercessem essa atividade no âmbito da Administração Pública federal; ii) o oferecimento de igualdade de condições entre partes contrárias na elaboração e tramitação de propostas normativas e em audiências públicas, evitando que o poder público decidisse apenas com base em informações prestadas por um dos setores envolvidos; e iii) a exigência de apresentação de relatório anual de atividades perante o Tribunal de Contas da União, discriminando matérias defendidas, reuniões e despesas com o lobby.

Ocorre que, na Comissão de Constituição e Justiça e de Cidadania (CCJC) e no Plenário da Câmara dos Deputados, foram apresentadas emendas ao Projeto. O substitutivo do PL nº 1.202/2007, de autoria da deputada Cristiane Brasil, tramita em regime de urgência na Câmara dos Deputados, e é alvo de críticas no sentido de esvaziamento da proposta inicial, alterando inclusive a expressão "lobby" por "atividades de relações institucionais e governamentais". Nos termos das emendas propostas, em resumo, o credenciamento prévio será facultativo, o contraditório entre interesses contrapostos afetados será mera sugestão e haverá a supressão da prestação de contas.

REGULAÇÃO DO LOBBY SOB A ÓTICA DA TEORIA PROCESSUAL ADMINISTRATIVA DA REGULAÇÃO

Este estudo não tem por objetivo propor um desenho regulatório para o lobby no Brasil, que, por sua complexidade, demandaria a indicação da integração de técnicas e mecanismos aptos a moldar o comportamento referente à atividade presente nos mais diversos setores econômicos e sociais.

Por outro lado, já apontadas as principais críticas formuladas pela teoria dos interesses específicos (*public choice*) e, especificamente, pela teoria dos grupos de Mancur Olson, revela-se pertinente, neste momento, indicar uma formulação teórica coerente de técnicas, estratégias e modalidades regulatórias apta a repercutir, ainda que parcialmente, sobre uma possível regulação da atividade de lobby. Nesse contexto, serão destacados os principais aspectos da teoria processual administrativa da regulação.

A teoria processual administrativa da regulação propõe que os atos regulatórios do Estado podem ser percebidos como um complexo de procedimentos e garantias, cujos mecanismos são empregados para promover e realizar o interesse público (*public-interest regulation*). Nesse sentido, a regulamentação do Estado pode e contribui efetivamente para a concretização do interesse e bem-estar sociais, destacando-se que a análise dos resultados alcançados por essas atividades deve ser realizada mediante a avaliação da compatibilidade entre o procedimento ou mecanismos utilizados no processo de decisão e os objetivos por eles almejados (CROLEY, 2008).

A teoria desenvolvida por Steven P. Croley tenta demonstrar que a atividade regulatória, desenvolvida pelas agências reguladoras, tem grande potencial de oferecer resultados regulatórios favoráveis ao interesse público e majoritário (NEGREIROS, 2019). A explicação é de que atuariam sob conhecidos princípios constitucionais administrativos, a exemplo da supremacia do interesse público, publicidade, moralidade, legalidade, eficiência e proporcionalidade, dentre outros, tratando a regulação sob a ótica jurídica, no lugar da ótica eminentemente econômica. Nesse sentido, rejeita os pressupostos da teoria da *public choice*, de que haveria inafastáveis incentivos à cooptação dos reguladores rumo a uma regulação de grupos de interesse ou *special interest regulation* (ARANHA, 2019).

A atividade regulatória pela ótica do processo de tomada de decisão pelos administradores permite a realização da regulação publicamente interessada e imune às pressões de grupos especiais político e economicamente influentes. Assim, considerados os elementos que integram o processo de tomada de decisões, isto é, as normas justificadoras dos procedimentos adotados para exercício da regulação, assim como a motivação das decisões e o ambiente em que estas são tomadas, é possível a implementação de regulações favoráveis ao interesse público (CROLEY, 2008).

A base da teoria processual administrativa da regulação é composta, em síntese, pelas seguintes categorias conceituais: i) neutralidade do processo administrativo; ii) procedimento administrativo; iii) ambiente jurídico-institucional administrativo. Cada um desses elementos fornece um conjunto de pressupostos tradicionais à teoria geral do direito público, que afastam ou constrangem a cooptação do regulador no jogo de trocas de vantagens políticas entre representantes eleitos e grupos de interesse (ARANHA, 2019).

A neutralidade do processo administrativo apoia-se na natureza jurídico-funcional da decisão administrativa. O procedimento administrativo exterioriza o processo, garantindo transparência, publicidade, obtenção de apoio social, melhoria do conteúdo de regulamentações propostas, antecipação de críticas dos atores setoriais e oportunidades de ajuste da proposta. O ambiente institucional administrativo, por sua vez, permite a construção de propostas regulatórias via estabilidade profissional do regulador, via apoio de outras estruturas de poder à preservação da competência das agências ou órgãos reguladores ou via controle externo e interno da atividade reguladora (ARANHA, 2019).

Os teóricos da *public choice* sustentam que a melhor solução para contornar a captura das agências reguladoras e as consequentes falhas regulatórias seria abandonar a atividade regulatória estatal e deixar que o livre mercado se autorregule por meio de seus próprios mecanismos de equalização (CROLEY, 2008). Por sua vez, a teoria processual administrativa da regulação sustenta a diminuição da influência dos interesses específicos na regulação, atribuída pela *public choice*, sustentando que os procedimentos de tomada de decisão dos agentes lhes fornecem autonomia suficiente para fomentar interesses de abrangência geral.

A teoria processual administrativa propõe a realização da regulação isenta de pressões de grupos especiais, valendo-se de um processo que busca minimizar os riscos de captura dos reguladores.

Quando se trata de lobby, as pressões fazem parte do exercício da própria atividade. Assim, embora não se possa transpor integralmente a teoria processual administrativa como fundamento de um desenho regulatório do lobby – atividade complexa em que os interessados atuam nas mais diversas áreas econômicas e sociais –, essa pode auxiliar com base teórica a subsidiar as propostas regulatórias dessa atividade de atuação de grupos especiais por excelência.

Nesse sentido, pode-se afirmar que as previsões contidas no Projeto de Lei nº 1.202, de 2007, em sua versão original, de exigência de credenciamento de lobistas e de apresentação de relatório anual de atividades revelam-se razoáveis sob a ótica da teoria processual administrativa.

CONCLUSÃO

A atividade de lobby não foi objeto de regulação no Brasil, encontrando resistência por parte de alguns setores e grupos de interesse.

O lobby é uma atividade lícita, e pode auxiliar o governo na tomada de decisões, através do fornecimento de informações relevantes por cidadãos e grupos de interesses. Contudo, quando realizado em sigilo, com negociações a portas fechadas, pode subverter o debate democrático, acarretando a concorrência desleal e a captura regulatória, em detrimento do interesse público e de políticas públicas eficazes[9].

Recentes escândalos de corrupção no país revelaram que tais práticas podem evoluir para a transformação dos Poderes Legislativo e Executivo em verdadeiros balcões de negócios, em que leis são praticamente encomendadas pelos agentes interessados, tornando todo o sistema político refém dessa prática (FRAZÃO, 2017)[10].

No Brasil, a discussão sobre a importância da regulação do lobby resultou em alguns Projetos de Lei no Congresso Nacional, dentre os quais o PL nº 1.202, de 2007, de autoria do deputado Carlos Zarattini (PT/SP). Atualmente, o substitutivo ao PL nº 1.202/2007, de autoria da deputada Cristiane Brasil, tramita em regime de urgência na Câmara dos Deputados, e é alvo de críticas no sentido de esvaziamento da proposta inicial[11].

A ausência de um desenho regulatório sobre o tema torna oportuno o questionamento acerca de qual modelagem regulatória seria adequada para tratar do lobby no país. Independentemente da resposta a ser dada à questão, o que parece claro é que a regulação do lobby precisa garantir a transparência nas relações entre lobistas e agentes públicos e reduzir a assimetria entre os setores interessados no debate, que prejudica os processos públicos de tomada de decisão.

Conforme destaca Frazão (2017), quanto mais transparência houver nas relações entre o poder político e o poder econômico, mais se terá condições de entender os contextos e os interesses que estão em jogo. Isso pode ser ao menos um primeiro passo para assegurar a efetividade do regime democrático, gerando

---

[9]Nessa ótica, recursos podem ser mal alocados, favorecendo interesses das partes envolvidas, conferindo vantagens àqueles que têm os "contatos certos" (LAZZARINI, 2018). Nas palavras críticas de Lessig, "obviously, you can't have a democracy that represents all people equally. Obviously, some must be more equal than others" (LESSIG, 2015).

[10]A promiscuidade entre as esferas pública e privada no Brasil é relatada por Faoro, que afirma que sua origem data de tempos imemoriais: "Dessa realidade se projeta, em florescimento natural, a forma de poder, institucionalizada num tipo de domínio: o patrimonialismo, cuja legitimidade assenta no tradicionalismo – assim é porque sempre foi." (FAORO, 2012, p. 819). Flávia Schilling ressalta que a corrupção está presente na relação entre o poder econômico e o poder decisório (SCHILLING apud BATAGLIA, 2017, p. 29), enquanto Bataglia conclui que não se trata de exclusividade de países em desenvolvimento, tampouco possui como causa a pobreza, sendo esta mais sua consequência que seu motivo gerador (BATAGLIA, 2017, p. 29).

[11]Nesse sentido, confira MOREIRA, 2018.

uma cultura de maior controle da atividade legislativa e executiva e da atuação de seus agentes, por um lado, e dos particulares que tentam influenciá-las, por outro.

A regulação a ser eventualmente adotada no Brasil deve ser ajustada às possibilidades de sua implementação, às garantias constitucionais do direito de associação e de petição aos poderes públicos, e não pode se converter em uma barreira à atuação legítima de representação de interesses, que é inerente à democracia (SANTOS, 2018). Por outro lado, a simplificação das regras não deve significar em perda da essência das obrigações de transparência.

Nas palavras de Santos (2018), erigir uma legislação equilibrada, que favoreça a transparência e integridade do lobby, amplie a igualdade de acesso e o escrutínio sobre o processo decisório governamental, é um desafio. Vários países adotam regulamentações rígidas e detalhistas, das quais os Estados Unidos é o principal exemplo, fruto que são de contextos com elevados graus de corrupção no lobby. Se o excesso de rigor pode acabar por impedir a aplicação das regras e produz soluções de contorno para a sua burla, por outro lado, uma lei frouxa e vaga pode produzir pouco ou nenhum efeito para legitimar o lobby e evitar práticas espúrias. Esse foi o aprendizado que a evolução legislativa dos EUA produziu até o momento (SANTOS, 2018).

A regulação do lobby pode traduzir um aumento da transparência do acesso dos grupos de interesse aos responsáveis pelas decisões das políticas públicas e dos meios e objetivos que buscam atingir por meio dessas relações. Embora seja necessário implementar outras medidas de caráter legal e institucional[12] para assegurar maior equilíbrio no acesso dos grupos de interesse aos representantes políticos, é inegável que a regulação do lobby seja um importante passo nesse sentido.

REFERÊNCIAS BIBLIOGRÁFICAS

ARANHA, Marcio Iorio. **Manual de Direito Regulatório: Fundamentos de Direito Regulatório.** 5ª ed. London: Laccademia Publishing, 2019.

---

[12] As regras do jogo não são apenas jurídicas, havendo também regras sociais e culturais, bem como os valores nelas embutidos. A mudança institucional é um processo intrincado. Ao passo que as regras formais podem ser rapidamente alteradas em virtude de decisões políticas ou judiciais, as restrições informais incorporadas nos costumes, tradições e códigos de conduta são bem mais impermeáveis às políticas deliberadas (NORTH, 2018, p. 18).

ARAÚJO, Anderson Luiz Alves de. *A necessidade de regulação do lobby no Brasil e a experiência americana*: No ordenamento jurídico dos Estados Unidos, cada um dos seus estados possui regulamentação própria sobre o lobby. Disponível em: <https://www.jota.info/coberturas-especiais/as-claras/lobby-brasil-estados-unidos-19072018> Acesso em: 23 out. de 2019.

BATAGLIA, M. B. *Políticas públicas de enfrentamento à corrupção: a formação de agenda*. Journal of Law and Regulation. Brasília, v. 3, n. 2, p. 21-46, 16 out. 2017.

CARAZZA, Bruno. *Dinheiro, eleições e poder: As engrenagens do sistema político brasileiro.* 1ª ed. São Paulo: Companhia das Letras, 2018.

CROLEY, Steven P. *Regulation and Public Interests.* Princeton: Princeton University Press, 2008.

FAORO, Raymundo. *Os donos do poder: formação do patronato político brasileiro.* 5ª ed. São Paulo: Globo, 2012.

FRAZÃO, Ana. *Arquitetura da corrupção e as relações de mercado: Somente uma mudança institucional profunda pode gerar frutos consistentes e duradouros.* Disponível em: <http://anafrazao.com.br/files/downloads/arquitetura-da-corrupcao-e-as-relacoes-de-mercado.pdf> Acesso em: 23 out. 2019.

_____. *Precisamos falar sobre lobby: o controle do lobby como forma de administrar a tensão entre democracia e mercado.* Disponível em: <http://anafrazao.com.br/files/publicacoes/20170726Precisamos_falar_sobre_lobby.pdfbr > Acesso em: 23 out. 2019.

LAZZARINI, Sérgio. *Capitalismo de laços: os donos do Brasil e suas conexões.* 2ª ed. São Paulo: BEI Comunicação, 2018.

LESSIG, Lawrence. *Republic, Lost.* The corruption of equality and the steps to end it. New York: Twelve, 2015.

MOREIRA, Felipe Lélis. *Toffoli, Moro e "a regulamentação do lobby: Uma normatização da defesa de interesses, sem burocracia, é possível.* Disponível em: <https://www.jota.info/coberturas-especiais/as-claras-2-0/toffoli-moro-e-a-regulamentacao-do-lobby-05122018> Acesso em: 30 de nov. 2019.

NEGREIROS, H. R. L. F. V. de. A Aplicação da Teoria Processual Administrativa à Lei nº 13.655/2018 e as Reformas Regulatórias. *Revista de Direito Setorial e Regulatório*, v. 5, n. 2, p. 129-146, outubro 2019.

NORTH, Douglass C. *Instituições, mudança institucional e desempenho econômico*. Tradução Alexandre Morales. São Paulo: Três Estrelas, 2018.

OCDE. *The 10 Principles for Transparency and Integrity in Lobbying*. Disponível em <https://www.oecd.org/gov/ethics/Lobbying-Brochure.pdf> Acesso em: 30 de nov. 2019.

OLSON, Mancur. *The Logic of Collective Action: Public Goods and the Theory of Groups*. Cambridge: Harvard University Press, 2002.

SANTOS, Luiz Alberto dos. Regulamentação das atividades de lobby e seu impacto sobre as relações entre políticos, burocratas e grupos de interesse no ciclo de políticas públicas: análise comparativa dos Estados Unidos e Brasil. *Coleção de teses, dissertações e monografias de servidores do Senado Federal*. Brasília, 909 p., 2015.

_____. *Regulação do lobby no contexto brasileiro: texto em vias de ser apreciado pelo Plenário da Câmara está muito distante de atender a requisitos da OCDE*. Disponível em: <https://www.jota.info/coberturas-especiais/as-claras/regulamentacao-do-lobby-no-contexto-brasileiro-19062018> Acesso em: 26 jan. 2020.

THOMAS, Clive S. Interest Group Regulation across the United States: Rationale, Development and Consequences. *Parliamentary Affairs*, vol. 51, n° 4, p. 500-515, out. 1998.

Normas e Julgados:

BRASIL. PL n° 1.202, de 30 de maio de 2007. Disponível em: <https://www.camara.leg.br/proposicoesWeb/fichadetramitacao?idProposicao=353631> Acesso em: 23 de out. de 2019.

MODELOS DE EDUCAÇÃO DOMICILIAR A PARTIR DA TEORIA DA REGULAÇÃO RESPONSIVA: UM ESTUDO COMPARADO

Homeschooling models under the Theory of Regulation: A comparative study

Submetido(*submitted*): 05/12/2019
Parecer(*revised*): 17/12/2019
Aceito(*accepted*): 08/02/2020

Fernanda Duarte F. Freitas[*]

Abstract

Purpose – *The debates about the possibility of introducing homeschooling, which dates back to the 70s in the United States of America (USA), has gained even more reverberation in Brazil. In that context, it has become particularly appropriate to provide that discussion with the results of the previous experiences taken abroad. The present article, therefore, aims to identify the most notorious characteristics of the North American regulatory model, concerning all of the fifty States; the legal limitations that a hypothetical Brazilian model would have to comply with and which would be the desirable traits for such legal framework, if seen under the perspective of the Responsive Theory of Regulation.*

Methodology/approach/design – *The said issue will be investigated through bibliographic and documental research with a mainly qualitative, but also quantitative, approach, and comparison between legislations to assess common attributes.*

Findings – *To provide a comparative study of the regulatory model of homeschooling in the USA and, as a result, there is the intent to make up a template of what should be a hypothetical regulation of homeschooling in Brazil, which must also be legally adequate, in accordance with the Responsive Theory of Regulation.*

Keywords: *Homeschooling. Regulatory models. Comparative Law. Responsive Regulation.*

Resumo

Propósito – Os debates sobre a possibilidade de implementação do *homeschooling*, que remonta aos anos 1970 nos Estados Unidos da América (EUA), têm ganhado cada vez mais repercussão no Brasil. Nesse contexto, torna-se particularmente pertinente subsidiar tal discussão com os resultados das experiências prévias estrangeiras. O presente trabalho, portanto, objetiva identificar as mais notórias características do modelo regulatório norte-americano, relativo aos cinquenta estados federados; os limites jurídicos que um eventual modelo regulatório brasileiro teria que observar e quais seriam

---

[*]Advogada, graduada em Direito pela Universidade de Fortaleza (UNIFOR), Pós-graduanda em Direito e Planejameno Tributário. Atualmente é Conselheira do Conselho Consultivo OAB Jovem da Ordem dos Advogados do Brasil-Seção do Ceará, Controller do Escritório Trevia Advogados Associados. E-mail: fernandaduarte.freitas@outlook.com.

as características desejáveis para tal arcabouço normativo sob a perspectiva da Teoria Responsiva da Regulação, de Ayres e Braithwaite.
Metodologia/abordagem/design – A problemática em alusão será investigada através de revisão bibliográfica e documental, com abordagem precipuamente qualitativa, mas também quantitativa, e comparação de normas legais para aferição de características comuns.
Resultados – Prover um estudo comparado do modelo regulatório de educação domiciliar nos Estados Unidos e, como resultado disso, pretende-se formar um desenho geral do que deveria ser uma hipotética regulação do *Homeschooling* no Brasil, e juridicamente adequado, de acordo com a Teoria Responsiva da Regulação.

Palavras-chave: Homeschooling. Modelos Regulatórios. Direito Comparado. Regulação Responsiva.

INTRODUÇÃO

Embora seja prática frequente em outros lugares do mundo, no Brasil, ainda não existe a institucionalização da prática do *homeschooling*[1]. Este, contudo, é um debate que se encontra em voga atualmente, em decorrência de decisão recente do Supremo Tribunal Federal (STF)[2] e da tramitação de proposta legislativa sobre a matéria – Projeto de Lei n. 2.401/19.

Nesse contexto, em que se pretende que haja uma regulação do tema, torna-se pertinente a pesquisa para subsidiar às discussões sobre qual seria o tipo de regulação adequado ao contexto brasileiro. Este Trabalho se propõe a tanto, muito embora pretenda fazê-lo tão somente sob a perspectiva jurídica.

Em outros termos, a pesquisa tratará, tão somente, da produção de normas jurídicas adequadas para gerar o que, de acordo com a Teoria Responsiva da Regulação, seria um modelo regulatório adequado. Esse empreendimento, contudo, não se presta à proposição de regras específicas a serem legisladas ou sobre modelos educacionais em si, mas apenas sobre o tipo de regulação adequado.

Com efeito, para os fins deste Trabalho, o que há de se entender por *homeschooling* é a prática que provê educação formal domiciliar, seja fornecida por pais, tutores ou professores, sem que haja qualquer vinculação com instituição de ensino (BREWER; LUBIENSKI, 2017).

---

[1] Embora o instituto não tenha sido regulado, muitas famílias adotam a prática. A Associação Nacional de Ensino Domiciliar (ANED) aponta que, atualmente, cerca de 7.500 (sete mil e quinhentos) realizam *homeschooling* e que a taxa de crescimento é em torno de 55% (cinquenta e cinco por cento) ao ano. *In*: < https://www.aned.org.br/conheca/ed-no-brasil>. Acesso em 01 dez. 2019.
[2] Restou estabelecido precedente obrigatório de número RE n. 888815/RS, no sentido de que a prática será possível após regulação sobre o tema.

Desta feita, nos três capítulos que se seguem, investigar-se-á quais as regras vigentes em outros modelos regulatórios desse objeto; em seguida, serão estabelecidas as premissas sobre quais são os limites jurídicos para uma proposta de regulação do tema no Brasil; e, por fim, de acordo com as premissas da Teoria Responsiva da Regulação proposta por Ayres e Braithwaite, dos subsídios das experiências estrangeiras e dos limites jurídicos pré-estabelecidos no Brasil, empreenderemos uma tentativa de propor características gerais que qualquer tentativa de regulação, independentemente das escolhas pedagógicas feitas, deveria seguir.

UNCLE SAM'S HOUSE: A EXPERIÊNCIA AMERICANA COM O HOMESCHOOLING

O *homeschooling* ou ensino domiciliar, é a prática de ensino no domicílio do aluno, que pode ser realizado por um familiar ou tutor – sem que haja obrigatoriedade de matrícula em instituição escolar – que acontece em oposição ao ensino em escola pública ou privada. A prática, portanto, permite aos pais e/ou familiares a responsabilização direta pela instrução formal dos infantes.

Contrariamente ao que se pensa, a educação domiciliar é muito antiga e pode ser remetida a até antes da Grécia e Roma antigas, sociedades nas quais a educação formal era orientada por tutores e/ou preceptores. Essa instrução era fornecida apenas para minorias, de nobres e burgueses.

A ideia de escola[3], como a conhecemos hoje, é um instituto relativamente recente – data aproximadamente dos séculos XVI a XX – e foi fomentada, inicialmente, pelo luteranismo, com o fito de universalizar o ensino das religiões protestantes. Nesse mesmo sentido, João Amós Comênio também defendia a educação universal, mas, diferente de Martinho Lutero, entendia que deveriam ser ensinadas todas as coisas, não apenas as escrituras, pregando que o

> "Tratado da Arte Universal de Ensinar Tudo a Todos ou Processo seguro e excelente de instituir, em todas as comunidades de qualquer Reino cristão, cidades e aldeias, escolas tais que toda a juventude de um e de outro sexo, sem excetuar ninguém em siveiarte alguma, possa ser formada nos estudos, educada nos bons costumes, impregnada de piedade, e, desta maneira, possa ser, nos anos da puberdade, instruída em tudo o que diz respeito à vida presente e à futura, com economia de tempo e de fadiga, com agrado e com solidez. Onde os fundamentos de todas as coisas que se aconselham são tirados da própria natureza das coisas; a sua verdade é demonstrada com exemplos paralelos das artes mecânicas; o curso dos estudos é distribuído por anos, meses, dias e horas; e, enfim, é indicado um caminho fácil e seguro de

---

[3]Trazemos, também, a definição apresentada por Illich que, em muito, se adequa a discussão que empregaremos, que define escola "como um processo que requer assistência de tempo integral a um currículo obrigatório, em certa idade e com a presença de um professor" (ILLICH, 1985, p. 40).

pôr estas coisas em prática com bom resultado. A proa e a popa da nossa Didática será investigar e descobrir o método segundo o qual os professores ensinem menos e os estudantes aprendam mais; nas escolas, haja menos barulho, menos enfado, menos trabalho inútil, e, ao contrário, haja mais recolhimento, mais atrativo e mais sólido progresso; na Cristandade, haja menos trevas, menos confusão, menos dissídios, e mais luz, mais ordem, mais paz e mais tranqüilidade". (COMENIUS, 2006, p. 3)

Os debates iniciais sobre o reestabelecimento da educação domiciliar começaram a ocorrer nos Estados Unidos, por volta dos anos 1970 e 1980, sendo impulsionado por teóricos como Ivan Illich, John Holt e Raymond e Dorothy Moore (casal possuiu fundamental importância na criação da *Homeschool Legal Defense* Association – HLDA –, em 1983). Dentre as questões que impulsionaram as discussões estava o descontentamento dos pais com a educação formal fornecida nas escolas, sobretudo para aqueles que desejam uma educação pautada na religiosidade.

Nesse sentido, é possível indicar que um juízo comum entre os autores era o de que a família é a instituição mais adequada a ensinar seus filhos – seja diretamente pelos pais e responsáveis ou por professores contratados para tal fim – os únicos a adequarem o sistema de ensino com o fito de desenvolver autonomia individual.

Ivan Illich asseverou em sua obra "Sociedade sem Escolas", 1985, que o modelo educacional existente é um dos difusores de desigualdades e que, embora seja essencial que se universalize a educação, fazê-lo pelo modelo conhecido é inviável, por entender que

"A dupla decepção da intensa escolaridade, como se verifica nos Estados Unidos — e como é prometida na América Latina — complementa-se uma à outra. Os norte-americanos pobres estão sendo desmantelados pelos doze anos de escolaridade cuja falta estigmatiza os latino-americanos pobres como irremediavelmente atrasados. Nem na América do Norte nem na América Latina obtêm os pobres a igualdade através da escolarização obrigatória. Mas em ambas as regiões a simples existência de escolas desencoraja e incapacita os pobres de assumirem o controle da própria aprendizagem. Em todo o mundo a escola tem um efeito antieducacional sobre a sociedade: reconhece-se a escola como a instituição especializada em educação. Os fracassos da escola são tidos, pela maioria, como prova de que a educação é tarefa muito dispendiosa, muito complexa, sempre misteriosa e muitas vezes quase impossível. A escola se apropria de dinheiro das pessoas e da boa vontade disponível, para então desencorajar outras instituições a que assumam tarefas educativas. O trabalho, o lazer, a política, a vida na cidade e mesmo a vida familiar dependem da escola, por causa dos hábitos e conhecimentos que pressupõem, em vez de converterem-se nos meios de educação. E ainda, tanto as escolas como as outras instituições que dela dependem atingem custos vultosos. [...]

A escolarização obrigatória polariza inevitavelmente uma sociedade; e também hierarquiza as nações do mundo de acordo com um sistema internacional de castas. Países cuja dignidade educacional é determinada pela

> média de anos-aula de seus habitantes estão sendo classificados em castas, classificação que está intimamente relacionada com o produto nacional bruto e é muito mais dolorosa que esta última. O paradoxo das escolas é evidente: quanto maiores os gastos, maior sua destrutividade dentro e fora de casa. Este paradoxo deve tornar-se assunto público. [...]
>
> Em vez de dizer que a igualdade escolar é temporariamente impraticável, devemos reconhecer que ela é, por princípio, economicamente absurda e que tentá-la é castração intelectual, polarização e destruição da credibilidade no sistema político que a promove". (ILLICH, 1985, p. 22-25)

Assim, a necessidade latente de repensar o formato da educação existente ganhou mais força, de modo que surgiram duas novas correntes para tanto: a do *homeschooling* e a *unschooling*.

A partir de tais discussões, os EUA implementaram o sistema de ensino domiciliar, entretanto, diversamente do que ocorre no Brasil, aquele país não possui disposição constitucional sobre o ensino, de modo que cada um dos estados federados tem a competência de disciplinar a matéria. Assim sendo, atualmente, os cinquenta estados federados possuem, cada um deles, regulação própria sobre o *homeschooling*.

Desse modo, empreenderemos esforços em demonstrar, por meio de critérios preestabelecidos, como cada um dos cinquenta estados americanos se comporta frente a educação domiciliar para que com isso possamos, ao final, identificar se tais critérios observados são válidos e podem vir a ser aplicados no Brasil, respeitados os limites da legislação pátria. O objetivo final, portanto – identificados os critérios norte-americanos –, é identificar um modelo possível de regulação para o homeschooling segundo a Teoria Responsiva de Ayres e Braithwaite (1992).

Regulação norte-americana[4]

Os EUA são uma das principais referências mundiais de modelo educacional no que concerne à educação domiciliar. Entretanto, em razão da diversidade legislativa quanto ao tema, a análise dos parâmetros gerais adotados pelo país torna-se complexa. Isso porque cada um dos cinquenta estados federados ostenta autonomia legislativa para regular a educação, de modo que a forma e procedimentos necessários à prática do *homeschooling* é própria em cada uma das unidades da Federação Norte-Americana.

---

[4]A consulta para busca geral das normas dos estados americanos foi realizada através da plataforma da *Homeschool Legal Defense Association* (HSLDA), organização sem fins lucrativos, criada em 1983 pelos advogados Mike Farris e Mike Smith, com o intuito de prestar auxílio jurídico para famílias que optam pela educação domiciliar e que hoje reúne um grande número de famílias. É possível obter maiores informações sobre a organização através do sítio eletrônico: <https://hslda.org/content/>. Acesso em 15 de nov. 2019.

Assim, como cada um dos cinquenta estados detém autonomia legislativa, deve-se ter em mente que se tratam, na verdade, de cinquenta diferentes tipos de regulação. Desse modo, com o objetivo de apresentar uma visão holística de como os estados americanos abordam o tema, optou-se pela seleção de critérios gerais presentes nas legislações – seis no total, que serão melhor explorados na próxima seção – e ainda, para que se possa distinguir os estados, identificamos três categorias regulatórias distintas, quais sejam: estados com baixa, média e alta regulação.

Parâmetros regulatórios presentes nos estados americanos

Para que seja possível alcançar os objetivos estabelecidos no presente Trabalho, foram selecionados critérios gerais universalizáveis, a partir dos quais proceder-se-á à categorização pretendida, quais sejam: a (1) necessidade de acompanhamento de grade curricular pré-definida; (2) ensino exclusivo na língua inglesa; (3) obrigatoriedade de notificação ao Estado ou ao Distrito Escolar respectivo; (4) aplicação regular de testes padronizados; (5) exigibilidade de grau mínimo de instrução dos responsáveis pelo ensino; e (6) manutenção de registros de frequência.

1) Grade-curricular pré-definida:

Definição	Estados (16)
As famílias optantes pelo *homeschooling* devem observar e seguir disciplinas mínimas exigidas, as quais, em sua maioria, estão presentes na grade curricular básica adotada pelas escolas públicas do Estado.	Alabama, Alasca, Califórnia, Colorado, Delaware, Iowa, Louisiana, Maine, Michigan, Dakota do Norte, Ohio, Pensilvania, Carolina do Sul, Virginia, Washington e Wyoming.

Tabela 1 - Critério 1

2) Ensino em inglês:

Definição	Estados (2)
As aulas devem ser ministradas, exclusivamente, em inglês, independente da língua nativa da família.	Alabama e Califórnia.

Tabela 2 - Critério 2

3) Notificação:

Definição	Estados (19)
Necessidade de os pais ou responsáveis notificarem o Estado ou o Distrito Escolar específico daquela família – este determinado pelo endereço domiciliar –	Alabama, Alasca, Califórnia, Colorado, Delaware, Iowa, Kansas, Louisiana,

pela opção do ensino doméstico. O deferimento da solicitação depende de apreciação e resposta positiva do ente governamental, além de necessidade de prestação de informações periódicas sobre a condução do ensino.

Maine, Maryland, Carolina do Norte, Dakota do Norte, Pensilvânia, Carolina do Sul, Tennessee, Virginia, Washington, West Virginia e Wyoming.

Tabela 3- Critério 3

4) Testes padronizados:

Definição	Estados (9)
Os alunos educados em casa são submetidos a testes periódicos – a periodicidade varia em cada Estado – com o fito de aferir a evolução dos estudantes e identificar possíveis falhas no ensino.	Kansas, Maine, Carolina do Norte, Dakota do Norte, Ohio, Pensilvânia, Carolina do Sul, Virginia e West Virginia.

Tabela 4- Critério 4

5) Grau de instrução dos tutores:

Definição	Estados (9)
Os responsáveis pela condução das aulas devem comprovar qualificação mínima, que pode se dar por meio de certificados de bacharelado ou mesmo por permissão de ensino. Alguns Estados excepcionam o certificado para famílias com objeções religiosas.	Michigan, Carolina do Norte, Dakota do Norte, Ohio, Pensilvania, Carolina do Sul, Virginia, Washington e West Virginia.

Tabela 5 - Critério 5

6) Frequência escolar mínima:

Definição	Estados (24)
Nesse caso é realizada comprovação de número mínimo de aulas ministradas, estas representadas por número de dias de ensino – na maioria dos casos, pelo menos, 180 (cento e oitenta) dias/aula.	Alabama, Alasca, Arkansas, California, Delaware, Georgia, Indiana, Kansas, Kentucky, Louisiana, Montana, Novo México, Nova York, Carolina do Norte, Dakota do Norte, Ohio, Oklahoma, Pensilvania, Rhode Island, Dakota do sul, Tennessee, Washington, West Virginia e Wisconsin.

Tabela 6 - Critério 6

Além dos parâmetros acima indicados, os Estados também possuem ingerência sobre a determinação do tempo de permanência das crianças na escola, o que também deve ser definido por cada um dos Estados. Desse modo, assim como as regras gerais, as famílias devem observar a idade escolar definida pelo Estado no qual residem.

Figura 1 - Faixa etária escolar obrigatória

É importante mencionar, ainda, que o cumprimento das regulações em questão se dá a partir do momento em que a criança atinge a idade mínima exigida pelo estado específico, ou seja, se um determinado estado estabelece que a idade inicial para frequência escolar é de sete anos, as famílias que optarem pela educação domiciliar deverão observar as diretrizes impostas pela legislação somente no momento em que a criança completar os referidos sete anos. Por outro lado, um infante que é escolarizado a partir dos cinco anos não precisa observar tais regras até atingir a idade sobredita.

Isto posto, com base nos critérios apontados anteriormente, a classificação dos estados americanos como tendo baixo, médio ou alto nível regulatório pode ser apresentada da seguinte forma:

Categorias	Estados	Total
1) Pouca regulação (de 1 a 2 requisitos)	Arizona, Colorado, Connecticut, Delaware, Flórida, Hawaii, Idaho, Illinois, Iowa, Maryland, Mississipi, Missouri, Nebraska, Nevada, Nova Jersey, Oklahoma, Oregon, Tennessee, Texas, Utah e Wyoming.	21 estados
2) Média regulação (entre 3 e 4 requisitos)	Alabama, Alaska, Arkansas, Carolina do Norte, Dakota do Sul, Kansas, Kentucky, Louisiana, Maine, Massachussetts, Michigan, Minessota, Montana, New	23 estados

	Hampshire, Novo México, Nova York, Ohio, Rhode Island, Vermont, Virginia, Washington, West Virginia, Wisconsin.	
3) Alta regulação (entre 5 e 6 requisitos)	Califórnia, Carolina do Sul, Dakota do Norte, Georgia, Indiana e Pensilvania.	6 estados

Tabela 7 – Categorização regulatória dos Estados norte-americanos

Como última nota, é importante apontar que alguns estados possuem mais de um modelo regulatório – Iowa, por exemplo, faculta cinco opções diversas –, o que permite que as famílias se adequem de acordo com suas necessidades individuais para educar os infantes. Ao todo, 23 (vinte e três) Estados oferecem mais de uma opção[5]. Um exemplo disso é o do Estado do Kansas que tem duas opções legais para a prática do *homeschooling*: (1) como escola particular não credenciada ou (2) como uma escola satélite de uma escola particular.

No primeiro caso, como escola particular não credenciada, os responsáveis legais pela criança devem realizar o registro no Conselho Estadual de Educação como uma escola particular, indicando nome do responsável pelo ensino, endereço, devendo ainda selecionar instrutores capacitados – não há qualquer menção a quais seriam as qualificações necessárias –, apresentação de plano pedagógico (obrigatoriedade por seguir o plano básico governamental), testes periódicos e lecionar por, no mínimo, 186 (cento e oitenta e seis) dias.

A outra forma, como programa satélite, funciona da seguinte forma: a família optante por essa forma deve se conveniar a uma instituição de ensino credenciada, o que resulta na vinculação da criança àquela instituição, desobrigando-a a frequência escolar e possibilita o ensino integral ou parcial em casa, de modo que a criança poderá frequentar apenas aulas específicas na escola escolhida.

Examinados os critérios presentes nos estados americanos, é possível que nos voltemos à finalidade deste Trabalho: a de buscar uma regulação responsiva à realidade brasileira.

---

[5]São eles: Alabama, Alaska, Califórnia, Colorado, Delaware, Flórida, Indiana, Iowa, Kansas, Louisiana, Maine, Maryland, Michigan, North Carolina, North Dakota, Ohio, Pennsylvania, South Carolina, Tennessee, Virgínia, Washington, West Virginia e Wyoming.

REGULAÇÃO DO HOMESCHOOLING NO BRASIL: LIMITES JURÍDICOS

A partir da pormenorização dos critérios eleitos sobre a regulação norte-americana e, para que seja possível o oferecimento de um modelo regulatório, é necessário que se conheça a legislação pertinente sobre o tema, envolvendo todo o arcabouço normativo do universo que se propõe a trabalhar.

Portanto, é indispensável que se estabeleça a dimensão jurídica do contexto analisado para que se proponha um modelo regulatório. Aranha demonstra, ainda sobre isso, que

> "A anatomia do modelo regulatório de um país não pode ser integralmente compreendida sem a dimensão normativa, que tem sido tomada como um dado apoiado na equivalência de nomenclatura entre institutos de diversos ordenamentos jurídicos nacionais. Não obstante verossímil, a similitude dos conceitos jurídicos camufla diferenças de contexto jurídico e de prática decisória que alteram decisivamente o resultado do fenômeno regulatório.
>
> Assim, o entendimento dos modelos nacionais regulatórios de comunicações em perspectiva comparada depende da comensurabilidade dos institutos jurídicos em jogo, que somente são compreendidos quando desmembrados em suas garantias institucionais e contextualizados frente às diferenças presentes nas políticas nacionais de comunicação." (ARANHA, 2011, p. 2)

Assim, apresentaremos os limites jurídicos existentes na ordem jurídica brasileira sobre educação para que assim seja possível desenhar o molde ideal para uma legislação regulatória nacional sobre *homeschooling*.

Educação básica: regulamentação

Iniciaremos a explanação do presente ponto com a delimitação do tema na Constituição Federal de 1988 (CFRB), considerando ser esta a norma fundamental do Estado (SILVA, 2012), ou seja, a norma que erige e positiva as normas jurídicas superiores de um estado-nação, elaboradas a partir de um processo legislativo especial (MENDES; BRANCO, 2013).

Em meio a isso, a CFRB elegeu a educação como sendo um direito social[6] que proporciona mecanismo para o pleno desenvolvimento do exercício da cidadania. Para tanto, a norma dispõe sobre princípios e regras a serem observados – pela família, Estado e sociedade – no fomento do ensino[7].

---

[6] "Art. 6º São direitos sociais a educação, a saúde, a alimentação, o trabalho, a moradia, o transporte, o lazer, a segurança, a previdência social, a proteção à maternidade e à infância, a assistência aos desamparados, na forma desta Constituição."

[7] A CFRB apresenta uma série de normas programáticas com o fito de universalizar a educação básica, incluindo fomento financeiro. Em razão dos objetivos deste trabalho, iremos nos ater apenas às regras com relevo para a normatização da educação domiciliar.

Particularmente, os princípios a serem observados estão insculpidos no artigo 206, que prescreve:

> "Art. 206. O ensino será ministrado com base nos seguintes princípios:
>
> I - igualdade de condições para o acesso e permanência na escola;
>
> II - liberdade de aprender, ensinar, pesquisar e divulgar o pensamento, a arte e o saber;
>
> III - pluralismo de idéias e de concepções pedagógicas, e coexistência de instituições públicas e privadas de ensino;
>
> IV - gratuidade do ensino público em estabelecimentos oficiais;
>
> V - valorização dos profissionais da educação escolar, garantidos, na forma da lei, planos de carreira, com ingresso exclusivamente por concurso público de provas e títulos, aos das redes públicas;
>
> VI - gestão democrática do ensino público, na forma da lei;
>
> VII - garantia de padrão de qualidade.
>
> VIII - piso salarial profissional nacional para os profissionais da educação escolar pública, nos termos de lei federal."

Apurando as injunções presentes no texto, concluímos que vários deles não são minimamente aplicáveis à educação familiar, pois limitam suas hipóteses de incidência à educação escolar. No caso dos demais, que são pertinentes a esta Pesquisa, podemos sintetizar os princípios como: (1) igualdade de condições; (2) liberdade; (3) pluralismo; e (4) garantia de padrão de qualidade.

Ora, a partir da leitura dos princípios, exatamente como dispõe o texto constitucional, identifica-se que não há qualquer impedimento para o *homeschooling*, muito pelo contrário, o seu estabelecimento conferiria efetividade aos princípios em questão.

Entretanto, conforme explicitado previamente, o texto constitucional estabelece ainda outras regras a serem obedecidas, como: (1) educação obrigatória dos quatro aos dezessete anos de idade (artigo 208, I); (2) recenseamento obrigatório (artigo 208, § 3º); (3) fixação de conteúdo mínimo, definido por lei (artigo 210 e artigo 214).

A partir das regras estabelecidas na Constituição, não há qualquer indicação de monopólio do ensino pelo Estado, pelo contrário, resta demonstrado que o ensino é livre à iniciativa privada, desde que cumpridas as normas gerais de educação e autorizado pelo Poder Público (artigo 209, CFRB).

No tocante as normas infraconstitucionais, devemos ressaltar a Lei de Diretrizes e Bases da Educação Nacional (LDB) – Lei n. 9.394 de 20 de dezembro de 1996 –; o Estatuto da Criança e do Adolescente (ECA) – Lei n.

8.069 de 13 de julho de 1990 –; e o Código Penal (CP) – Decreto-Lei n. 2.848 de dezembro de 1940.

A LDB é o instrumento normativo que regula o sistema nacional de educação, no que diz respeito à instrução formal. A lei segue as mesmas diretrizes impostas na CFRB e as inovações que apresenta são de cunho instrumental, organizando as bases formais para o ensino como a composição dos níveis escolares – ensino fundamental, médio e superior – e a educação profissional. No tocante à LDB não há maiores esclarecimentos sobre nosso objeto, haja vista a plena consonância com as normas constitucionais, além de não haver expressa limitação ao ensino domiciliar ou determinação de monopólio estatal.

Já o ECA prevê, no Capítulo VI, do Título II, o direito à educação e, especificamente, o dever dos pais ou responsáveis de realizar a matrícula em rede regular de ensino[8] e, a partir daí, uma pergunta pode ser feita: qual a consequência prática (sanção) pelo descumprimento dessa norma?

A resposta para a pergunta formulada pode ser provida a partir da leitura do artigo 246 do Código Penal, o qual apresenta uma tipificação penal para os casos em que fica comprovado o abandono intelectual. De fato, os pais ou responsáveis de uma criança ou adolescente, entre quatro e dezessete anos, podem vir a ser punidos no caso de abandono intelectual. Esse delito pode ficar configurado, dentre outras formas, pela abnegação de matrícula em instituição de ensino.

Entretanto, o ensino domiciliar não pode ser tipificado, por si só, como crime de abandono intelectual, já que a prática resulta justamente no exato oposto. Então, a pergunta que se faz é: diante do dispositivo legal insculpido no ECA, a educação domiciliar no Brasil é impraticável?

Em momentos anteriores a setembro de 2018, havia uma ampla discussão e até dúvidas acerca da ilegalidade da prática, contudo, após o julgamento do Recurso Extraordinário n. 888.815 do Rio Grande do Sul – com repercussão geral reconhecida –, pelo Supremo Tribunal Federal (STF), o tema foi pacificado no sentido de que o ensino domiciliar é possível, desde que seja editada uma lei federal que regule a prática, com obediência às normas constitucionais. Esse provimento jurisdicional foi proferido sob os termos da ementa que consta a seguir:

> "CONSTITUCIONAL. EDUCAÇÃO. DIREITO FUNDAMENTAL RELACIONADO À DIGNIDADE DA PESSOA HUMANA E À EFETIVIDADE DA CIDADANIA. DEVER SOLIDÁRIO DO ESTADO E DA FAMÍLIA NA PRESTAÇÃO DO ENSINO FUNDAMENTAL. NECESSIDADE DE LEI FORMAL, EDITADA PELO CONGRESSO

---

[8] "Art. 55. Os pais ou responsável têm a obrigação de matricular seus filhos ou pupilos na rede regular de ensino."

NACIONAL, PARA REGULAMENTAR O ENSINO DOMICILIAR. RECURSO DESPROVIDO. 1. A educação é um direito fundamental relacionado à dignidade da pessoa humana e à própria cidadania, pois exerce dupla função: de um lado, qualifica a comunidade como um todo, tornando-a esclarecida, politizada, desenvolvida (CIDADANIA); de outro, dignifica o indivíduo, verdadeiro titular desse direito subjetivo fundamental (DIGNIDADE DA PESSOA HUMANA). No caso da educação básica obrigatória (CF, art. 208, I), os titulares desse direito indisponível à educação são as crianças e adolescentes em idade escolar. 2. É dever da família, sociedade e Estado assegurar à criança, ao adolescente e ao jovem, com absoluta prioridade, a educação. A Constituição Federal consagrou o dever de solidariedade entre a família e o Estado como núcleo principal à formação educacional das crianças, jovens e adolescentes com a dupla finalidade de defesa integral dos direitos das crianças e dos adolescentes e sua formação em cidadania, para que o Brasil possa vencer o grande desafio de uma educação melhor para as novas gerações, imprescindível para os países que se querem ver desenvolvidos. 3. A Constituição Federal não veda de forma absoluta o ensino domiciliar, mas proíbe qualquer de suas espécies que não respeite o dever de solidariedade entre a família e o Estado como núcleo principal à formação educacional das crianças, jovens e adolescentes. São inconstitucionais, portanto, as espécies de unschooling radical (desescolarização radical), unschooling moderado (desescolarização moderada) e homeschooling puro, em qualquer de suas variações. 4. O ensino domiciliar não é um direito público subjetivo do aluno ou de sua família, porém não é vedada constitucionalmente sua criação por meio de lei federal, editada pelo Congresso Nacional, na modalidade "utilitarista" ou "por conveniência circunstancial", desde que se cumpra a obrigatoriedade, de 4 a 17 anos, e se respeite o dever solidário Família/Estado, o núcleo básico de matérias acadêmicas, a supervisão, avaliação e fiscalização pelo Poder Público; bem como as demais previsões impostas diretamente pelo texto constitucional, inclusive no tocante às finalidades e objetivos do ensino; em especial, evitar a evasão escolar e garantir a socialização do indivíduo, por meio de ampla convivência familiar e comunitária (CF, art. 227). 5. Recurso extraordinário desprovido, com a fixação da seguinte tese (TEMA 822): "Não existe direito público subjetivo do aluno ou de sua família ao ensino domiciliar, inexistente na legislação brasileira."

Ainda, em decorrência do julgamento do colegiado, foi editado o Enunciado da Tese do Tema 822[9] da Repercussão Geral daquela Corte, cuja redação é a seguinte: "Não existe direito público subjetivo do aluno ou de sua família ao ensino domiciliar, inexistente na legislação brasileira.". Isto significa, portanto, que, por ora, não existe o direito subjetivo à educação familiar, sem prejuízo de passar a existir futuramente, caso a legislação brasileira passe a acolhê-lo.

---

[9]"Tema 822 - Possibilidade de o ensino domiciliar (homeschooling), ministrado pela família, ser considerado meio lícito de cumprimento do dever de educação, previsto no art. 205 da Constituição Federal.
Tese – Não existe direito público subjetivo do aluno ou de sua família ao ensino domiciliar, inexistente na legislação brasileira."

Desse modo, a partir da decisão do STF no Recurso Extraordinário n. 888.815/RS, ficou assentada, por maioria, a interpretação que deve ser dada aos dispositivos dantes indicados[10], de sorte que seria juridicamente possível, por lei ordinária, criar uma legislação para regular a educação domiciliar no Brasil e, logo, a discussão aqui proposta é extremamente pertinente. Nesse contexto, passaremos então à proposta principal do Trabalho, a de apresentar um modelo possível a ser adotado pelo Brasil para regular o ensino domiciliar, a partir da análise aos critérios eleitos na legislação estadunidense.

Educação domiciliar no Brasil: uma proposta responsiva

Nas seções anteriores, apresentamos uma síntese dos principais critérios adotados na regulação da educação domiciliar nos EUA e então cuidamos de explicitar os limites legais existentes no Direito brasileiro sobre essa modalidade de educação.

Em posse dessas informações, a partir de então, é possível que estabeleçamos um modelo para a regulação do ensino domiciliar no Brasil, sob a ótica da Regulação Responsiva – proposta por Ayres e Braithwaite (1992) –, respeitando os limites constitucionais estabelecidos.

Reforçamos que o intuito da proposta é puramente jurídico, de modo que quaisquer questionamentos de cunho educacional, psíquico ou orçamentário devem ser respondidos pelos agentes competentes para tal. Sem prejuízo disto, é necessária a cognição de teorias, em muitos aspectos, interdisciplinares para estabelecer os requisitos pertinentes para a criação de boas normas jurídicas.

A Regulação Responsiva de Ayres e Braithwaite

Um dos fundamentos precípuos da regulação reside na necessidade de proteção a um determinado objeto, sendo o seu cerne voltado a promover o direito à igualdade (ARANHA, 2015).

A regulação responsiva, a partir da doutrina de Ayres e Braithwaite (1992), pode ser entendida como sendo um processo regulatório, no qual estão presentes ativamente regulador e regulado, e o produto dessa interação (regras) funcione de modo a incentivar o regulado a cumprir espontaneamente as normas estabelecidas. Portanto, a regulação responsiva consistiria em

> "[...] um conjunto de atividades distribuídas em uma pirâmide em que, na base, encontram-se atividades persuasivas da conduta do regulado, enquanto,

---

[10]Conforme previsão do artigo 927 do Código de Processo Civil, os recursos extraordinários repetitivos julgados pelo STF são considerados precedentes judiciais de observância obrigatória, cuja redação é a seguinte: "Art. 927. Os juízes e os tribunais observarão: [...] III - os acórdãos em incidente de assunção de competência ou de resolução de demandas repetitivas e em julgamento de recursos extraordinário e especial repetitivos;".

no topo, um conjunto de penas draconianas de condutas indesejadas. [...] a análise mais detida da proposta de Braithwaite pode divisar uma dimensão substantiva da regulação quando se identifica como seu objetivo o alcance da persuasão do regulado, apelando para o valor da responsividade como norte e razão da regulação." (ARANHA, 2015)

Portanto, a teoria revela quatro objetivos, quais sejam: (1) a igualdade política entre regulador e regulado; (2) o equilíbrio de interesses entre os agentes, regulador e regulado; (3) a participação social ativa dos regulados no processo regulatório; e (4) o debate entre o setor concorrencial.

A partir daí, observa-se uma tentativa de alteração da arquitetura regulatória, assumindo que cada mercado possui uma sistematização e peculiaridades únicas que devem ser observados para que se alcance a otimização dos recursos disponíveis e a redução de riscos do setor (AYRES; BRAITHWAITE, 1992).

Para tanto, se oferece um modelo piramidal, desenhado da seguinte forma:

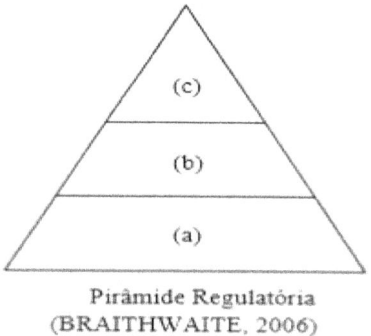

Pirâmide Regulatória
(BRAITHWAITE, 2006)

Figura 2 - Pirâmide da Regulação Responsiva

A pirâmide pode ser lida da seguinte forma: na base da pirâmide "a" deve ser implementado um conjunto de ações para persuadir o regulado a cumprir as normas estabelecidas; no segundo nível, "b", se daria a advertência e/ou outros meios não gravosos de *enforcement*, e, somente em último caso, "c", a aplicação de sanção.

Assim, em observância às disposições gerais apresentadas acerca da teoria responsiva de Ayres e Braithwaite (1992), podemos apresentar o modelo regulatório proposto.

Regulação do homeschooling no Brasil: um modelo proposto

Conforme assentado, o sentido primeiro da regulação responsiva é criar um arcabouço normativo para incentivar os regulados a cumprirem as regras postas e, ao mesmo tempo, motivá-los à manutenção da boa prática para, com o tempo, criar um sistema autopoiético (ARANHA, 2015). Portanto, para a criação de uma regulação ideal para o ensino domiciliar é fundamental que se crie um sistema do que, em Teoria dos Jogos, se chamaria de jogo cooperativo, ou de soma não-zero, em que não há competição entre os agentes regulador e o regulado (TIMM, 2009). Em outros termos, para que se atinja um modelo responsivo de regulação, é necessário um sistema de incentivos suficiente para que se gere conformidade espontânea dos regulados.

A desburocratização e simplificação – com consequente redução da complexidade do sistema - também é essencial para a consecução do fim que se espera: cumprimento das diretrizes colocadas pelo regulador. Esse processo, além de reduzir custos de conformidade e, logo, custos de transação, garante maior igualdade entre os regulados, tornando prescindível, na maioria dos casos, a contratação de outros profissionais, não diretamente ligados à educação, como advogados, consultores e despachantes, além de evitar outras despesas com provimento de documentação, taxas, deslocamentos, eventuais multas e assim por diante. Logo, isto permitiria que famílias de diferentes classes sociais possam optar pela prática regulada.

Outra característica desejável é a de que, uma vez que seja feita a opção legislativa pela abordagem responsiva da regulação, os agentes regulados participem da formação da regulação sobre eles incidente após o início de sua vigência. É que, para a responsividade, é necessário que haja *feedbacks* entre os agentes reguladores e regulados de modo a tornar possível avaliar a eficácia das medidas de regulação adotadas.

Nessa perspectiva, a observância de alguns dos critérios da regulação nos Estados Unidos pode ser pertinente para que se gere esse tipo de autorregulação. Por exemplo, a possibilidade de teste de diferentes currículos em concorrência mútua – com um parâmetro comum de avaliação de resultados – pode evidenciar a vantagem de um modelo que permita a pluralidade de grades curriculares ou de um modelo que adote um currículo unificado, e, ainda, qual currículo específico demonstraria melhor potencial de gerar os resultados esperados. Embora tal decisão, sobre a flexibilidade do conteúdo a ser ministrado seja "de mérito", ou seja, sobre o modelo educacional em si, e, logo, não esteja abrangida pelo objeto deste Trabalho, propõe-se aqui criar um sistema com indicadores confiáveis para que, independentemente da opção inicialmente adotada pelo legislador, possa haver adaptação à resposta dos agentes regulados.

Com efeito, o critério da grade-curricular é mero exemplo desse mecanismo, pois o mesmo sistema de avaliação unificado há de servir para aferir se é melhor, ou não, a exigência de grau de escolaridade mínima para os instrutores, e qual seria esse grau; ou se é preferível, ou não, exigir frequência e carga-horária mínimas, e quais, e assim por diante. Em resumo, embora não se pretenda escolher, aqui, quais regras devem ser adotadas, é importante que o sistema permita ajustes para melhora de eficácia dos meios eleitos. Para tanto, devem existir parâmetros objetivos de medição e possibilidade de promover alterações.

Nessa perspectiva, é recomendável também, como atributo em um sistema responsivo, permitir que fossem feitas alterações nas regras por meio de regulamento administrativo, a ser expedido pelo Ministério da Educação (MEC), por força de expressa delegação legal. Essa possibilidade aumenta a interatividade do sistema, que, de outro modo, se tornaria excessivamente rígido para uma responsividade eficaz.

Ademais, com o propósito de que se apresente um modelo regulatório que se amolde aos preceitos apontados por Ayres e Braithwaite, é imprescindível que se crie um sistema de incentivos naturais para o cumprimento das normas. A princípio, é presumível que as famílias optantes pela educação domiciliar queiram a evolução intelectual de seus membros infantes, pois o próprio sistema de educação familiar pressupõe isto. Para essa regulação específica, há de se considerar este como o principal incentivo ínsito ao sistema.

A mero título de exemplo de regra que privilegia isto, poderíamos indicar uma possibilidade de criação de uma espécie de vestibular seriado, no qual o aluno cuja família cumpre todas as regras impostas e manifesta melhor nível de aprendizado, segundo os parâmetros de avaliação comuns, possa pontuar. Outra medida possível, nesse contexto, seria o aumento de margem de abatimento no imposto de renda para os gastos destinado aos materiais de ensino para famílias com melhor desempenho. Esses instrumentos normativos privilegiam os incentivos naturais e permitem a concorrência entre modelos e, logo, a responsividade.

Uma outra opção, ainda a título exemplificativo, que poderia vir a ser adotada, como acontece nos EUA, é considerar a escola domiciliar como sendo um "satélite" de uma escola pública – preferencialmente a mais próxima da residência familiar – de modo que a criança ficaria vinculada a instituição e ensino, entretanto não seria obrigada a cumprir a frequência escolar, comparecendo apenas para a realização de testes periódicos. Os modelos propostos não se excluem, de modo que podem ser aplicados concorrentemente. Este, em específico, teria a vantagem de aproveitar a estrutura normativa e pedagógica existente, evitando rupturas bruscas para o novo modelo.

Por outro lado, no caso de descumprimento das regras impostas, seria possível a realização de notificação para seu cumprimento, seguindo, naturalmente, o devido processo administrativo. Se, somente se, restar comprovado o descumprimento total das regras, aplicar-se-iam as sanções devidas, como multas, perda do poder familiar, de benefícios fiscais e de financiamentos educacionais ou a imposição até sanções penais, com a manutenção do tipo penal de abandono intelectual, na forma das normas já vigentes.

Portanto, embora não se tenha objetivado, nesta via, propor regras específicas para a regulação, os parâmetros gerais aqui propostos devem ser adotados caso haja pretensão de responsividade do sistema, conforme a Teoria de Ayres e Braithwaite.

CONCLUSÃO

Este estudo objetivou apresentar uma proposta de novo modelo regulatório para a educação domiciliar, limitando-se, contudo, aos aspectos jurídicos do tema, deixando a cargo dos atores competentes a discussão acerca de aspectos educacionais. Um dos motivos essenciais para a referida proposta é a discussão do tema que se faz presente em todos os setores sociais, especialmente no Congresso Nacional, por meio do Projeto de Lei n. 2.401/19.

O modelo proposto foi pensado a partir do estudo comparado com a regulação aplicada nos Estados Unidos da América, com a percepção de que não se trata de um modelo único, mas de 50 (cinquenta) – referente ao número de estados federados. Partiu-se, então, de uma análise histórica do ensino domiciliar, passando pela eleição de critérios gerais presentes em quase todos os sistemas normativos norte-americanos. Foram apresentados ainda os limites jurídicos impostos pelo ordenamento jurídico brasileiro, para só então apresentar, suscintamente, a proposta de modelo regulatório, seguindo as diretrizes da Teoria da Regulação Responsiva de Ayres e Braithwaite.

A proposta, portanto, seria a de observar os parâmetros legais já estabelecidos – quais sejam, : educação obrigatória dos 4 (quatro) aos 17 (dezessete) anos de idade; recenseamento obrigatório; fixação de conteúdo mínimo, fixado por lei –, fomentando a participação ativa de todos os agentes interessados, regulador e regulado, com o oferecimento de incentivos para que o processo de autorregulação aconteça naturalmente.

Entendemos, desta feita, que a regulamentação do *homeschooling* é necessária para que se cumpram as finalidades esperadas pelo constituinte originário para a educação: (1) igualdade de condições; (2) liberdade; (3) pluralismo; e (4) garantia de padrão de qualidade.

É certo que a universalização da educação é uma tarefa de difícil alcance, entretanto, vê-se na modalidade de ensino domiciliar uma das tantas possíveis formas de consecução desse objetivo, de modo que, ainda que seja editada a regulação ideal para a prática, é fundamental que a discussões sobre novas formas de se alcançar a plena universalização desse direito social, continuem, para constante aprimoramento.

REFERÊNCIAS BIBLIOGRÁFICAS

ALEXANDRE, Manoel Morais de O. Neto. *Quem tem medo do homeschooling?: o fenômeno no Brasil e no mundo*. Brasília: Câmara dos Deputados, Consultoria Legislativa, 2016.

ARANHA, Márcio Iorio. Diálogo político-jurídico na comparação de modelos regulatórios de comunicação. *In*: **Revista Brasileira de Políticas de Comunicação**. Brasília: Revista Brasileira de Políticas de Comunicação, 2011. Disponível em: <https://drive.google.com/file/d/12cbyxUJoqDV3qen9aowoP4aLxuXWLAGJ/view>. Acesso em: 1 dez. 2019.

ARANHA, Márcio Iorio. **Manual de Direito Regulatório: Fundamentos de Direito Regulatório**. 3ª ed. rev. ampl. Londres: Laccademia Publishing, 2015.

AYRES, Ian; BRAITHWAITE, John. *Responsive Regulation: Transcending the Deregulation Debate*. Oxford: Oxford University Press, 1995.

BREWER, T. Jameson; LUBIENSKI, Christopher. Homeschooling in the United States: Examining the Rationales for Individualizing Education. **Pro-posições**, Campinas, v. 28, n. 2 (83), p. 21-38, Maio/Ago. 2017.

CARDOSO, Nardejane Martins. **O direito de optar pela educação domiciliar no Brasil**. Orientador: Antonio Jorge Pereira Júnior. 2016. 149 f. Dissertação (Mestrado em Direito) - Universidade de Fortaleza, Fortaleza, 2016.

Country Note: Key findings from PISA 2015 for the United States. Pdf. 5. ed. França: OECD, 2016. Disponível em: http://www.oecd.org/pisa/PISA-2015-United-States.pdf. Acesso em: 20 nov. 2019

COMÊNIO, João Amós. *Didática Magna*. 3 ed. São Paulo: Martins Fontes, 2006.

GAITHER, Milton. Homeschooling in the United States: A review of select research topics. *Pro-Posições*, Campinas, v. 28, n. 2, p. 213-241, Maio/Ago. 2017.

ILLICH, Ivan. **Sociedade sem escolas**. 7ª ed., Petrópolis: Vozes, 1985.

LACERDA, N. de M.; THOMAS, P.T. Teoria da regulação em situações de crises hídricas: uma análise a partir da atuação da Agência Nacional de Águas na crise do Rio Prado. **Revista de Direito Setorial e Regulatório**, Brasília, v. 3, n. 2, out. 2017.

MARTINS, S. Airbnb e Regulação Responsiva: uma análise do Projeto de Lei do Senado nº 748/2015. **Revista de Direito Setorial e Regulatório**, Brasília, v. 3, n. 2, out. 2017.

MENDES, Gilmar Ferreira; BRANCO, Paulo Gustavo Gonet. **Curso de Direito Constitucional**. 8ª ed, São Paulo: Saraiva, 2013.

OLIVEIRA, V.M.M. de. O Sistema Brasileiro de Defesa da Concorrência em parceria com o Ministério Público: ampliando a eficácia pela regulação responsiva. **Revista de Direito Setorial e Regulatório**, Brasília, v. 3, n. 2, out. 2017.

RAY, Brian. A Review of research on Homeschooling and what might educators learn?. **Pro-Posições**, Campinas, v. 28, n. 2, p. 85-103, Ago. 2017.

RAY, Brian D. A systematic review of the empirical research on selected aspects of homeschooling as a school choice. **Journal of School Choice International Research and Reform**. vol. 11, 2017.

SILVA, José Afonso da. **Curso de Direito Constitucional Positivo**. 36ª. ed. São Paulo: Malheiros, 2012.

SPOLIDORIO, P.C.M. A Alocação Negociada de Água como Estratégia de Regulação Responsiva. **Revista de Direito Setorial e Regulatório**, Brasília, v. 3, n. 1, maio. 2017.

TIMM, Luciano Benetti. Ainda sobre a Função Social do Direito Contratual no Código Civil brasileiro: justiça distributiva versus eficiência econômica. **Revista da Associação Mineira de Direito e Economia**, Minas Gerais, v. 2, 2009.

Normas e Julgados:

BRASIL. **Constituição da República Federativa do Brasil**. Brasília: Casa Civil Subchefia para Assuntos Jurídicos, 1988. Disponível em: <http://www.planalto.gov.br/ccivil_03/constituicao/constituicaocompilado.htm>. Acesso em: 18 nov. 2019.

BRASIL. Decreto-Lei nº 2.848, de 7 de dezembro de 1940. **Código Penal**, Rio de Janeiro: Casa Civil Subchefia para Assuntos Jurídicos, 1940. Disponível em: <http://www.planalto.gov.br/ccivil_03/decreto-lei/del2848compilado.htm>. Acesso em: 20 nov. 2019.

BRASIL. Lei nº 13.105, de 16 de março de 2015. **Código de Processo Civil**, Brasília: Casa Civil Subchefia para Assuntos Jurídicos, 2015. Disponível em: <http://www.planalto.gov.br/ccivil_03/_ato2015-2018/2015/lei/l13105.htm>. Acesso em: 20 nov. 2019.

BRASIL. Lei nº 8.069, de 13 de julho de 1990. **Estatuto da Criança e do Adolescente**, Brasília: Casa Civil Subchefia para Assuntos Jurídicos, 1990. Disponível em: <http://www.planalto.gov.br/ccivil_03/leis/l8069.htm>. Acesso em: 20 nov. 2019.

BRASIL. Supremo Tribunal Federal. Recurso Extraordinário nº 888815/RS. Relator: Ministro Roberto Barroso. Brasília, DF, 12 de setembro de 2015. **Diário de Justiça Eletrônico**. Brasília, 21 mar. 2019. Disponível em: <http://stf.jus.br/portal/jurisprudencia/listarJurisprudencia.asp?s1=%28RE%24%2ESCLA%2E+E+888815%2ENUME%2E%29+OU+%28RE%2EACMS%2E+ADJ2+888815%2EACMS%2E%29&base=baseAcordaos&url=http://tinyurl.com/qgofqvk>. Acesso em: 01 dez. 2019.

Dados da Publicação

Editor responsável: Prof. Márcio Iorio Aranha (Universidade de Brasília - BRASIL)
Conselho Editorial: Profª. Ana Frazão (*Universidade de Brasília* - BRASIL), Prof. Andre Rossi (*Utah Valley University* – ESTADOS UNIDOS DA AMÉRICA), Prof. Andreas J. Krell (Universidade Federal de Alagoas - BRASIL), Prof. Ang Peng Hwa (*Nanyang Technological University* - CINGAPURA), Profª. Carina Costa de Oliveira (*Universidade de Brasília* - BRAZIL), Profª. Clara Luz Alvarez (*Universidad Panamericana* - MÉXICO), Prof. Diego Cardona (*Universidad de Rosario* - COLÔMBIA), Prof. Francisco Sierra Caballero (*Universidad de Sevilla* - ESPANHA), Prof. Hernán Galperin (*University of Southern California* – ESTADOS UNIDOS DA AMÉRICA), Prof. Joaquín Cayón de las Cuevas (*Universidad de Cantabria* - ESPANHA), Prof. Jorge Tomillo Urbina (*Universidad de Cantabria* - ESPANHA), Prof. Juan Manuel Mecinas Montiel (*CIDE* - MÉXICO), Profª. Judith Mariscal (*CIDE* - MÉXICO), Profª. Liliana Ruiz de Alonso (*Universidad San Martín de Porres* - PERÚ), Prof. Lucas Sierra (*Universidad de Chile* - CHILE), Prof. Marcos Paulo Veríssimo (*USP* - BRASIL), Profª. Maria Célia Delduque Nogueira Pires de Sá (*Fiocruz* - BRASIL), Profª. Martha Garcia-Murillo (*Syracuse University* – ESTADOS UNIDOS DA AMÉRICA), Prof. Nicola Matteucci (*Università Politecnica delle Marche* - ITÁLIA), Prof. Raúl Katz (*Columbia University* – ESTADOS UNIDOS DA AMÉRICA), Prof. Roberto Muñoz (*UTFSM* - CHILE), Profª. Sandrine Maljean-Dubois (*Université d'Aix-Marseille* - FRANÇA), Prof. Vinícius Marques de Carvalho (*USP* - BRASIL).
ISSN: 2446-550X / **EISSN**: 2446-5259
Periodicidade: (mínima) semestral
Linha editorial: http://periodicos.unb.br/index.php/rdsr/about
Avaliação das submissões: método de avaliação cega por pares (duplo cego), por intermédio de submissões eletrônicas administradas no sistema SEER, do IBICT, no link http://periodicos.unb.br/index.php/rdsr/submission/wizard, em que os manuscritos são distribuídos aos avaliadores sem identificação de autoria.
Política de arquivamento: Biblioteca do Senado Federal do Brasil.
Indexação em bases de pesquisa: DOAJ; WorldCat; Google Scholar; Latindex (28284); Diadorim.
Indexação em bibliotecas: Rede Virtual de Bibliotecas do Congresso Nacional (RVBI).
Endereçamento permanente: LexML.

Normas para Submissão de Manuscritos

Procedimento de submissão: http://periodicos.unb.br/index.php/rdsr/about
Data de publicação da RDSR: semestralmente, nos meses de maio e outubro.
Data limite de submissões: submissões abertas durante todo o ano; serão consideradas para o número seguinte as submissões encaminhadas no sistema eletrônico da revista até 3 meses antes de sua publicação.
Idiomas aceitos: português, inglês, espanhol e francês.
Especificações de forma: os manuscritos deverão ser encaminhados por intermédio do sistema eletrônico de submissão constante do link acima (*procedimento de submissão*) em formato *Microsoft Word*, *LibreOffice* ou *iWorks*, em espaço simples, fonte Times New Roman 10 ou equivalente, com mínimo de três mil palavras (em torno de 15 páginas) e máximo de vinte mil palavras (em torno de 50 páginas), dele constando as referências bibliográficas segundo modelo de citação no próprio texto (AUTOR ano) ou em referências completas em notas de rodapé no formato ABNT.
Resumo/Abstract: os manuscritos deverão ser precedidos de resumo estruturado na língua em que for escrito de até 150 palavras e de sua tradução para a língua inglesa (*abstract*), exceto quando o artigo for escrito em língua inglesa, quando bastará um resumo nesta língua.
Palavras-chave/Keywords: o autor deve propor 5 palavras-chave.
Biografia: a biografia sintética do autor de até 5 linhas deverá ser preenchida no sistema de submissões online da RDSR quando do encaminhamento do artigo para avaliação. A biografia encaminhada pelo autor será incorporada ao volume de publicação em caso de aprovação do manuscrito, durante o processo de edição.
Modelo a ser seguido para submissão de artigos:
- http://periodicos.unb.br/index.php/rdsr/about/submissions#authorGuidelines, inclusive resumo e abstract estruturados.

Journal Info

Editor-in-Chief: Prof. Marcio Iorio Aranha (University of Brasilia - BRAZIL)
Editorial Board: Prof. Ana Frazao (*University of Brasilia* - BRAZIL), Prof. Andre Rossi (*Utah Valley University* – USA), Prof. Andreas J. Krell (Federal University of Alagoas - BRAZIL), Prof. Ang Peng Hwa (*Nanyang Technological University* - SINGAPORE), Prof. Carina Costa de Oliveira (*University of Brasilia* - BRAZIL), Prof. Clara Luz Alvarez (*Universidad Panamericana* - MEXICO), Prof. Diego Cardona (*Universidad de Rosario* - COLOMBIA), Prof. Francisco Sierra Caballero (*Universidad de Sevilla* - SPAIN), Prof. Hernán Galperin (*University of Southern California* – USA), Prof. Joaquín Cayón de las Cuevas (*Universidad de Cantabria* - SPAIN), Prof. Jorge Tomillo Urbina (*Universidad de Cantabria* - SPAIN), Prof. Juan Manuel Mecinas Montiel (*CIDE* - MEXICO), Prof. Judith Mariscal (*CIDE* - MEXICO), Prof. Liliana Ruiz de Alonso (*Universidad San Martín de Porres* - PERU), Prof. Lucas Sierra (*Universidad de Chile* - CHILE), Prof. Marcos Paulo Veríssimo (*University of Sao Paulo* - BRAZIL), Prof. Maria Celia Delduque Nogueira Pires de Sa (*Fiocruz* - BRAZIL), Prof. Martha Garcia-Murillo (*Syracuse University* – USA), Prof. Nicola Matteucci (*Università Politecnica delle Marche* - ITALY), Prof. Raul Katz (*Columbia University* – USA), Prof. Roberto Muñoz (*UTFSM* - CHILE), Prof. Sandrine Maljean-Dubois (*Université d'Aix-Marseille* - FRANCE), Prof. Vinicius Marques de Carvalho (*University of Sao Paulo* - BRAZIL).
ISSN: 2446-550X
EISSN: 2446-5259
Periodicity: two annual issues on May and October uninterrupted since May 2015
Mission/Scope/Focus: http://periodicos.unb.br/index.php/rdsr/about
Submission process: authors are requested to submit their papers through the website of the University of Brasilia Center Central Library (http://periodicos.unb.br/index.php/rdsr). The journal adopts the double-blind peer review process.
Archiving policy: Brazil's Senate Library.
Indexation: DOAJ; WorldCat; Google Scholar; Latindex (28284); Diadorim.
Permanent Web Identifier: LexML.

Manuscript Submission Process

Authors please submit here: http://periodicos.unb.br/index.php/rdsr/submission/wizard
Submission time frame: The J.L.R. submission process is open all year round. Papers selected will be tentatively scheduled for publishing in the next issue.
Languages accepted: English, Portuguese, Spanish and French.
Formal requirements: The easiest way to follow this journal's formal requirements is to download the template in English from the J.L.R. website, in the section "Author Guidelines" and replace the content with your own material. The template file contains specially formatted styles (e.g., Normal, Heading, Footer, Abstract, Subtle Emphasis, and Intense Emphasis) that will reduce the work in formatting your final submission. The following instructions are already embedded in the template, but they are transcribed below in case you prefer to apply them directly to your paper. Please use the following coordinates for the page setup: Top (1.93 cm); Bottom (1.93 cm); Inside (1,93 cm); Outside (1,52 cm); Gutter (0,36 cm); mirror margins; page size customized for width (15,24 cm) and height (22,86 cm); different odd and even pages; Layout from Edge (Header: 0,89 cm; Footer: 0,76 cm). Right margins should be justified, not ragged. Please use a 10-point Times New Roman font or, if it is unavailable, another proportional font with serifs, as close as possible in appearance to Times New Roman 10-point. On a Macintosh, use the font named Times and not Times New Roman. Also, quotations of more than two lines should be written in Times New Roman, 10, scale 90%, line spacing exactly 10 pt. Legal texts should be cited as Times New Roman, 10, scale 80%, line spacing exactly 10 pt, "Don't add space between paragraphs of the same style" marked, indentation left 1.78 cm and right 1.78 cm. For reference purpose, please use the ABNT NBR style.
Structured abstract: The J.L.R. adopts structured abstracts embedded in the template below.
Template: http://periodicos.unb.br/index.php/rdsr/about/submissions#authorGuidelines.

www.ingramcontent.com/pod-product-compliance
Lightning Source LLC
Chambersburg PA
CBHW052349220526
45465CB00003BA/1022